全国高等职业院校财务会计“专业+证书”改革创新示范规划教材

新编基础会计

（1+X会计系列教材）

主　编　陈海艳
主　审　满旭东
副主编　王艳芳
参　编　张　秀　郑月梅

中国商业出版社

图书在版编目(CIP)数据

新编基础会计 / 陈海艳主编. - -北京: 中国商业出版社, 2020.9

1 + X 系列教材

ISBN 978 -7 -5208 -1244 -3

Ⅰ.①新… Ⅱ.①陈…Ⅲ. ①会计学 - 高等职业教育 - 教材Ⅳ. ①F230

中国版本图书馆 CIP 数据核字(2020)第 163493 号

责任编辑:李 飞 蔡 凯

中国商业出版社出版发行

010 -63180647 www. c - cbook. com

(100053 北京广安门内报国寺 1 号)

新华书店经销

炫彩(天津)印刷有限责任公司印刷

*

787 毫米×1092 毫米 16 开 18.25 印张 350 千字

2020 年 9 月第 1 版 2020 年 9 月第 1 次印刷

定价:68.00 元

* * * *

(如有印装质量问题可更换)

前　言

为贯彻落实《关于在院校实施“学历证书+若干职业技能等级证书”制度试点方案》(教职成【2019】6号)有关精神，在校实施“教师、教材、教法”改革，黑龙江商业职业学院会计系特推出同时适用“1+X”证书的系列教材。本系列教材共分4个部分:《新编基础会计》、《财务会计》、《纳税实务》、《会计电算化》。教材内容紧扣工作实际与“X”证书需求，能同时满足工作岗位、工作领域、技术技能三个方面要求，可以实现专业教育与“X”证书培训同步进行，本系列教材是黑龙江商业职业学院会计系“教材”改革的验证成果，也是黑龙江商业职业学院会计系实施“三教”改革，推动课堂革命的关键所在。

本教材是在基于“1+X”证书制度下，融入了“X”职业技能等级证书相关内容，结合教师、教材、教法改革编写而成。本教材在结构和内容上体现如下特点:

1. 体系完整，简化理论注重实践。本教材在保证学科体系完整的基础上，以“实用、够用”为基本原则，精炼理论内容，业务核算以真实原始凭证为依据，编制记账凭证，注重培养实践操作能力。

2. 充分体现“1+X”证书制度需求。将“1”学历教育内容与“X”职业技能等级证书内容充分融合，满足培养高素质复合型技术技能人才需求，提高人才培养质量。

3. 结构新颖，通俗易懂。打破传统教材编写方法，强调以学生为主体，每个任务均以“任务引例”为驱动，采用带着问题去学习的目的，完成“任务准备”教学内容，利用“任务实施”检测学生学习效果，最后布置“任务实操”内容，强化实践操作能力。

本书由黑龙江商业职业学院会计系教师陈海艳主编、王艳芳副主编、张秀和郑月梅参编。具体编写分工为:陈海艳编写项目八、项目九;王艳芳编写项目一、项目二、项目六；张秀编写项目四、项目五；郑月梅编写项目三、项目七；全书由满东旭审定。

本书的完成只是我们在基于“1+X”证书制度下进行“三教”改革的阶段性探索的总结，在编写过程中难免存在不足，我们期待着听取同仁的意见和建议，并在以后的编写过程中不断改进。

目　录

项目一 1
认知会计

【知识目标】

(1)了解会计的概念及会计职能;

(2)了解会计的产生和发展;

(3)掌握会计核算方法及会计基本假设;

(4)掌握会计信息质量要求的内涵。

【能力目标】

(1)认知会计,能够分辨并应用会计职能;

(2)能够掌握会计核算方法;

(3)能够理解并应用会计基本假设;

(4)能够实际应用会计信息质量要求。

【素质目标】

(1)逐步养成会计思维模式和能力;

(2)树立“诚信为本,操守为重,坚持准则,不做假账”的会计职业道德理念。

【思维导图】

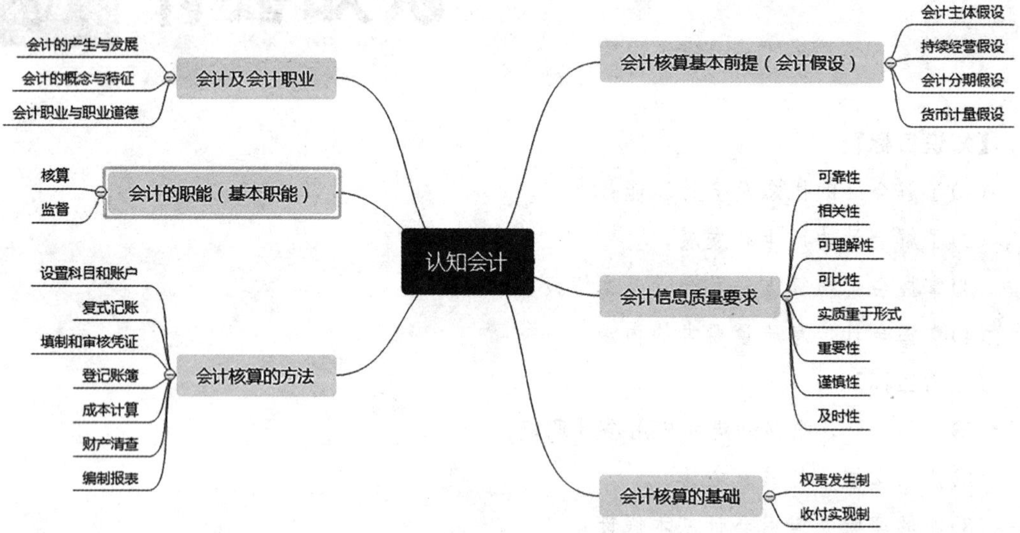
认知会计
会计及会计职业
会计的产生与发展
会计的概念与特征
会计职业与职业道德
会计的职能（基本职能）
核算
监督
会计核算的方法
设置科目和账户
复式记账
填制和审核凭证
登记账簿
成本计算
财产清查
编制报表
会计核算基本前提（会计假设）
会计主体假设
持续经营假设
会计分期假设
货币计量假设
会计信息质量要求
可靠性
相关性
可理解性
可比性
实质重于形式
重要性
谨慎性
及时性
会计核算的基础
权责发生制
收付实现制

工作情境

张楠是一名会计专业的新生，她的表叔李阳光是丹江商道制衣有限公司的财务主管，在表叔的影响下，她选择了表叔所在城市的黑龙江商业职业学院的会计专业。她在入学之前就一直在想三个问题：什么是会计？会计是干什么的？会计如何工作？

利用周末的时间，她和表叔来到了丹江商道制衣有限公司进行认知实习，看到财务科室还有很多人在上班，她疑惑地问："今天是周末，怎么还有这么多人来上班？"表叔回答说："因为到月末了啊，财务的工作会比较忙。"

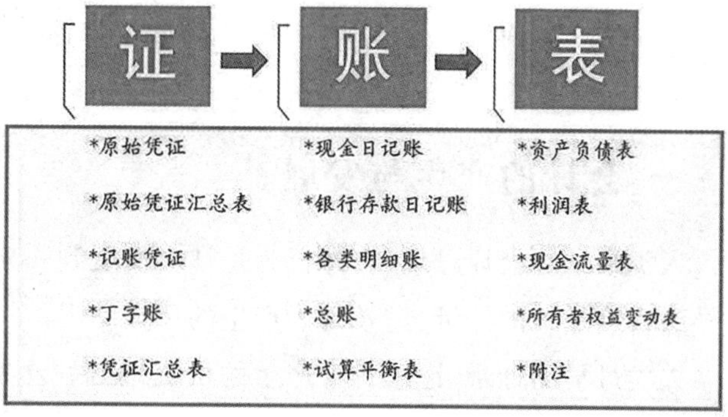

张楠看着大家忙碌的身影，但却看不懂都在忙什么，于是她对表叔说："表叔，先给我介绍下会计的工作都做些什么吧！"表叔说："现在跟你说你也听不懂，等你学完就知道了。"张楠不死心，继续请求表叔："您先简单跟我介绍一下就行呀，我想了解一下。"看着她求知的眼神，表叔说："好吧，那我先简单给你介绍下会计工作流程。"

"会计的工作一共分三大项，即填制会计凭证、登记会计账簿和编制会计报表。会计的日常工作是根据各种原始凭证来编制记账凭证，然后根据记账凭证登记在相应的账簿上，就是我们俗称的'记账'，到月末的时候，再根据我们登的总账来编制各种财务报表。"

张楠不以为然地说："这么简单啊，那看来会计的工作也不是很多嘛！为什么看上去大家都很忙的样子？"表叔笑笑说道："可不要小瞧会计工作哦，会计可是要求非常高非常细致的工作，一分钱都不能差，所以大家在月末结账前都要先核对账目，像你这种小马虎可不行哦，等你真正学的时候就知道啦！"张楠心里想，一定要好好学习会计知识，改掉自己容易马虎的毛病。她跟表叔商量好了，以后一有时间就来表叔的公司进行实习。

任务一 了解会计及会计职业

【任务引例】

【任务1—1】会计的产生和发展经历了怎样的过程？

【任务1—2】什么是会计？

【任务1—3】会计的职业道德有哪些？

【任务准备】

会计是随着人类社会生产的发展和经济管理的需要而产生、发展并不断得到完善的。会计是人类发明的一项重要成就，对人类的生存和发展始终发挥着重要作用。一部世界会计史，便是一部微缩的人类文明史。会计的发生和发展从远古时代起即是一个不同地域与不同文化相互促进、相互交流的世界性过程。中国会计以其经世致用之精神，自大禹茅山“大会计”始，便踏上一条以官厅会计为主、民间会计为辅的综合性财会管理之路，携五千年历史文化积淀，以鲜明的个性立于世界东方。

一、会计的产生与发展

人类最早的会计思想、会计行为是社会发展到一定历史阶段的产物。生产力发展的水平是导致人类最早的计量、记录行为产生的历史动因。

人类最早的计量、记录行为产生的历史动因，首先取决于生产发展水平，而衡量生产发展水平的基本标准是生产剩余物品的出现，人类正是在有了生产剩余物品这个客观事实的前提下学会了储备，并学会了对储备物的管理；其次是由于社会生产发展到足以维持生存的水平，或足以保障人类自身生产正常进行的水平，才能围绕剩余物品的合理分配，保障这些物品能在一定范围内维持人们的不断需要，从而萌生了人类最早的计量、记录观念与行为。

生产活动是会计产生的前提条件，但会计是在生产活动发生伊始就产生了。作为社会生产实践和经济管理的产物，会计随着社会生产活动的发展，经历了一个从简单到复杂，由低级到高级的不断发展过程。会计依据会计方法、会计工具及会计理论的历史变化，可分为古代会计、近代会计和现代会计三个阶段。

(一)古代会计阶段

古代会计是指从会计产生到1494年世界上第一部专门论述借贷复式簿记的书籍《算数、几何、比及比例概要》出现之前这一阶段，这是会计发展史上最漫长的一段时期。文明古国古埃及、古巴比伦、古罗马和古希腊等都留下了对会计活动的记载。

会计在我国有着悠久的历史。我国有关会计事项记载的文字，最早出现于商朝的甲骨文。据《周礼》记载，西周国家设立“司会”一职对财务收支活动进行“月计岁会”。“会”字有会合和总计财货两种含义，人们从读音上把两种不同的含义区分开来，即读音为“hui”者指会合之“会”；读音为“kuai”者便指会计之“会”。“计”字由十和言两个母体字组合而成。“言，心声也”，表示数目计算之言，务必讲求真实、准确，不能有任何虚假伪诈；“十”字本身含有将东西南北各方零星分散之物汇合起来进行计算之意。“言”和“十”组成“计”，便有将零星分散之财务进行正确计算的含义。西周王朝设司书、职内、职岁和职币四职分理会计业务，其中司书掌管会计账簿，职内掌管收入类账户，职岁掌管财务支出类账户，职币掌管财务结余，并建立了定期财务报表制度、专仓出纳制度、财务稽核等。这表明大约在西周前后，我国初步形成会计工作系统。当时已形成文字叙述式的“单式记账法”。

(二)近代会计阶段

随着社会经济的迅速发展，生产实践与经济管理的客观需要促使会计技术产生了巨大的变革，会计由古代会计阶段迈向近代会计阶段。近代会计以“借贷记账法的产生和运用”及英国“爱丁堡会计师公会”的成立为标志。

借贷记账法产生于意大利。在13世纪至15世纪的意大利沿海出现了城市早期金融业，从而产生了以“借”“贷”为记账符号的借贷复式记账方法。借贷复式记账法经历了300多年的发展与完善，从金融业逐步渗透到工商业，由佛罗伦萨簿记法、热那亚簿记法最终发展为较为成熟的威尼斯复式簿记法。1494年，意大利数学家、会计学家卢卡·帕乔利公开出版了《算术、几何、比及比例概要》一书，以36章的内容全面论述了当时流行于意大利的威尼斯复式簿记。该书第三篇《计算和记录的详论》，被后世称为《簿记论》。从此，借贷记账法在意大利得到了广泛的传播和进一步完善，并相继传播到荷兰、德国、法国、英国等国家。借贷记账法的产生与运用，标志着会计记账方法由单式记账法发展为较为科学、合理的复式记账法，标志着世界会计发展进入了近代会计发展阶段。

爱丁堡会计师公会的出现是近代会计发展史上的第二个里程碑，它的出现同样是源于经济发展对会计的要求。18世纪末至19世纪初，英国产业革命促使以所有权和经营权相分离为主要特征的股份公司应运而生。股份公司的出现使会计信息使用者的范围扩大了，会计不仅要为企业管理当局进行经营管理服务，而且还要对众多的社会股东、企业债权人、证券交易所、金融机构和政府机构等负责。为了保证各股份公司会计信息的真实可靠，必须对其信息的产生及披露进行监管，由此产生了“自由职业”身份的注册会计师或特许会计师。1854年，英国苏格兰的注册会计师成立了世界上第一个会计师协会——爱丁堡会计师公会。从此，执业会计师作为一种有组织的自由职业，出现于资本主义国家，为刚刚兴起的股份公司服务，为资本的合理流动和资源的有效配置保驾护航。

可见，近代会计的发展是以资本主义经济的发展和股份公司的出现为背景的，经济环境的巨变对会计理论的发展产生了巨大的推动力。除借贷记账法以外，近代会计还产生了资产计价理论、折旧理论、会计报表披露理论，形成了以借贷记账法为核心的会计理论体系。

(三)现代会计阶段

20世纪50年代，随着生产和管理科学及计算机技术的迅猛发展，出现了系统论、控制论、信息论、现代数学、行为科学等一系列新的理论成果。这些成果的出现大大丰富了会计学的内容，很快被会计学科吸收进来，出现了管理会计、会计电算化、国际会计等会计的新学科、新技术和新领域，逐渐实现了会计工作自动化、电子化，开辟了会计工作的新时代。

管理会计的产生是会计由近代会计发展到现代会计的一个标志。第二次世界大战后，资本主义经济迅猛发展，企业之间的竞争不再仅仅是单纯的资本竞争，更多的是经营效率的竞争。这就促使管理当局要求会计师提供协调和控制各层次、各部门工作的预算，并考核、评价它们的业绩。于是，配合职能管理与行为科学管理的责任会计诞生了。同时，竞争的加剧还使企业面临着更多的不确定因素，如何面向未来进行科学合理的预测、控制和决策也成为企业在竞争中生存的关键所在。由此，以经营决策为研究目标的决策会计诞生了。后来，责任会计与决策会计逐渐完善并结合起来，产生了会计学的一个新分支——管理会计。1952 年，世界会计学会年会正式通过了“管理会计”这个名词，这标志着会计由以资金为核心的传统财务会计阶段发展到以经济效益为核心的现代管理会计阶段，从而形成了会计学科的两个分支。

现代会计发展的另一个标志是会计电算化的产生，其过程主要有三个阶段:第一阶段(大约从 1953 年到 1965 年)，主要是用电子计算机处理那些数据量大、计算简单且重复多次的核算业务，如计算工资和银行存款利息等;第二阶段(大约从 1965 年到 1970 年)，重点应用电子计算机对各个独立的会计数据进行综合加工，以加强信息的反馈作用，并把会计数据处理作为一个单独的信息系统，为分析、预测和决策提供有用的经济信息;第三阶段(大约从 1970 年至今)，随着电子技术与通信技术的结合，出现了电子计算机的网络和软件方面数据库的应用。在这种情况下，有的企业实现了管理信息系统的综合化和系统化，建立起电子计算机的全面管理系统。会计信息系统作为一个子系统，被纳入管理信息系统的总体之中。会计电算化的产生，极大地解放了会计生产力，扩大了会计信息的应用范围，提高了会计信息的精确性和及时性，为会计职能作用的充分发挥创造了有利条件。

伴随着经济全球化的进程和知识经济时代的到来，会计也呈现出国际化的趋势。国家间会计研究与交流日益频繁，世界各国会计理论与实务的交流与融通，国际会计准则委员会的成立及其一系列公告的发布，使现代会计国际化特点日益突出。

“经济越发展，会计越重要。”会计发展历史充分证明了这一点。会计因人类生产经营管理的需要而产生，也必将随着社会生产的发展而发展。生产力的发展促使会计在技术方法、工作范围、职能作用方面不断完善和扩大，同时作为以管理为本质的会计，对生产发展的反馈作用也愈益明显。可见，会计的发展与经济发展一样，是没有终结的，新的会计理论、会计技术和会计领域将会层出不穷，成为我们永久探索的课题。

二、会计的概念与特征

(一)会计的概念

会计是以货币为主要计量单位，采用专门的方法和程序，对特定主体的经济活动进行核算和监督，旨在向主体内、外部的会计信息使用者提供有用信息和反映受托责任履行情况的管理活动。

(二)会计的特征

1.会计以货币为主要计量单位

记录经济活动的数量指标有实物单位(千克、辆、个、台、件等)、劳动单位(劳动日、工时等)和货币单位(元、角、分等)。因为实物单位计量存在着较大的差异性,劳动单位计量又存在着复杂性,因此这两种计量单位都不能对一定主体的经济活动进行综合计量,而以货币为计量单位能克服实物单位和劳动单位计量的缺陷。因此,会计要以货币为主要的计量单位,对一定主体的经济活动进行确认、计量和报告,以提供综合的会计信息。

2.会计是一个信息系统

会计核算与监督的目标是为会计信息使用者提供有用的会计信息,有助于财务报告使用者作出经济决策,反映管理层受托责任的履行情况。会计采用专门方法收集、检查、筛选、加工、存储、输送信息,形成了一个有机的整体,构成了一个具有特定功能的信息系统。

3.会计活动具有全面性、连续性、系统性和综合性

会计的核算与监督具有全面性、连续性、系统性和综合性的特点。全面性是指会计对一定主体发生的能用货币表现的经济活动进行全面的核算与监督;连续性是指会计对一定主体的经济活动进行不间断的确认、计量和报告;系统性是指会计核算必须运用科学的方法,对一定主体的经济活动既要进行相互联系的计量,又要进行科学的分类,提供总括及详细的会计信息,以求得分门别类的经济指标;综合性是指会计核算要层层归纳、汇总。

三、会计职业与会计职业道德

(一)会计职业

“职业是一个人准备以它作为谋生手段以前需要多年学习和训练的一种事业,也包含献身于某一目标而不是为了谋生的意思。”(劳伦斯·B.索耶.现代内部审计实务.北京:中国商业出版社,1990)通常把服务于营利性组织或企业的会计称为企业会计;服务于非营利组织的会计称为非营利组织会计;服务于会计事务所这一行业的会计称为公共会计。前面两种职业是为了加工自身企业经济业务活动的信息;而后面一种是为其他企业的财务信息提供鉴证、评估和其他相关服务。

(二)会计岗位

1.会计岗位

为了科学地组织会计工作,应建立健全会计部门内部的岗位责任制,将会计部门的工作划分为若干个工作岗位,并根据分工情况为每个岗位规定其各自的职责和要求。各个岗位的会计人员,既要认真履行本岗位职责,又要从企业全局出发,相互协作,共同做好会计工作。

不同的企业单位,可以根据自身管理的需要、业务的内容以及会计人员配备情况,确定各自的岗位分布。《会计基础工作规范》第十一条规定:“各单位应当根据会计业务需要设置会计工作岗位。会计工作岗位一般可分为:会计机构负责人或者会计主管人员,出纳、财产物资

核算，工资核算，成本费用核算，财务成果核算，资金核算，往来结算，总账报表，稽核，档案管理等。开展会计电算化和管理会计的单位，可以根据需要设置相应工作岗位，也可以与其他工作岗位相结合。”企业常设出纳、会计、会计主管等会计工作岗位。

2.会计岗位职责

会计岗位的工作职责，就是在会计机构内部按照会计工作的内容和会计人员的配备情况，进行合理的分工，使每项会计工作都有专人负责，每位会计人员都能明确自己职责的一种管理工作制度。《会计基础工作规范》第八十六条规定：“各单位应当建立会计人员岗位责任制度。主要内容包括：会计人员的工作岗位设置；各会计工作岗位的职责和标准；各会计工作岗位的人员和具体分工；会计工作岗位轮换法；对各会计工作岗位的考核办法。”

(三)会计职业道德

1.会计职业道德的含义及特征

会计职业道德，指在会计职业活动中应当遵循的、体现会计职业特征的、调整会计职业关系的各种经济关系的职业行为准则和规范。

会计职业道德的含义包括以下几个方面：一是会计职业道德是调整会计职业活动中各种利益关系的手段；二是会计职业道德具有相对稳定性；三是会计职业道德有广泛的社会性。会计职业道德是规范会计行为的基础；会计职业道德是实现会计目标的重要保证；会计职业道德是对会计法律制度的重要补充。

会计职业作为社会经济活动中的一种特殊职业，其职业道德与其他职业道德相比具有自身的特征：

(1)具有一定的强制性。许多会计职业道德的内容纳入会计法律制度，是一种思想立法。

(2)较多关注公众利益。会计职业的特殊性，要求会计人员客观公正，在会计职业活动中，发生道德冲突时要坚持准则，把社会公众利益放在第一位。

2.会计职业道德规范的主要内容

在实际工作中，会计人员丧失原则、有意隐瞒真实情况，甚至为违法违纪活动出谋划策的行为时有发生，严重违背了作为一个会计人员应当具备的基本标准。有必要在建立会计人员职业道德规范的基础上，强化对会计人员的职业道德教育和监督检查，提高会计人员的职业道德水平。会计职业道德规范的主要内容包括：

(1)爱岗敬业。爱岗敬业是指忠于职守的事业精神，这是会计职业道德的基础。基本要求有：一是正确认识会计职业，树立职业荣誉感；二是热爱会计工作，敬重会计职业；三是安心工作，任劳任怨；四是严肃认真，一丝不苟；五是忠于职守，尽职尽责。

(2)诚实守信。诚实是指言行思想一致，不弄虚作假、不欺上瞒下，做老实人，说老实话，办老实事。守信就是遵守自已所作出的承诺，讲信用，重信用，信守诺言，保守秘密。诚实守信是做人的基本准则，也是会计职业道德的精髓。

(3)廉洁自律。廉洁就是不贪污钱财，不收受贿赂，保持清白。自律是指自律主体按照一定的标准，自己约束自己、自己控制自己的言行和思想的过程。廉洁自律是会计职业道德的前提，也是会计职业道德的内在要求。

(4)客观公正。客观是指按事物的本来面目去反映，不掺杂个人的主观意愿，也不为他人意见所左右。公正就是平等、公平、正直，没有偏失。客观公正是会计职业道德所追求的理想目标。

(5)坚持准则。坚持准则是指会计人员在处理业务过程中，要严格按照会计法律制度办事，不为主观或他人意志所左右。

(6)提高技能。提高技能是指会计人员通过学习、培训和实践等途径，持续提高会计职业技能，以达到和维持足够的专业胜任能力的活动。作为一名会计工作者必须不断地提高其职业技能，这既是会计人员的义务，又是在职业活动中做到客观公正、坚持准则的基础，还是参与管理的前提。

(7)参与管理。参与管理是指间接参加管理活动，为管理者当参谋，为管理活动服务。

(8)强化服务。强化服务就是要求会计人员具有文明的服务态度、强烈的服务意识和优良的服务质量。

【任务实施】

【任务1—1】会计的产生和发展经历了古代会计阶段、近代会计阶段和现代会计阶段。

【任务1—2】会计是以货币为主要计量单位，采用专门的方法和程序，对特定主体的经济活动进行核算和监督，旨在向主体内、外部的会计信息使用者提供有用信息和反映受托责任履行情况的管理活动。

【任务1—3】会计的职业道德内容包括爱岗敬业、诚实守信、廉洁自律、客观公正、坚持准则、提高技能、参与管理、强化服务。

【任务实操】

请登录理实互动实训平台，完成项目一模块中任务一的模拟实训任务。

任务二 把握会计职能、会计方法和会计假设

【任务引例】

【任务1—4】会计有哪些职能？

【任务1—5】会计核算的方法有哪些？

【任务1—6】会计核算的基本前提是什么？

【任务准备】

从会计定义中我们可以看出会计是随着生产的发展，逐步从企业各项经营活动中分离出来的一项提高经济效益的管理活动。会计在经济管理工作中所具有的功能或能够发挥的作用，即会计的职能，包括核算、预测经济前景、参与经济决策、监督评价经营业绩等。随着经济的发展和管理要求的提高，会计职能是不断变化，的并且彼此联系。会计的基本职能是进行核算、实行监督。

一、会计的职能

(一)会计核算职能

会计的核算职能，是指会计通过确认、计量、记录、报告，从价值上反映各会计主体经济活动的发生及完成情况，为经济管理提供信息的功能。形象地说，会计核算就是从事记账、算账和报账工作。

会计确认和计量是确定一项经济业务活动内容和金额的过程。确认，是运用特定会计方法，确定经济业务是否发生，并以文字和金额同时描述某一交易或事项，使其金额反映在特定主体财务报表中的会计程序。如采购人员根据采购合同采购物资后，会计人员可根据发票、运单等凭证判定该会计事项是否实际发生，应否纳入会计核算系统。计量，是以货币为单位确定某一交易或事项金额的会计程序。计量是解决经济事项在进入会计核算系统时应计金额的问题。如当采购人员购入原材料后，会计人员会根据发票等凭证确定原材料的入账金额。经确认和计量的经济业务活动应通过一定的方式进行记录并报送给会计信息的使用者，为此就必须进行记录和报告。

记录，是指对特定主体的经济活动采用一定的记账方法，在账簿中进行登记的会计程序。如上述材料采购业务，会计人员应根据确认的金额编制记账凭证并将其记录到账簿中。

报告，是指在确认、计量和记录的基础上，对特定主体的财务状况、经营成果和现金流量情况，以财务报表的形式向有关方面报告。如上述材料采购业务，在记入账簿后最终反映到财务报表中，以反映企业资产的增减变动情况。其特点表现在如下三个方面。

1.会计核算以货币作为统一的计量单位，从价值量方面反映各单位的经济情况

会计在对各单位经济活动进行反映时，主要使用货币量度，并辅以实物量度与劳动量度。运用货币具有价值尺度这一职能，可以对活劳动和不同质的各种物化的劳动消耗进行计量、记录和综合，从而比较所得与所耗，最终确认企业的经营成果。相对地，实物量度和劳动量度虽然也作为会计计量、记录的辅助计量手段，但一般只是用实物量度计算财产物资即物化劳动的消耗，用劳动量度计算活劳动的消耗。由于采用不同的计量单位计算得出的结果不能进行汇总，所以实物量度与劳动量度在会计核算中无法成为主要计量单位。

2.会计核算必须以合法的会计凭证为依据

会计反映的是经济单位过去发生的交易与事项及其产生的各种结果。为了证明这些交易或事项的发生和完成情况，保证会计信息的真实可靠，必须取得证明经济业务发生和完成情况的书面文件，这种书面文件在会计上被称为会计凭证。会计人员对会计凭证的真实性、合法性、完整性、正确性进行审核，并根据审核无误的会计凭证进行记录，才能保证提供的会计信息真实可靠。

3.会计核算采用一整套科学的方法，对会计对象进行全面、系统、连续、综合的记录

会计核算有一套比较系统科学的方法。通过这些方法的应用，可对纷繁复杂的会计对象进行分类，将发生的经济业务加以确认、计量，进行全面、系统、连续的记录和计算，提供综合的、有用的会计信息。所谓全面性是指会计在反映经济业务时要全面反映、分文不漏；所谓系统性是指会计在反映经济业务时，要按经济业务性质不同分门别类地进行登记反映；所谓连续性是指按业务发生的时间顺序逐笔、逐日记录，不能中断；所谓综合性是指会计将大量零星、分散的数据，加以分类、汇总，用金额反映，使之成为有用的信息。

通过会计核算取得的会计资料，可全面、客观地考核一个单位经济活动的过程和结果，考核其经济效益，便于及时发现工作中存在的问题和差距，为改进经营管理指出方向。会计核算不仅能反映已经发生和完成的经济活动情况，还可通过计算、分析，预测未来的经济发展趋势，为管理者进行科学决策提供依据。

(二)会计监督职能

会计的监督职能，是指会计按照一定的目的和要求，利用会计核算所取得的会计信息，对会计主体的经济活动进行事前、事中和事后的控制，使之达到预期目标的功能。

会计监督的标准是经济活动的合法性和合理性。合法性监督，就是以国家颁布的法律、法规等为标准，对经济活动进行的监督；合理性监督，即依据客观经济规律及经营管理等方面的要求对企业的经济活动进行的监督。会计监督的具体方法是预测、决策、控制、分析、考

评。会计监督的目的是控制经济活动按照预定的目标进行。其特点表现为如下四个方面：

1.会计监督具有经常性和连续性

按照会计制度的规定，会计机构与会计人员对于单位发生的每一笔经济业务活动都应该进行合法性、合理性监督，经过审核的经济业务活动方可进入会计核算系统，以保证会计核算的顺利进行，因此会计监督具有经常性、连续性的特点。

2.会计监督是对经济活动的全过程进行的监督

会计的全过程监督包括事前监督、事中监督和事后监督。会计监督首先是事后的监督，即对已经发生的经济活动以及相应的核算资料进行审查和分析。其次，为加强经营管理的预见性，会计监督必须向事前发展，对未来的经济活动是否符合有关法律、政策的规定，是否符合市场经济的运行规律，以及在经济上是否可行等进行审查，进行事前监督；同时，为了及时纠正经济活动过程中发生的偏差及失误，促使经济活动按照预定的目标进行，会计还要对正在发生的经济活动进行控制，进行事中监督。

3.会计监督主要是进行价值监督，具有综合性

会计监督主要是利用会计核算取得的一系列反映经济活动的价值指标进行的监督，如资金、成本、利润等指标。通过对这些指标的分析运用，可全面掌握企业经济活动情况，而这些指标与预定目标相比较的结果，有利于企业及时发现企业实际情况与预定目标的差距，就可及时采取措施对经济活动进行指导和调节，控制经济活动按预期目标进行，保证预定目标的实现。

4.会计监督具有强制性

实施会计监督的依据是国家的有关财经法律、法规和制度。我国会计法明确规定会计具有监督的职能，任何单位和个人都应保证会计监督职能的实施。同时，相关的法律法规也对会计监督的范围、内容、方法等作出了相应的规定，使会计监督具有一定的强制性。

(三)会计核算与监督职能的关系

会计核算与会计监督是会计的两大基本职能，两者具有相辅相成、不可分割的关系。核算职能是监督职能的基础，没有核算职能提供的信息，会计监督就没有依据，失去存在的基础；监督职能是核算职能的保证，没有会计监督对经济活动过程进行控制，对会计凭证进行审核，会计核算就不可能提供真实可靠的会计信息，更无法发挥会计管理的能动作用，会计核算也就失去了存在的意义。

二、会计核算的基本方法

会计方法是指为发挥会计职能作用、完成会计任务而采取的各种程序方法的总称。一般包括会计核算方法、会计分析方法和会计检查方法。其中会计核算方法是会计方法中最基本的方法，本教材主要介绍会计核算方法。

会计核算方法是对经济活动进行核算和监督所用的方法，主要包括设置会计科目与账户、复式记账、填制和审核凭证、登记账簿、成本计算、财产清查和编制财务报表七种。

（一）设置会计科目与账户

设置账户是对会计对象具体内容进行分类核算所开设的具有一定结构与格式的记账载体。会计对象的内容是复杂多样的，要对它们进行系统核算，首先就必须对其进行科学的分类，每一类设置相应的账户，用以专门记录该类经济业务内容的增减变动情况。设置账户其实是为会计核算准备好了记账的“场所”，解决“经济业务记到哪里”的问题。

（二）复式记账

复式记账是指对每一项经济业务都要在两个或两个以上的相互联系的账户中进行登记的一种方法。复式记账一方面能全面地、系统地反映经济业务引起资金运动增减变化的来龙去脉；另一方面通过账户之间的一种平衡关系，检查会计记录的正确性。例如，用银行存款 6 000 元购买材料，采用复式记账法就要同时在“原材料”账户和“银行存款”账户分别反映材料增加了 6 000 元，银行存款减少了 6 000 元。这样就能在账户中全面核算并监督会计对象。

（三）填制和审核凭证

填制和审核凭证包括填制和审核原始凭证及填制和审核记账凭证，是解决“记账的依据是什么”问题的专门方法。经济业务发生后，为证明其发生和完成情况，首先必须取得或填制原始凭证，如发票、收据等，并由会计人员对原始凭证描述的经济业务进行审核，审核无误的原始凭证是记账的原始依据。其次，为了避免记账差错，会计人员根据审核无误的原始凭证，采用复式记账方法，运用设置好的账户，将应记录的“账户的名称、方向、金额”等信息记录在记账凭证上，作为登记账簿的依据。

（四）登记账簿

账簿是具有一定格式，用来记账的簿籍。登记账簿就是根据会计凭证，采用复式记账法，把经济业务分门别类、内容连续地在有关账簿中进行登记的方法。借助于账簿，就能将分散的经济业务进行分类汇总，系统地提供每一类经济活动的完整资料，了解一类或全部经济活动发展变化的全过程，更加适应经济管理的需要。账簿记录的各种数据资料，也是编制财务报表的重要依据。所以，登记账簿是会计核算的主要方法。

（五）成本计算

成本计算是按照一定对象归集和分配生产经营过程中发生的各种费用，以便确定各对象的总成本和单位成本的一种专门方法。例如，工业企业要计算生产产品的成本，就要把企业进行生产活动所耗用的材料、支付的工资以及发生的其他费用加以归集，并计算产品的总成本和单位成本。产品成本是综合反映企业生产经营活动的一项重要指标。正确地进行成本计算，可以考核生产经营过程的费用支出水平，同时又是确定企业盈亏和制定产品价格的基础，并为企业进行经营决策提供重要数据。

（六）财产清查

财产清查是通过盘点实物、核对往来款项等方法来查明财产和资金实有数额，保证账实相符的一种专门方法。为了保证会计记录的准确性，确保财产物资的安全完整，必须定期或不定期地对各项财产物资、往来款项进行清查、盘点。清查中如果发现账实不符，应分析原因，明确责任，并调整账簿记录，使账实完全一致。因此，财产清查对于改进财产管理，挖掘物资潜力，具有十分重要的作用。

（七）编制财务报表

编制财务报表，就是将一定时期分散在会计账簿中有关会计主体财务状况和经营成果的会计信息加以整理、汇总，为会计信息的使用者提供总括、明了的会计信息的一种方法。财务报表主要是以账簿记录为依据，经过加工整理而产生的一套完整的指标体系。通过财务报表，会计信息的使用者可以了解单位的财务状况和经营成果。这些会计资料是会计信息的使用者进行经济预测与经营决策，制订计划和预算的主要依据。

上述会计核算的专门方法，组成一个完整的方法体系，各方法之间相互联系、密切配合，共同完成会计核算的任务，实现会计核算的目标。在实际工作中其运用的一般顺序是：经济业务发生后，首先要按规定填制和审核凭证，然后按照设置的账户，运用复式记账法在相应账簿中进行登记，对于经营过程中发生的各种费用应按规定进行成本计算，并定期进行财产清查，在账账、账证、账实相符的基础上，根据账簿记录编制财务报表。上述各种会计方法，在实际工作中并不一定是完全按照上述固定的顺序运用的。但作为一种方法体系，各种方法必须相互配合地加以运用，缺少任何一种方法，都无法完成会计核算的任务。

三、会计核算的基本前提

会计核算的基本前提也就是会计假设，是对会计核算所处时间、空间环境等所进行的合理设定。会计假设并不是毫无根据的猜想，而是产生于会计实践。人们在会计核算的过程中，首先，必须明白“我为谁记账”，即明确具体会计核算的主体；其次，必须明确企业是可以持续经营下去还是会面临破产清算，这将影响一系列会计核算方法与程序；再次，为了确定“主体”的情况，必须人为地将持续经营的期间划分为月、季、年等时间段，以便定期对“主体”的会计信息进行加工、披露；最后，必须为会计计量选定适合的计量手段，以比较、反映生产经营的所得与所出。由此，财务会计设定了会计主体假设、持续经营假设、会计分期假设、货币计量假设，对会计核算的空间、时间范围和计量方式进行设定。没有这些假设，会计核算将是混乱甚至是无法进行的，所以又把会计假设称为会计核算的基本前提。

（一）会计主体假设

会计主体，是指企业会计确认、计量和报告的空间范围。为了向财务报告使用者反映企业财务状况、经营成果和现金流量，提供与其决策有用的信息，会计核算和财务报告的编制应当反映特定对象的经济活动，才能实现财务报告的目标。在会计主体假设下，企业应当对其本身发生的交易或者事项进行会计确认、计量和报告，反映企业本身所从事的各项生产经营活动。

明确界定会计主体是开展会计确认、计量和报告工作的重要前提。首先，明确会计主体，才能划定会计所要处理的各项交易或事项的范围。在会计实务中，只有那些影响企业本身经济利益的各项交易或事项才能加以确认、计量和报告，不影响企业本身经济利益的各项交易或事项则不能加以确认、计量和报告。其次，明确会计主体，才能将会计主体的交易或者事项与会计主体所有者的交易或者事项以及其他会计主体的交易或者事项区分开来。例如，企业所有者的经济交易或事项是属于企业所有者主体所发生的，不应纳入企业会计核算的范围，但是企业所有者投入企业的资本或者企业向所有者分配的利润，则属于企业主体所发生的交易或者事项，应当纳入企业会计核算的范围。

会计主体不同于法律主体。法律主体是指出资人出资组建，在政府指定部门注册登记，拥有法人产权，具有独立民事行为能力的单位，如有限责任公司、国有企业、学校、医院等都是法律主体，凡是法律主体的单位一定是会计主体；但是，作为会计主体的单位不一定是法律主体，如分公司、分厂、个人独资企业、合伙企业等，虽然可以作为一个会计主体，但其本身不是法律主体。

（二）持续经营假设

持续经营，是指在可以预见的将来，企业将会按当前的规模和状态继续经营下去，不会停业，也不会大规模削减业务。在持续经营前提下，会计确认、计量和报告应当以企业持续、正常的生产经营活动为前提。

会计准则体系是以企业持续经营为前提加以制定和规范的，涵盖了从企业成立到清算（包括破产）的整个期间的交易或者事项的会计处理。一个企业在不能持续经营时就应当停止使用这一假设，否则就不能客观地反映企业的财务状况、经营成果和现金流量，误导会计信息使用者的经济决策。持续经营假设界定了会计核算的时间范围，有了这一前提条件，企业的会计政策就可以保持稳定，才能使会计在收集并处理不同时期的各项经济业务时使用的程序和方法前后一致，保证会计信息的质量。持续经营假设是资产计价、负债及损益确认的前提条件，也是诸多会计方法如折旧计提、费用分摊、收入确认等的前提条件。

(三)会计分期假设

会计分期，是指将一个企业持续经营的生产经营活动划分为一个个连续的、长短相同的期间。会计分期的目的，在于通过会计期间的划分，将持续经营的生产经营活动划分成连续、相等的期间，据以结算盈亏，按期编报财务报告，从而及时向财务报告使用者提供有关企业财务状况、经营成果和现金流量的信息。

根据持续经营假设，一个企业将按当前的规模和状态持续经营下去。但是，无论是企业的生产经营决策者还是投资者、债权人等的决策都需要及时的信息，需要将企业持续的生产经营活动划分为一个个连续的、长短相同的期间，分期确认、计量和报告企业的财务状况、经营成果和现金流量。由于会计分期，才产生了当期与以前期间、以后期间的差别，才使不同类型的会计主体有了记账的基准，进而出现了折旧、摊销等会计处理方法。

在会计分期假设下，企业应当划分会计期间，分期结算账目和编制财务报表，会计期间通常分为年度和中期。我国规定以公历每年 1 月 1 日起至 12 月 31 日止，为一个会计年度。中期，是指短于一个完整的会计年度的报告期间，包括半年度、季度和月度等。

(四)货币计量假设

货币计量，是指会计主体在会计确认、计量和报告时以货币作为计量尺度，反映会计主体的生产经营活动。

在会计的确认、计量和报告过程中之所以选择货币为基础进行计量，是由货币本身的属性决定的。货币是商品的一般等价物，是衡量一般商品价值的共同尺度，具有价值尺度、流通手段、贮藏手段和支付手段等职能。其他计量单位，如重量、长度、容积、台、件等，只能从一个侧面反映企业的生产经营情况，无法从量上进行汇总和比较，不便于会计计量和经营管理。只有选择货币这一共同尺度进行计量，才能全面反映企业的生产经营情况，所以，《企业会计准则——基本准则》规定，会计确认、计量和报告选择货币作为计量单位。

货币计量假设隐含了“币值不变”的假设，即作为计量单位的货币币值稳定。即使币值本身价值发生波动(波动不大)，会计核算中也可不予考虑，仍按照稳定的币值计量，进行会计处理。事实上，货币价值本身是不可能不发生变动的，但如果没有“币值不变”假设，则意味着币值每一次发生变动，就必须对会计记录做出一次相应的调整，这在实务中是很难做到的。

货币计量假设的运用还应确定记账本位币。在经济全球化的今天，企业经济业务活动很可能通过两种以上的货币进行计量，这时就需要在两种以上的货币单位中确定一种货币作为记账本位币。会计法规定，我国会计核算应以人民币作为记账本位币。业务收支以人民币以外的货币为主的企业，也可以选定某种人民币以外的货币作为记账本位币，但编制的财务会计报告应当折算为人民币。

【任务实施】

【任务 1—4】随着会计的不断发展，特别是管理会计的出现，会计的职能也有所延伸，在核算和监督两个基本职能的基础上，延伸出控制经济过程、分析经济效果、预测经济前景、参与经济决策等拓展职能。

【任务 1—5】会计核算的方法包括设置会计科目及账户、复式记账、填制和审核凭证、登记账簿、成本计算、财产清查和编制财务报表。

【任务 1—6】会计核算的基本前提包括会计主体假设、持续经营假设、会计分期假设和货币计量假设。

【任务实操】

请登录理实互动实训平台，完成项目一模块中任务二的模拟实训任务。

任务三 明确会计目标及会计信息质量要求

【任务引例】

【任务 1—7】公司的会计目标主要有哪些?

【任务 1—8】会计信息质量有哪些要求?

【任务准备】

一、会计目标

会计目标是指在一定的历史条件下，人们通过会计所要实现的目的或达到的最终结果。由于会计是整个经济管理的重要组成部分，会计目标当然从属于经济管理的总目标，或者说会计目标是经济管理总目标下的子目标。在将提高经济效益作为会计终极目标的前提下，我们还需要研究会计核算的目标，即向谁提供信息、为何提供信息和提供何种信息。

根据会计定义，我们可以得知会计核算的目标是向有关各方提供会计信息，以帮助决策。会计目标决定于会计资料使用者的要求，也受到会计对象、会计职能的制约。我国《企业会计准则》中对于会计核算的目标作了明确规定:会计目标是向财务会计报告使用者提供与企业财务状况、经营成果和现金流量等有关的会计信息，反映企业管理层受托责任履行情况，有助于财务会计报告使用者作出经济决策。

上述会计核算的目标，实质上是对会计信息质量提出的要求。它可以划分为两个方面：第一，满足企业管理层的监管需要;第二，满足相关团体的决策需要。会计目标是会计管理运行的出发点和最终要求，决定和制约着会计管理活动的方向，在会计理论结构中处于最高层次;同时在会计实践活动中，会计目标又决定着会计管理活动的方向。随着社会生产力水平的提高，科学技术的进步，管理水平的改进及人们对会计认识的深化，会计目标会强烈地随着社会经济环境的变化而变化。

二、会计信息质量要求

会计信息作为一种商业语言，其质量高低关系到会计信息使用者决策的正误。只有符合质量标准的会计信息，才能满足信息使用者决策之需，高质量的会计信息是信息使用者作出正确决策的基础和保障。为了满足“提供决策有用会计信息”的会计目标，我国《企业会计准则——基本准则》对会计信息提出了八项质量要求，即可靠性、相关性、可理解性、可比性、实质重于形式、重要性、谨慎性和及时性。

(一)可靠性

可靠性要求企业应当以实际发生的交易或者事项为依据进行会计确认、计量和报告，如实反映符合确认和计量要求的各项会计要素及其他相关信息，保证会计信息真实可靠、内容完整。

可靠性是对会计核算工作的基本要求。会计信息作为会计工作的“产品”，其质量高低，首先取决于真实与否。真实的会计信息有助于会计信息使用者了解企业的实际情况并作出正确的决策。反之，虚假的会计信息不仅不能满足会计信息使用者决策的需要，甚至会误导其作出错误的决策。因此，可靠性是会计信息质量的基础，没有可靠性，其他会计信息质量要求就是无根之木，难以满足信息使用者的需求。

(二)相关性

相关性也称有用性。相关性要求企业提供的会计信息应当与财务信息使用者的决策需要相关，有助于信息使用者对企业过去、现在或者未来的情况作出评价或者预测。会计信息是否有用，是否有价值，关键是看其与使用者的决策需要是否相关，是否有助于决策或者提高决策水平。

相关性是以可靠性为基础的，要在可靠性的前提下，尽可能做到相关，以满足信息使用者的决策需要。

(三)可理解性

可理解性是指企业提供的会计信息应当清晰明了，便于财务会计报告使用者理解使用。

企业提供会计信息的目的在于信息的使用，高质量的会计信息应便于不同层次的使用者弄清会计信息的内容，了解会计信息的内涵，否则，就谈不上信息的使用。随着我国经济体制改革的不断深入，会计信息的使用者也越来越广泛，不仅包括企业内部管理部门、国家财税部门，而且还包括社会公众、企业员工等，这就从客观上对会计信息简明和通俗易懂提出了较高的要求。可理解性要求会计核算所提供的信息简明、易懂，能够简单明了地反映企业的财务状况和经营成果，并容易为人们所理解。清晰明了的会计信息有利于信息使用者准确、完整地把握会计信息所要说明的内容，从而更好地加以利用。

(四)可比性

企业提供的会计信息应当具有可比性。可比性要求包括以下两方面的内容：

第一，对于同一个企业而言，会计信息质量的可比性要求企业对于不同时期发生的相同或者类似的交易或者事项，应当采用一致的会计决策，不得随意变更。在会计核算中坚持前后期信息可比，不仅可以有效地制约企业利用会计政策变更弄虚作假、粉饰业绩，更有利于提高会计信息的使用价值。因为对于会计信息使用者而言，了解同一企业前后期的财务状况和经营成果的变化趋势，比较企业在不同时期的财务报告信息，才可以全面、客观地评价过去、预测未来，更好地利用会计信息作出正确决策。当然，满足会计信息可比性的要求，并不表明不允许企业变更会计政策。当企业的经营情况、经营范围和经营方式，或国家有关政策规定发生重大变化时，企业可以根据实际情况，选择使用更能可靠相关地反映企业经营情况的会计程序和会计处理方法进行会计核算，但必须将变更的理由、情况及影响在会计报表附注中予以说明，以便于会计信息使用者的理解与使用。

第二，对于不同企业而言，会计信息质量的可比性要求不同企业对发生的相同或者相似的交易或者事项，应当采用国家规定的会计政策进行核算，以确保会计信息口径一致，相互可比。在会计核算中坚持不同企业会计信息的相互可比，有助于会计信息使用者通过汇总分析比较不同企业的会计信息而作出最佳的决策，如银行通过在不同的企业之间比较选择最佳的贷款对象，国家宏观管理部门通过在不同的企业之间比较选择最佳的资金受托对象。

可比性是以客观性为基础的。客观、真实地反映企业的经营情况是会计的目标，可比性应当服务和服从于这一目标。这就要求企业选择使用的会计处理方法，应当有利于会计目标的实现，保证客观性目标的实现，不能为了追求可比性，过分强调使用统一的会计处理方法，而使会计核算不能客观真实地反映实际情况。

(五)实质重于形式

实质重于形式是指企业应当按照交易或者事项的经济实质进行会计确认、计量和报告，不应仅以交易或者事项的法律形式为依据。

在实际工作中，交易和事项的实质与它们的法律形式或人为形式并不总是一致的。例如，融资租入的固定资产，在租期未满以前，从法律形式上讲，所有权并没有转移给承租人，但是从经济实质上讲，与该项固定资产相关的报酬和风险已经转移给承租人，承租人实际上能行使对该项固定资产的控制权，控制该资产所带来的经济利益，因而其实质上已是企业的资产。实质重于形式要求企业对于这样的经济业务活动，应按照交易和事项的实质进行核算，将融资租入的固定资产视为自有固定资产进行核算，并计提折旧，而不是按其法律形式作为租赁资产进行核算。反之，仅按照法律形式对交易或事项进行会计核算，其结果不仅不会有利于会计信息使用者的决策，反而会误导会计信息使用者的决策。

(六)重要性

重要性要求企业提供的会计信息应当反映与企业财务状况、经营成果和现金流量有关的所有重要交易或者事项。也就是指会计核算应分清主次，采用不同的会计处理方法和程序。具体含义是：对于重要的交易或事项应单独核算，分项反映，力求准确，并在财务报告中重点说明；对于次要的交易或事项，在不影响会计信息可靠性和相关性的前提下，可适当简化合并反映。在会计核算中，如果会计信息不分主次，反而不利于会计信息的使用，甚至影响其决策，而且也会加大企业会计信息处理的成本。重要性的应用需要依赖职业判断，企业应当根据其所处的环境和实际情况，从项目的性质和金额大小两方面加以判断。在实务中，如果某会计信息的省略或者错报会影响投资者等财务报告使用者据此作出决策，该信息就具有重要性。

(七)谨慎性

谨慎性是指企业对交易或者事项进行会计确认、计量和报告应当保持应有的谨慎，不应高估资产或者收益、低估负债或者费用。

谨慎性又称稳健性或保守主义，它是针对经济活动中的不确定因素要求人们在会计处理上保持谨慎小心的态度，要充分估计到可能发生的风险和损失，尽量少计或不计可能发生的收益，使财务会计报告使用者、决策者提高警惕，以应付纷繁复杂的外部经济环境的变化，把风险损失缩小到或限制在极小的范围内。从谨慎性角度来看，会计在一定程度上核算经营风险，提供反映经营风险的信息，有利于提高企业在市场上的竞争能力。谨慎性包括会计确认、计量、报告等方面的谨慎和稳健，从会计确认来说，要求确认标准建立在稳妥合理的基础上；从会计计量来说，要求会计计量不得高估资产、负债、所有者权益和利润的数额；从财务会计报告来说，要求财务会计报告向会计信息的使用者提供尽可能全面的会计信息，特别是应报告有关可能发生的风险损失。

(八)及时性

及时性是指企业对于已经发生的交易或者事项，应当及时进行会计确认、计量和报告，不得提前或者延后。

会计信息具有较强的时效性，高质量的会计信息不仅要求其真实可靠，而且还必须保证时效，及时将信息提供给使用者使用。特别是在市场经济条件下，市场瞬息万变，企业竞争日趋激烈，各方面对会计信息的及时性要求越来越高。及时性，一是要求会计人员及时收集会计信息，即在经济业务发生后，及时收集整理各种原始单据；二是要求及时对会计信息进行加工处理，及时编制各种财务会计报告；三是要求及时传递会计信息，将编制出的财务会计报告及时传递给会计信息的使用者。

三、会计核算的基础

会计核算的基础是指会计确认、计量和报告的基础，包括权责发生制和收付实现制。在会计主体的经济活动中，经济业务的发生和货币的收支不是完全一致的。由此以取得收款权利和发生付款责任来确认一定期间两个会计要素的确认基础的收入和费用，称为权责发生制;另一个是根据货币实际收支来确认一定期间的收入和费用，称为收付实现制。

(一)权责发生制

为了更加真实、公正地反映特定会计期间的财务状况和经营成果，我国《企业会计准则——基本准则》明确规定:企业应当以权责发生制为基础进行会计确认、计量和报告。权责发生制，也称应计制或应收应付制，是指收入、费用的确认应当以收入和费用的实际发生作为确认的标准，合理确认当期损益的一种会计基础。凡是当期已经实现的收入和已经发生或应当负担的费用，不论款项是否收付，都应作为当期的收入和费用处理;凡是不应归属当期的收入和费用，即使款项已经在当期收付，也都不应作为当期的收入和费用。

(二)收付实现制

与权责发生制相对应的一种会计基础是收付实现制，也称现金制，是以收到或支付现金作为确认收入和费用的标准。目前，我国事业单位会计核算一般采用收付实现制;事业单位部分经济业务或者事项，以及部分行业事业单位的会计核算采用权责发生制核算的，由财政部在相关会计制度中具体规定。

【任务实施】

【任务1—7】会计核算的目标，实质上是对会计信息质量提出的要求。它可以划分为两个方面。第一，满足企业管理层的监管需要;第二，满足相关团体的决策需要。会计的目标是会计管理运行的出发点和最终要求，决定和制约着会计管理活动的方向，在会计理论结构中处于最高层次;同时在会计实践活动中，会计目标又决定着会计管理活动的方向。随着社会生产力水平的提高，科学技术的进步，管理水平的改进及人们对会计认识的深化，会计目标会强烈地随着社会经济环境的变化而变化。

【任务1—8】会计信息质量要求有可靠性、相关性、可理解性、可比性、实质重于形式、重要性、谨慎性和及时性。

【任务实操】

请登录理实互动实训平台，完成项目一模块中任务三的模拟实训任务。

项目二 2
设置账户

【知识目标】

(1)了解会计对象的内容；

(2)掌握会计要素的含义及内容；

(3)掌握会计等式和经济业务类型；

(4)掌握会计科目及账户。

【能力目标】

(1)明确会计要素的概念、内容与特点；

(2)能够合理应用会计等式内容及作用；

(3)能够合理设置会计科目及账户；

(4)能够明确划分总分类会计科目与明细分类会计科目；

(5)掌握各类账户的结构。

【素质目标】

(1)初步培养对会计工作的职业情感；

(2)认识会计的重要性，明确会计职业生涯努力的方向。

【思维导图】

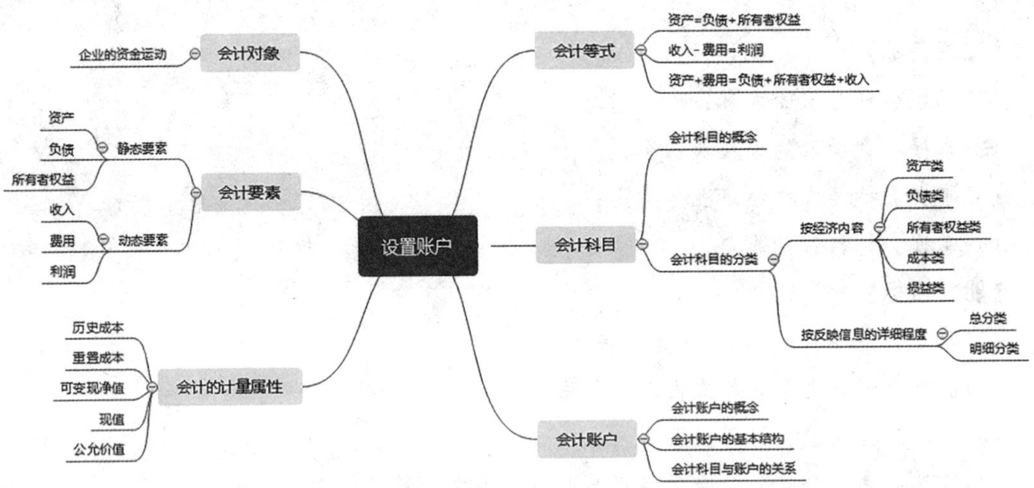
设置账户
会计对象
企业的资金运动
会计要素
静态要素
资产
负债
所有者权益
动态要素
收入
费用
利润
会计的计量属性
历史成本
重置成本
可变现净值
现值
公允价值
会计等式
资产=负债+所有者权益
收入-费用=利润
资产+费用=负债+所有者权益+收入
会计科目
会计科目的概念
会计科目的分类
按经济内容
资产类
负债类
所有者权益类
成本类
损益类
按反映信息的详细程度
总分类
明细分类
会计账户
会计账户的概念
会计账户的基本结构
会计科目与账户的关系

工作情境

假期到了，张楠来到表叔李阳光的单位丹江商道制衣有限公司进行认知实习，表叔安排她和会计王阿姨一起学习，王阿姨递给张楠一本《企业会计准则》:“有空可以好好看看这个。”

张楠翻开准则，看到里面有一张大表，上面是企业会计准则的会计科目表。科目分为好几类，有资产类、负债类、所有者权益类等。张楠问王阿姨:“科目为什么要这么分类呢?”“你说的这个资产、负债、所有者权益，在会计上叫会计要素，会计要素是指根据交易或者事项的经济特征所确定的财务会计对象的基本分类。我们国家会计要素主要分为资产、负债……”“所有者权益、收入、费用和利润，王阿姨，这个我知道。”张楠接过王阿姨的话，“我们刚学过。”

“那你知道，我们公司里有哪些资产吗?

你们的公司是生产服装的，各式各样的服装，肯定是资产，还有各种布料、颜料等。对了，还有钱，也是资产。

嗯，不错，你说的布料和颜料我们在会计上叫存货，你说的钱叫货币资金。

要记住，你是会计专业的学生，要慢慢学会用专业的术语来表达哦，这样大家才会觉得你比较专业。

嗯，好的，记住了……”

任务一　了解会计对象

【任务引例】

【任务 2—1】什么是会计对象?

【任务 2—2】工业企业的会计对象具体包括哪些?

【任务准备】

从前面的学习中我们知道，会计需要以货币为主要计量单位，对特定主体的经济活动进行连续、系统、全面的核算和监督。会计通过核算和监督的职能实现“提供决策有用的会计信息”和“反映受托责任”的目标。那么，会计对哪些内容进行核算和监督?丹江商道制衣有限公司发生的哪些业务可以作为会计核算和监督的对象?

一、会计对象的定义

会计对象，是指会计核算和监督的内容，具体是指社会再生产过程中能以货币表现的经济活动，即资金运动或价值运动。

二、会计对象的具体内容

资金运动包括各特定对象的资金投入运用及资金退出等过程，而具体到企业、事业和行政单位又有较大差别。企业是国民经济的细胞，是从事生产、流通或服务性等活动，为满足社会需要并获得盈利，进行自主经营，自负盈亏，享有民事权利和承担民事责任的团体法人。即使同样是企业，工业、农业、商业、交通运输业、建筑业及金融业等也均有各自资金运动的特点，其中尤以工业企业最具代表性。下面以公司制造业为例，说明会计的具体对象。

(1)资金投入(钱)

制造业是从事工业产品生产和销售的营利性经济组织。为了从事产品的生产与销售活动，企业必须拥有一定数量的资金。企业从外部筹集资金主要有两个渠道:一是债权人对企业的投资，即企业向金融机构、其他法人或个人举债，会计上通常称为负债;二是业主即企业所有者对企业的投资，会计上通常称为所有者权益。企业无论从哪条渠道筹集资金，在生产经营过程中都发挥着同样的作用。企业从外部筹集的资金，是以各种各样的形态而存在的，最常见的有库存现金、银行存款、原材料、商品、机器设备、房屋建筑物、专利权、商标权和土地使用权等，这些资金都是企业进行生产经营活动必须具备的。

(2)资金运用(物)

资金进入企业后，随着生产经营活动的进行，其形态不断发生变化。制造业的生产经营过程分为供应、生产和销售三个阶段。

供应过程，是为产品生产做必要准备的过程。在供应过程中，企业主要的经济活动是原材料的采购和储存。通过支付材料价款及采购费用、材料验收入库等业务，库存现金、银行存款转化为原材料，企业的资金由货币资金转化为储备资金。

生产过程，是企业根据产品生产计划或客户的订单组织产品生产的过程。在生产过程中，企业的主要经济活动是生产产品。企业生产部门领用材料，工人利用劳动手段加工劳动对象，使材料变成产品入库。通过原材料的耗用、工资支付、固定资产磨损及水电动力费用的支付等业务，企业的储备资金、货币资金和固定资产转化为生产资金，表现为产品形态，同时也形成了一些不计入产品成本的管理费用和财务费用;在产品加工完后成为商品，企业的资金就由生产资金转化为商品资金。

销售过程，是企业通过市场或者根据订单向购买者提供产品的过程。在销售过程中，企业主要的经济活动是销售商品。通过销售商品取得收入，企业的资金由商品资金转化为货币资金，同时销售过程要支付广告宣传、运输和包装等费用而形成营业费用。企业取得的货币资金用以抵补生产成本及销售费用、管理费用和财务费用之后，就可以计算出企业的经营成果。因此，工业企业的资金从货币资金开始，依次转化为储备资金、生产资金和商品资金，最后又形成货币资金。会计要依次反映这些阶段的经济活动。

(3)资金退出(钱)

企业在正常的生产经营活动过程中，由于种种原因，资金需要退出企业，不再参与企业经济活动，如偿还借款、缴纳税金、分配利润、派发股利和减资等。这些交易或事项的发生会导致一部分资金流出企业，退出资金运动过程。

【任务实施】

【任务2—1】会计对象是指会计核算和监督的内容，具体是指社会再生产过程中能以货币表现的经济活动，即资金运动或价值运动。

【任务2—2】工业企业的会计对象具体包括资金投入(钱)、资金运用(物)、资金退出(钱)。资金的运动过程如图2—1所示。

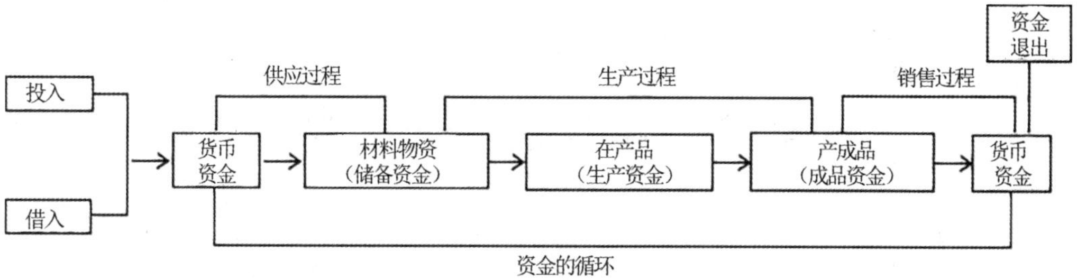

图2—1　制造业资金运动过程

需要注意的是，在这个过程中还有一些经济业务活动无法用货币反映，如招工、签订采购合同等，则不可以成为会计核算与监督的对象，企业需要通过其他的方法对这些活动进行控制。

【任务实操】

请登录理实互动实训平台，完成项目二模块中任务一的模拟实训任务。

任务二 划分会计要素

【任务引例】

张楠继续跟随王阿姨进行实习，王阿姨给她出了个题：丹江商道制衣有限公司发生如下经济业务，会计事项的发生会不会影响会计等式的平衡性？假设丹江商道制衣有限公司 2020 年 6 月初资产、负债、所有者权益构成如表 2—1 所示。

期初余额表

2020 年 6 月 1 日　　单位：元

资产	金额	权益	金额
库存现金	50 000	短期借款	4 000 000
银行存款	6 000 000	应付账款	3 000 000
应收账款	2 550 000	长期借款	4 000 000
原材料	5 000 000	实收资本	14 000 000
在产品	3 000 000	资本公积	5 000 000
库存商品	2 400 000		
固定资产	11 000 000		
合计	30 000 000	合计	30 000 000

表 2—1　丹江商道制衣有限公司期初余额表

【任务 2—3】4 日，以银行存款购买机器设备一台，价值 30 000 元。

【任务 2—4】7 日，向银行借入一年期的短期借款 60 000 元。

【任务 2—5】10 日，收到投资者投入资金 150 000 元，存入银行。

【任务 2—6】12 日，销售棒球服 100 套，售价 10 000 元，已存入银行。

【任务 2—7】15 日，办公室小王报销差旅费 5 000 元，以现金支付。

【任务 2—8】收到投资者投入的资本金 70 000 元，该资本金等于其认缴的注册资本金额，并已存入银行。

【任务 2—9】以银行存款 30 000 元偿还银行的短期借款。

【任务 2—10】购入办公用房一间，价值 40 000 元，已用银行存款支付。

【任务 2—11】将资本公积 30 000 元转为实收资本。

要求：

1.写出经济业务【任务 2—3】至【任务 2—7】所涉及的会计要素。

2.写出经济业务【任务 2—8】至【任务 2—11】所涉及的会计要素的增减变动情况。

【任务准备】

通过任务一对会计一般对象的学习，已经明确丹江商道制衣有限公司所发生的能够以货币计量的经济业务都可以作为会计对象。虽然同为会计对象，但不同业务的内容和性质是不同的，必须进行分类确认和记录，才能形成有用的会计信息。如"企业投资者向企业投入银行存款"和"向银行借款"业务有何不同？为了系统地反映经济业务，就要对会计一般对象按经济内容性质进行分类。对会计对象的基本分类形成资产、负债、所有者权益、收入、费用、利润六大会计要素，这六大会计要素是会计对象的基本组成部分，也是对外报送报表的基本要素。

一、会计要素的概念

会计要素即会计对象的要素，是对会计对象按经济内容的特性所划分的基本类别，是会计对象的具体组成部分。我国《企业会计准则——基本准则》将企业会计核算与监督的内容划分为六大会计要素，即资产、负债、所有者权益、收入、费用、利润。这六大会计要素可以分为两大类，即反映企业财务状况的会计要素和反映企业经营成果的会计要素。反映企业财务状况的会计要素包括资产、负债、所有者权益，反映企业经营成果的会计要素包括收入、费用、利润。

二、会计要素的内容

(一)反映企业财务状况的会计要素

1.资产

(1)资产的概念

资产是指企业过去的交易或者事项形成的、由企业拥有或者控制的、预期会给企业带来经济利益的资源。

(2)资产的特征

①资产是由企业过去的交易或者事项形成的。企业过去的交易或者事项包括购买、生产、建造行为或其他交易或者事项。如对于企业在购货合同中约定购入的商品，由于合同还未执行，企业就不能把这些商品确认为一笔存货。也就是说，资产必须是现实的资产，它不是预期的，更不是虚拟的。

②资产是企业拥有或者控制的资源。资产作为一项资源，应为企业拥有或者控制，具体是指企业享有某项资源的所有权。或者虽然不享有某项资源的所有权，但该资源能被企业控制。通常在判断是否为资产时，所有权是考虑的首要因素，但在有些情况下，虽然某些资产

不为企业所拥有，即企业并不享有其所有权，但企业控制这些资产，同样表明企业能够从这些资产中获取经济利益。例如企业按年租入的办公场所不是企业的资产，因为企业对它的使用权控制是暂时的。如果企业租用一栋房屋或一台设备，其租赁期等于或几乎等于该房屋或设备的使用寿命(即融资租赁)，那么，即使这些项目不为企业所拥有，它们也属于企业的资产，即遵循了“实质重于形式”的会计信息质量要求。

③资产能够给企业带来未来的经济利益。资产的本质是可以在未来给企业带来经济利益。所谓经济利益，是指直接或间接流入企业的现金或现金等价物。资产可以是有形的，也可以是无形的，但必须具有交换价值或使用价值，是可以给企业带来现金流入的资源，没有交换价值或使用价值即不能给企业带来未来效益的物品，应作为企业的损失或费用进行确认，而不应作为资产。如原材料、机器设备用于制造商品或提供劳务，商品出售后收回货款从而为企业带来了经济利益，因而可作为企业的资产;霉烂变质的产品或材料，由于无法再给企业带来经济利益，则不能作为企业的资产。

(3)资产的确认条件

将一项资源确认为资产，需要符合资产的定义，还应同时满足以下两个条件：

①与该资源有关的经济利益(概率在50%以上，以下类同)很可能流入企业。根据资产的定义，能够给企业带来经济利益是资产的一个本质特征。但由于经济环境瞬息万变，与资源有关的经济利益能否流入企业或者能够流入多少，实际上带有不确定性。因此，资产的确认应当与经济利益流入企业不确定性程度的判断结合起来。如果根据编制财务报表时所取得的证据，与该资源有关的经济利益很可能流入企业，那么就应当将其作为资产予以确认。

②该资源的成本或者价值能够可靠地计量。可计量性是所有会计要素确认的重要前提，只有当有关资源的成本或者价值能够可靠地计量时，资产才能予以确认。企业取得的许多资产一般都是发生了实际成本的，对于这些资产只要实际发生的购买或者生产成本能够可靠地计量，就应视为符合了资产的可计量性确认条件。而在某些情况下，企业取得的资产没有发生实际成本或者发生的实际成本很小，例如企业持有的某些衍生金融工具形成的资产，尽管它们没有实际成本或者发生的实际成本很小，但如果其公允价值能够可靠地计量，也被认为符合了资产可计量属性的条件。

(4)资产的内容

资产按其流动性划分为流动资产和非流动资产。

①流动资产。流动资产是指预计在一个正常营业周期中变现、出售或耗用的资产，或者主要为交易目的而持有，预计在资产负债表日起一年内(含一年)变现的资产，以及自资产负债表日起一年内交换其他资产或清偿负债的能力不受限制的现金或现金等价物，表现为财产、债权和其他权利。流动资产的主要内容见图2—2。

②非流动资产。非流动资产是指除流动资产以外的资产。非流动资产的主要内容见图2—3。

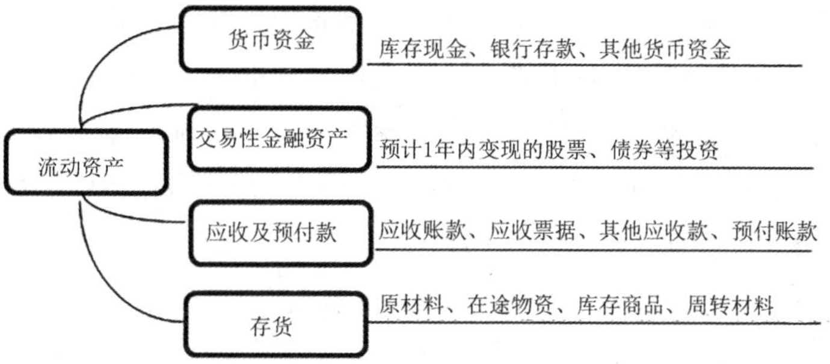

图 2—2　流动资产的主要内容

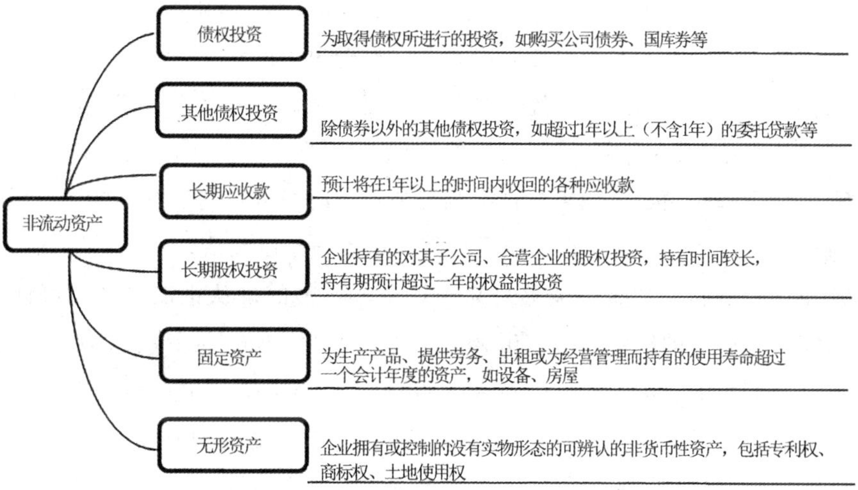

图 2—3　非流动资产的主要内容

【任务 2—3】4 日，以银行存款购买机器设备一台，价值 30 000 元。

这笔经济业务涉及的会计要素为资产(银行存款、固定资产)。

2.负债

(1)负债的概念

负债指企业过去的交易或者事项形成的、预期会导致经济利益流出企业的现时义务。

(2)负债的特征

①负债是由企业过去的交易或者事项形成的。换句话说，只有过去的交易或者事项才形成负债。企业将在未来发生的承诺、签订的合同等交易或者事项，不形成负债。

②负债是企业承担的现时义务。现时义务，是指企业在现行条件下已承担的义务。未来发生的交易或者事项形成的义务，不属于现时义务，不应当确认为负债。这里所指的义务可以是法定义务或是推定义务。法定义务是指具有约束力的合同或者法律法规规定的义务，通常在法律意义上需要强制执行。例如，企业购买原材料形成应付账款，企业向银行借入款项形成借款，企业按照税法规定应当交纳的税款等，均属于企业承担的法定义务，需要依法予以偿还。推定义务是指根据企业多年来的习惯做法、公开的承诺或者公开宣布的政策而导致

企业将承担的责任，这些责任也使有关各方形成了企业将履行义务解脱责任的合理预期。例如，某企业多年来制定一项销售政策，对于售出商品提供一定期限内的售后保修服务，预期将为售出商品提供的保修服务就属于推定义务，应当将其确认为一项负债。

③负债预期会导致经济利益流出企业。只有企业在履行义务时会导致经济利益流出企业的才符合负债的定义，如果不会导致企业经济利益流出的，就不符合负债的定义。在履行现时义务清偿负债时，导致经济利益流出企业的形式多种多样，例如用现金偿还或以实物资产形式偿还；以提供劳务形式偿还；部分转移资产、部分提供劳务形式偿还；将负债转为资本等。

(3)负债的确认条件

将一项现时义务确认为负债，需要符合负债的定义，还应当同时满足以下两个条件：

①与该义务有关的经济利益很可能流出企业。根据负债的定义，预期会导致经济利益流出企业是负债的一个本质特征。鉴于履行义务所需流出经济利益带有不确定性，尤其是与推定义务相关的经济利益通常需要依赖于大量的估计，因此，负债的确认应当与经济利益流出不确定性的程度结合起来判断。如果根据编制财务报表时所取得的证据判断，与现时义务有关的经济利益很可能流出企业，那么就应当将其作为负债予以确认。

②未来流出的经济利益的金额能够可靠地计量。负债的确认也需要符合可计量性的要求。对于与法定义务有关的经济利益流出金额，通常可以根据合同或者法律规定的金额予以确定。考虑到经济利益的流出一般发生在未来期间，有关金额的计量通常需要考虑货币时间价值等因素的影响。对于与推定义务有关的经济利益流出金额，通常需要较大程度的估计。为此，企业应根据履行相关义务所需支出的最佳估计数进行估计，并综合考虑有关货币时间价值、风险等因素的影响。

(4)负债的分类

负债按其偿还期限的长短，可以分为流动负债和非流动负债。

①流动负债。流动负债是预计在一个正常营业周期中清偿，或者主要为交易目的而持有、自资产负债表日起 1 年内(含 1 年)到期应予以清偿，或者企业无权自主地将清偿推迟至资产负债表日后 1 年以上的负债。流动负债的主要内容见图 2－4。

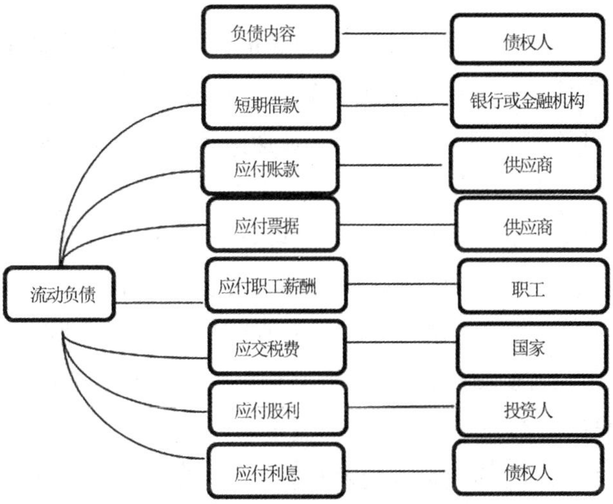

图 2—4 流动负债的主要内容

②非流动负债。非流动负债是指预计在 1 年以上或一个正常营业周期以上清偿的债务，主要包括长期借款、长期应付款、应付债券等。

【任务 2—4】7 日，向银行借入 1 年期的短期借款 60 000 元。

这笔经济业务涉及的会计要素为资产(银行存款)和负债(短期借款)。

3.所有者权益

(1)所有者权益的概念

所有者权益是指企业资产扣除负债后由所有者享有的剩余权益，公司的所有者权益又称股东权益，其金额为资产减去负债后的余额。可见，所有者权益的计量取决于资产与负债的计量。

对任何企业而言，其资产形成的资金来源不外乎两个：一是债权人，二是所有者。债权人对企业资产的要求权形成企业的负债，所有者对企业资产的要求权形成企业的所有者权益。所有者权益的来源包括所有者投入的资本、直接计入所有者权益的利得和损失、留存收益等。

(2)所有者权益的特征

所有者权益与负债相比较，具有以下特征：

①负债是企业对债权人所承担的经济责任，企业负有偿还的义务；而所有者权益是企业对投资人所承担的经济责任，在一般情况下不需要归还。

②在企业清算时，负债拥有优先求偿权，即企业的资产只有在清偿所有的负债后，才返还给投资者。在偿还顺序上，负债具有优先权，所有者权益是剩余权。

③债权人只享有按期收回利息和债务本金的权利，无权参与企业的利润分配和经营管理；投资者既可以参与企业的分红，也可以参与企业的经营管理。

(3)所有者权益的内容

所有者权益包括投入资本、直接计入所有者权益的利得和损失、留存收益。

①投入资本，是指投资者以所认缴的资本金名义实际投入企业经营活动的各种财产物资。投资者实际投入的财产物资等于企业认缴的注册资本额的部分，称为“实收资本”，如果超过其认缴的注册资本额，超过部分作为资本溢价，计入“资本公积——资本溢价”。

②直接计入所有者权益的利得和损失。直接计入所有者权益的利得和损失是指不应计入当期损益、会导致所有者权益发生增减变动的、与所有者投入资本或者向所有者分配利润无关的利得或损失。其中，利得是指由企业非日常活动所形成的、会导致所有者权益增加的、与所有者投入资本无关的经济利益的流入；损失是指由企业非日常活动发生的、会导致所有者权益减少的、与向所有者分配利润无关的经济利益的流出。

③留存收益。留存收益是指企业从实现的利润中提取或留存于企业的内部积累，它来源于企业的生产经营活动所实现的利润，包括企业的盈余公积和未分配利润两部分。盈余公积是指按照国家有关规定从利润中提取的公共积累；未分配利润是指企业本期没有分配完的或待以后年度分配的利润。所有者权益的内容见图 2—5。

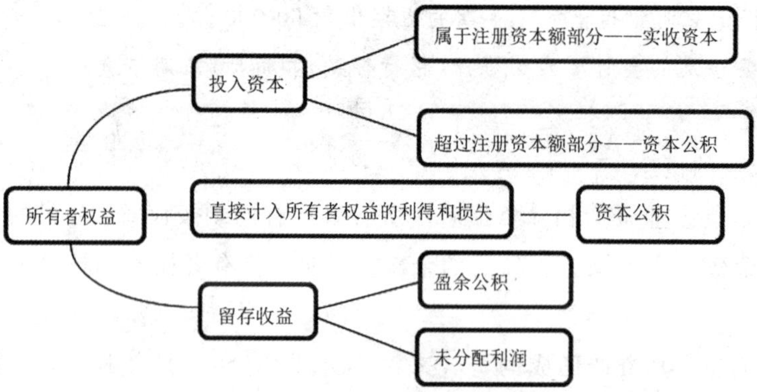

图 2—5　所有者权益的内容

【任务 2—5】10 日，收到投资者投入资金 150 000 元，存入银行。

这笔经济业务涉及的会计要素为资产(银行存款)和所有者权益(实收资本)。

要理解所有者权益的内容，一定要把企业和所有者分开。企业是会计主体，所有者在企业享有的权益一般根据所有者对企业投资的大小来计算，即谁投资大谁享有的权益大，谁投资小谁享有的权益小。所有者权益要素的特征是将所有者权益和负债相比较，因为二者都是企业的权益，只是享有的权益方式不同。所有者权益增加的主要渠道包括所有者投资和企业实现利润，所有者享有对企业的管理权和利润分配权；负债增加的主要渠道是企业借款或在经营活动中形成应付未付的债务，债权人只享有收回本金和利息的权利，不享有管理权和利润分配权。

(二)反映企业经营成果的会计要素

1.收入

(1)收入的概念

收入是指企业在日常活动中形成的、会导致所有者权益增加的、与所有者投入资本无关的经济利益的总流入。

(2)收入的特征

①收入是从企业的日常活动中产生的，而不是从偶发的交易或事项中产生的。日常活动包括企业销售商品、提供劳务、让渡资产使用权三种情况。如工业企业的销售收入、营业单位的劳务收入及出租固定资产等取得的租金收入等均属于收入要素的内容。反之，除了日常活动以外的其他活动所带来的经济利益的流入称为利得，利得不能作为收入要素来反映，如处置固定资产所获得的经济利益。

②收入表现为企业资产的增加、负债的减少或二者兼而有之，最终导致所有者权益增加。收入表现为企业资产的增加，如企业销售商品并收到银行存款;收入也可能表现为负债的减少，如在预收货款的情况下，企业实现销售收入会表现为预收账款这项负债的减少。由于收入是企业经济利益的总流入，收入的发生必然会导致企业利润的增加，收入无论表现为资产的增加还是负债的减少，最终都会导致企业所有者权益的增加。

③收入所导致的所有者权益的增加与所有者投入资本无关。收入是企业经营现有资产的所得，而非所有者投入带来的经济利益的流入，所有者向企业投入资本虽然也可以导致所有者权益的增加，但它不是企业日常经营的成果，因而不能作为收入。

④收入只包括本企业经济利益的流入，不包括为第三方或客户代收的款项。为第三方或客户代收的款项一方面增加企业的资产，另一方面增加企业的负债，因此不增加企业的所有者权益，也不属于本企业的经济利益，不能作为本企业的收入。如企业代国家收取增值税，商业银行代委托贷款企业收取利息，旅行社代客户购买门票、飞机票而收取的票款等。

(3)收入的确认条件

收入的确认除了应当符合定义外，还至少应当符合以下条件:①与收入相关的经济利益应当很可能流入企业;②经济利益流入企业的结果会导致资产的增加或者负债的减少;③经济利益的流入额能够可靠计量。

(4)收入的分类

①收入按其业务性质，分为销售商品收入、提供劳务收入和让渡资产使用权等取得的收入。销售商品收入，主要是指取得货币资产方式的商品销售，如商品流通企业销售所购进的商品，制造企业销售生产的产品等;提供劳务收入，主要有提供旅游、运输、饮食、广告、咨询、培训、产品安装等所获取的收入;让渡资产使用权收入，是指企业将资产让渡给他人使用所取得的收入，如利息收入、使用费收入等。

②收入按其业务主次，分为主营业务收入和其他业务收入。主营业务收入，是指企业为完成经营目标而从事主要经营活动所产生的收入，比如，工业企业的主营业务收入主要包括销售产品所取得的收入；商品流通企业的主营业务收入主要包括销售商品所取得的收入等。其他业务收入，是指主营业务以外的其他日常活动所产生的收入，一般占企业收入的比重较小，如材料销售收入、出租收入等。主营业务收入和其他业务收入的划分标准，一般应按照营业执照上注明的主营业务和兼营业务予以确定。

【任务 2—6】12 日，销售棒球服 100 套，售价 10 000 元，已存入银行。

这笔经济业务涉及的会计要素为资产(银行存款)和收入(主营业务收入)。

2.费用

(1)费用的概念

费用是指企业在日常活动中发生的、会导致所有者权益减少的、与向所有者分配利润无关的经济利益的总流出。

(2)费用的特征

①费用是企业在日常活动中发生的经济利益的流出，而不是从偶发的交易或事项中发生的经济利益的流出。如工业企业支付当期的借款利息所导致的经济利益的流出是日常活动带来的，应为费用；企业在非日常活动中发生的经济利益的流出称为损失，损失不能作为费用要素，如支付赔偿款、罚款等。

②费用表现为企业资产的减少、负债的增加或二者兼而有之，最终导致所有者权益的减少。费用表现为企业资产的减少，如企业用银行存款支付当期的办公费；费用也可以表现为负债的增加，如企业当期发生租赁费，但没有实际支付，费用则表现为企业负债的增加。由于费用是企业经济利益的总流出，费用的发生必然会导致企业利润的减少，费用无论表现为资产的减少还是负债的增加，最终都会导致企业所有者权益的减少。

③费用所导致的所有者权益的减少与向所有者分配利润无关。费用是企业经营现有资产的耗费，而非因向所有者分配利润而流出的经济利益，向所有者分配利润虽然也可以导致所有者权益的减少，但不能作为费用。

(3)费用的确认条件

费用的确认除了应当符合定义外，还至少应当符合以下条件：①与费用相关的经济利益应当很可能流出企业；②经济利益流出企业的结果会导致资产的减少或者负债的增加；③经济利益的流出额能够可靠计量。

(4)费用的分类

费用按照经济用途，分为生产费用和期间费用。

生产费用，是指与企业日常生产经营活动有关的费用，按其经济用途可分为直接材料、直接人工和制造费用。生产费用应按其实际发生情况计入产品的生产成本；对于生产几种产品共同发生的生产费用，应当按照受益原则，采用适当的方法和程序分配计入相关产品的生产成本。

期间费用，是指企业本期发生的、不能直接或间接归入产品生产成本，而应直接计入当期损益的各项费用，包括管理费用、销售费用和财务费用。管理费用，是指企业行政管理部门为组织和管理生产经营活动而发生的费用，如行政管理人员的办公费、工资、福利费、差旅费等。销售费用，是企业在销售商品、提供劳务等过程中发生的除营业成本外的各项费用，如运输费、广告费、专设销售机构的经常性费用等。财务费用，是指企业为筹集生产经营资金而发生的费用，如利息支出、汇兑损失、金融机构的手续费等。

【任务 2—7】15 日，办公室小王报销差旅费 5 000 元，以现金支付。

这笔经济业务涉及的会计要素为资产(库存现金)和费用(管理费用)。

3.利润

(1)利润的概念

利润是指企业在一定会计期间的经营成果。利润包括收入减去费用后的净额、直接计入当期利润的利得和损失等。直接计入当期利润的利得称为营业外收入，直接计入当期利润的损失称为营业外支出。利润取决于收入和费用、营业外收入和营业外支出的计量。即：

利润＝收入－费用＋营业外收入－营业外支出

(2)利润的确认条件

利润反映收入减去费用、直接计入当期利润的利得减去损失后的净额。利润的确认主要依赖于收入和费用，以及直接计入当期利润的利得和损失的确认，其金额的确定也主要取决于收入、费用、利得、损失金额的计量。利润项目应当列入利润表。

(3)利润的构成

根据《企业会计准则——基本准则》的规定，企业的利润总额由营业利润、营业外收支净额组成。利润总额减去所得税费用后的差额，即为净利润。

①营业利润是指营业收入减去营业成本、税金及附加、销售费用、管理费用、财务费用、研发费用、资产减值损失，再加上其他收益、投资收益(或减去投资损失)、公允价值变动收益(或减去损失)后的金额。其中，营业收入为主营业务收入与其他业务收入之和，营业成本为主营业务成本和其他业务成本之和。

②营业外收支净额是营业外收入减去营业外支出的差额。营业外收入包括接受捐赠利得等，营业外支出包括捐赠支出等。

③所得税费用是指由国家对法人、自然人和其他经济组织在一定时期内的各种所得征收的所得税形成的费用。

综上所述，资产、负债、所有者权益三大要素反映了企业在某一特定时日拥有的经济资源及其分布情况，以及经济资源的来源结构，表明了投资者在企业资产中所占的份额及将来为偿还债务预期将流出的经济资源数额，从而反映了企业在某一特定时日的偿债能力和支付能力，是反映企业财务状况的会计要素。收入、费用、利润三大会计要素可以及时反映企业在一定会计期间的经营业绩和获利能力，反映企业的投入产出效率和经济效益，有助于企业投资者和债权人据此进行盈利预测，评价企业经营绩效，作出正确的决策，是反映企业经营成果的会计要素。

三、会计要素的计量

企业应当按照规定的会计计量属性进行计量，确定相关金额。会计要素计量的关键，是计量单位的确定和计量属性的选择。至于会计计量，前已述及，必须以货币为计量单位。我国会计核算应当以人民币为记账本位币。业务收支以外币为主的企业，也可以采用某种外币作为记账本位币，但向国家有关方面报送会计报表时，必须折算为人民币反映。

(一)会计计量属性及其构成

会计计量属性，是指会计要素的数量特征或外在表现形式，反映了会计要素金额的确定基础，主要包括历史成本、重置成本、可变现净值、现值和公允价值等。

1.历史成本

历史成本，又称为实际成本，是指为取得或制造某项财产物资实际支付的现金或其他等价物。历史成本是会计计量中最重要和最基本的计量属性，其一直是国际和我国惯例中的基础性计价标准。

2.重置成本

重置成本，又称现行成本，是指按照当前市场条件，重新取得同样一项资产所需要支付的现金或者现金等价物金额。实务中，重置成本应用于盘盈固定资产的计量等。

3.可变现净值

可变现净值，是指在正常的生产经营过程中，以预计售价减去进一步加工成本和预计销售费用以及相关税费后的净值。实务中，可变现净值通常应用于存货资产减值情况下的后续计量。

4.现值

现值，是指对未来现金流量以恰当的折现率进行折现后的价值，是考虑货币时间价值的一种计量属性。实务中，现值通常应用于非流动资产可收回金额和以摊余成本计量的金融资产价值的确定等。

5.公允价值

公允价值，是指市场参与者在计量日发生的有序交易中，出售一项资产所能收到或者转移一项负债所需支付的价格。实务中，公允价值主要应用于交易性金融资产、可供出售金融资产的计量等。

(二)各种计量属性之间的关系

在各种会计计量属性中，历史成本通常反映的是资产或负债过去的价值，而重置成本、可变现净值、现值和公允价值通常反映的是资产或者负债的现实成本或者现时价值。

重置成本、可变现净值、现值和公允价值是与历史成本相对应的计量属性，但它们之间仍具有密切联系。一般来说，历史成本可能是过去环境下某项资产或负债的公允价值，而在当前环境下某项资产或负债的公允价值也许就是未来环境下某项资产或负债的历史成本。公允价值可以是重置成本，也可以是可变现净值和以公允价值为计量目的的现值。

(三)会计计量属性的运用原则

《企业会计准则——基本准则》明确规定，企业在对会计要素进行计量时，以历史成本为主要计量属性，但又不限于历史成本。在某些情况下为了提高会计信息质量，实现财务报告目标，企业会计准则允许采用重置成本、可变现净值、现值和公允价值计量的，应当保证所确定的会计要素金额能够取得并可靠地计量。如果这些金额无法取得或者可靠地计量，则不允许采用其他计量属性。考虑到中国市场经济发展的现状，新企业会计准则体系中主要在金融工具、投资性房地产、非共同控制下的企业合并、债务重组和非货币性交易等方面采用了公允价值。

四、会计要素的关系——会计等式

会计要素作为会计的具体对象，能够反映企业发生的各项经济业务活动，用数学等式来反映会计要素之间的内在联系，即会计等式。

会计等式又称为会计平衡式，是运用数学恒等式的形式反映会计六要素之间内在的数量关系的表达式。

(一)反映资产、负债、所有者权益要素关系的会计等式

企业为进行生产经营活动，必须拥有一定数量的资产，如库存现金、银行存款、原材料、固定资产等，它们以各种不同的形态存在于生产经营活动中，成为企业生产经营活动的基础。资产的来源不外乎两个方面，一方面是由企业的投资者(国家、个人或企业法人)投入的，另一方面是向债权人借入的。由于投资者和债权人向企业提供了资产，因此对这些资产具有一定的要求权。我们把所有者和债权人对企业资产的要求权，统称为权益。其中，投资者权益称为所有者权益，债权人权益称为负债。

资产与权益是同一资源的两个方面，资产表明企业所拥有或者控制的资源的规模及其在企业的存在形态，权益则表明企业所拥有或者控制的资源的来源，以及资源提供者对其的要求权。因此，资产与权益之间必然存在相互依存、互相制约的关系，没有无权益的资产，也没有无资产的权益。从数量上看，一个企业有多少资产，就必然有多少权益;有多少权益，也必然有多少资产。资产与权益的这种数量关系可以用如下等式表示：

资产＝权益

由于权益又可分为负债和所有者权益，则上述等式可进一步表示为如下等式：

资产＝负债＋所有者权益

负债与所有者权益虽然都是对企业资产的要求权，但却是两种性质不同的权益，企业的资产应首先满足债权人的权益，剩余的才用来满足所有者权益，因而所有者权益是一种剩余权益。其关系可用如下等式表示：

资产－负债＝所有者权益

资产、负债、所有者权益之间的等式关系反映了企业在某一特定时点其资源的规模及来源，是反映企业财务状况的会计等式。由于该等式所反映的是在相对静止状态下的资产与权益的关系，因而又被称为静态的会计等式。静态会计等式是设置账户、复式记账、编制资产负债表、进行试算平衡的理论基础。

(二)反映收入、费用、利润要素的会计等式

企业将其所拥有或控制的经济资源投入日常生产经营活动，将会给企业带来经济利益，即收入；为了取得收入，企业在日常生产经营活动中必然会发生经济利益的流出，即费用。企业一定会计期间的收入与费用配比为企业的经营成果。收入、费用、利润之间存在的这种数量关系可用等式表示如下：

收入－费用＝利润

收入、费用、利润之间的等式关系反映了企业在某一特定时期的经营成果。广义而言，企业一定时期内所获得的收入扣除与其相关的各项费用后的余额，即为利润。但在我国实务中，由于收入要素和费用要素不包括利得和损失，因此通常将上述公式中的收入、费用作广义化理解，即不仅包括日常活动带来的经济利益流入与流出，而且包括非日常活动带来的经济利益流入与流出，其配比结果为企业的利润总额。由于该等式所反映的是在一定时期内企业收入、费用发生的动态过程，又被称为动态的会计等式。动态会计等式是企业确定利润、设置损益类账户、编制利润表的理论基础。

(三)反映会计六要素关系的综合会计等式

上述两类会计等式分别反映了在某一特定时点资产、负债、所有者权益之间的静态等式关系，以及在某一特定时期收入、费用、利润之间的动态会计等式。

在会计期初，企业尚未发生当期的收入与费用，根据“资产＝权益”等式，期初时存在“资产＝负债＋所有者权益”的平衡关系；在该会计期间内，企业发生了各项收入或者费用，其中收入的发生表现为资产的增加或负债的减少，费用的发生表现为资产的减少或者负债的增加。正因如此，当收入发生时，可以在等式“资产＝负债＋所有者权益”的右边加上一定数量的收入，同时该收入的发生，或者使等式左边的资产同量增加，或者使等式右边的负债同量减少；而当有费用发生时，在等式“资产＝负债＋所有者权益”的右边减去一定数量的费用，

同时由于费用的发生，或者使等式左边的资产同量减少，或者使等式右边的负债同量增加。因而收入与费用的发生形成了新的平衡关系，此时，会计六要素之间的关系如下等式所示：

资产＝负债＋所有者权益＋收入－费用

或者：资产＝负债＋所有者权益＋利润

资产＋费用＝负债＋所有者权益＋收入

式中：资产、负债表示由于收入与费用的发生，资产与负债的数量比较期初发生了变化。而至期末，当利润转入所有者权益，等式则重新表示为：

资产＝负债＋所有者权益

等式"资产＋费用＝负债＋所有者权益＋收入"进一步反映了在收入与费用发生的情况下，资源的占用形式，等式右边的负债、所有者权益、收入是企业资源的来源形式，由于资源占用与来源是一项资源的两个方面，其间必然存在恒等关系。上述一系列会计等式反映了在收入、费用发生的情况下，在某一会计期间内会计六要素之间的数量关系，我们称之为会计综合等式。

五、经济业务对会计等式的影响

(一)经济业务的类型

经济业务又称会计事项，是指在经济活动中使会计要素发生增减变动的交易或者事项。企业在生产经营过程中，不断地发生各种经济业务，这些经济业务的发生会对有关会计要素产生影响，但却不会破坏上述等式的恒等关系。经济业务的类型可以分为以下四种类型。

1.等式两边同增的会计事项

等式两边同增的会计事项是指使会计等式左右两方以相等的金额同时增加的经济业务，如投资者向企业投入资金、企业向银行借入借款等业务。该类经济业务的发生虽然会导致资产与权益总额同时增加，但是不会改变资产与权益的平衡关系。

2.等式两边同减的会计事项

等式两边同减的会计事项是指使会计等式左右两方以相等的金额同时减少的经济业务，如企业用银行存款偿还借款、退回投资者的资本金等业务。该类经济业务的发生虽然会导致资产与权益总额同时减少，但是不会改变资产与权益的平衡关系。

3.等式左边有增有减的会计事项

等式左边有增有减的会计事项是指使会计等式左方各项目之间以相等的金额一增一减的经济业务，如用银行存款购买原材料、固定资产等业务。该类经济业务的发生只是等式左边项目内部的有增有减，不会影响资产与权益的金额和平衡关系。

4.等式右边有增有减的会计事项

等式右边有增有减的会计事项是指使会计等式右方各项目之间以相等的金额一增一减的

经济业务，如用资本公积转增实收资本，银行将借款转为对企业的投资等业务，该类经济业务的发生只是等式右边项目内部的有增有减，不会影响资产与权益的金额和平衡关系。

(二)经济业务对会计等式的影响

企业在经营过程中，不断发生各种经济业务，如购买材料、归还借款等，其发生必然会引起各个会计要素之间以及自身内部发生相应的增减变化，这些可以引起会计要素发生增减变化的一切业务事项，称为“会计事项”或“经济业务”。

【任务实施】

6月，该公司发生下列业务：

【任务2—8】收到投资者投入的资本金70 000元，该资本金等于其认缴的注册资本金额，并已存入银行。

这笔经济业务的发生，一方面使资产方的银行存款增加了70 000元，另一方面使所有者权益方的实收资本也增加了70 000元。由于会计等式左右两方的资产和所有者权益项目以相等的金额同时增加，因此会计等式的平衡关系依然成立。

【任务2—9】以银行存款30 000元偿还银行的短期借款。

这笔经济业务的发生，一方面使资产方的银行存款减少了30 000元，另一方面使负债方的短期借款减少了30 000元。由于会计等式左右两方的资产和负债项目以相等的金额同时减少，因此会计等式的平衡关系依然成立。

【任务2—10】购入办公用房一间，价值40 000元，已用银行存款支付。

这笔经济业务的发生，一方面使一项资产——固定资产增加了40 000元，另一方面也使另一项资产——银行存款减少了40 000元。由于资产方一个项目增加，另一个项目减少，而且增减金额相等，因此会计等式的平衡关系依然成立。

【任务2—11】将资本公积30 000元转为实收资本。

这笔经济业务的发生，一方面使一项所有者权益——实收资本增加了30 000元，另一方面使另一项所有者权益——资本公积减少了30 000元。由于权益方一个项目增加，另一个项目减少，而且增减金额相等，因此会计等式的平衡关系依然成立。

上述经济业务发生后，丹江商道制衣有限公司2020年6月30日资产、负债、所有者权益构成如表2—2所示。

期末余额表

2020 年 6 月 30 日 单位：元

资产	金额	权益	金额
库存现金	50 000	短期借款	3 970 000
银行存款	6 000 000	应付账款	3 000 000
应收账款	2 550 000	长期借款	4 000 000
原材料	5 000 000	实收资本	14 100 000
在产品	3 000 000	资本公积	4 970 000
库存商品	2 400 000		
固定资产	11 040 000		
合计	30 040 000	合计	30 040 000

表 2—2 丹江商道制衣有限公司期末余额表

从上述经济业务的分析中，我们看到企业无论发生何种经济业务，引起了会计要素怎样的变化，都不会破坏会计等式的平衡关系。这是由于会计事项的发生不外乎四种情况，即一项经济业务的发生或者引起等式左右两边同时增加相等的数额，或者引起等式左右两边同时减少相等的数额，或者引起等式左边项目有增有减相等的数额，或者引起等式右边项目有增有减相等的数额，因而会计等式的平衡关系不会因为经济业务的发生而改变。

【任务实操】

根据【任务引例】中的相关内容完成以下任务：

1.请写出【任务 2—3】至【任务 2—7】中的业务会计要素的增减变化情况。

2.请写出【任务 2—8】至【任务 2—11】中的业务涉及的会计要素；

任务三 确定会计科目

【任务引例】

张楠继续跟随王阿姨进行实习，王阿姨又给她出了个题。丹江商道制衣有限公司发生如下经济业务：

【任务 2—12】4 日，以银行存款购买缝衣机设备 10 台，价值 30 000 元。

【任务 2—13】7 日，向银行借入 1 年期的短期借款 60 000 元。

【任务 2—14】10 日，收到投资者张亮投入资金 150 000 元，存入银行。

【任务 2—15】12 日，销售棒球服 100 套，售价 10 000 元，已存入银行。

【任务 2—16】15 日，办公室小王报销差旅费 5 000 元，以现金支付。

要求：

1.写出经济业务【任务 2—12】至【任务 2—16】所涉及的总账会计科目；

2.写出经济业务【任务 2—12】至【任务 2—16】所涉及的明细会计科目。

【任务准备】

划分会计要素仅仅是对会计对象的基本分类，要想系统地反映经济业务，仅有要素分类是不能满足核算和管理需要的。例如，丹江商道制衣有限公司发生的“用银行存款购买材料”和“用银行存款购买固定资产”是两个不同的业务，但是它们在按要素分类的业务类型上都是“资产内部有增有减”的业务，要想反映其不同，就需要将资产要素再进行分类，形成“固定资产”“原材料”等会计科目。

一、会计科目的概念与意义

(一)会计科目的概念

会计科目，简称科目，是对会计要素的具体内容进行分类核算的项目。每个会计科目都有标准的名称，都反映一定的经济内容。为了全面反映企业的全部经济活动，需要设置许多不同的会计科目。

(二)会计科目的意义

会计科目是进行各项会计记录和提供各项会计信息的基础，在会计核算中具有重要意义。

1.会计科目是复式记账的基础。复式记账要求每一笔经济业务在两个或两个以上相互联系的账户中进行登记，以反映资金运动的来龙去脉。

2.会计科目是编制记账凭证的基础。记账凭证是确定所发生的经济业务应记入何种科目以及分门别类登记账簿的凭据。

3.会计科目为成本计算与财产清查提供了前提条件。通过会计科目的设置，有助于成本核算，使各种成本计算成为可能；而通过账面记录与实际结存的核对，又为财产清查、保证账实相符提供了必备的条件。

4.会计科目为编制财务报表提供了方便。财务报表是提供会计信息的主要手段，为了保证会计信息的质量及其提供的及时性，财务报表中的许多项目与会计科目是一致的，并根据会计科目的本期发生额或余额填列。

二、会计科目的分类

会计科目能够反映会计要素的构成及其变化情况，是为投资者、债权人、企业管理者、政府及其相关部门和社会公众等提供会计信息的重要手段，在其设置过程中应努力做到科学、合理、适用。

会计科目可按其反映的经济内容（即所属会计要素）、所提供信息的详细程度及其统驭关系分类。

（一）按反映的经济内容分类

会计科目按其反映的经济内容不同，可分为资产类科目、负债类科目、共同类科目、所有者权益类科目、成本类科目和损益类科目。

1.资产类科目，是对资产要素的具体内容进行分类核算的项目，按资产的流动性分为反映流动资产的科目和反映非流动资产的科目。反映流动资产的科目，如库存现金、银行存款、交易性金融资产、应收票据、应收账款、预付账款、其他应收款、原材料、周转材料、库存商品等；反映非流动资产的科目，如长期股权投资、固定资产、无形资产等。

2.负债类科目，是对负债要素的具体内容进行分类核算的项目，按负债的偿还期限分为反映流动负债的科目和反映非流动负债的科目。反映流动负债的科目如短期借款、应付票据、应付账款、预收账款、其他应付款、应付职工薪酬、应交税费等；反映长期负债的科目，如长期借款、应付债券、长期应付款等。

3.共同类科目，是既有资产性质又有负债性质的科目，主要有“清算资金往来”“外汇买卖”“衍生工具”“套期工具”“被套期项目”等科目。

4.所有者权益类科目，是对所有者权益要素的具体内容进行分类核算的项目，按所有者权益的形成和性质可分为反映资本的科目和反映留存收益的科目。反映资本的科目，如实收资本（股本）、资本公积等；反映留存收益的科目，如本年利润、利润分配、盈余公积等。

5.成本类科目，是对可归属于产品生产成本、劳务成本等的具体内容进行分类核算的项目，按成本的内容和性质的不同可分为反映制造成本的科目、反映劳务成本的科目等。反映制造成本的科目，如生产成本、制造费用等；反映劳务成本的科目，如劳务成本等。

6.损益类科目，是对收入、费用等的具体内容进行分类核算的项目。反映收入的科目，如主营业务收入、其他业务收入等；反映费用的科目，如主营业务成本、其他业务成本、税金及附加、管理费用、财务费用、销售费用、所得税费用等。

(二)按提供信息的详细程度及其统驭关系分类

会计科目按其提供信息的详细程度及其统驭关系，可以分为总分类科目和明细分类科目。

1.总分类科目，又称总账科目或一级科目，是对会计要素的具体内容进行总括分类，提供总括信息的会计科目。总分类科目反映各种经济业务的总括情况，是进行总分类核算的依据。《企业会计准则——应用指南》中企业常用的会计科目(如表2—3所列示的科目)就是总分类科目。例如，企业的“银行存款”科目反映企业储存于开户银行的货币资金的总体增减变动情况；企业的“应收账款”科目反映企业因销售货物、提供劳务等应收各单位款项总额的增减变动情况。

2.明细分类科目，又称明细科目，是对总分类科目作进一步分类，提供更为详细和具体会计信息的科目。例如，“银行存款”科目应当按照开户银行、存款种类等分别设置明细科目，“应收账款”科目可按债务人设置A公司和B公司明细科目等。

为了适应管理上的需要，当某一总分类科目所属的明细分类科目较多时，可在总分类科目下设置二级明细科目，又称子目；在二级明细科目下设置三级明细科目，又称细目。二级明细科目是介于总分类科目和三级明细科目之间的科目。二级明细科目比总分类科目详细、具体，三级明细科目又比二级明细科目详细、具体。二级明细科目隶属于总分类科目，三级明细科目隶属于二级明细科目。各级科目之间是一个总括与详细、统驭与隶属的关系。例如，在“原材料”总分类科目下，可按材料的类别设置二级明细科目“原材料及主要材料”“辅助材料”“燃料”等。

三、常用的会计科目

根据《企业会计准则——应用指南》，企业常用会计科目如表2—3所示。

企业常用会计科目表

顺序号	编号	会计科目名称	顺序号	编号	会计科目名称
一、资产类					
1	1001	库存现金	18	1407	商品进销差价
2	1002	银行存款	19	1408	委托加工物资
3	1012	其他货币资金	20	1411	周转材料
4	1101	交易性金融资产	21	1471	存货跌价准备
5	1121	应收票据	22	1511	长期股权投资
6	1122	应收账款	23	1531	长期应收款
7	1123	预付账款	24	1601	固定资产
8	1131	应收股利	25	1602	累计折旧
9	1132	应收利息	26	1603	固定资产减值准备
10	1221	其他应收款	27	1604	在建工程
11	1231	坏账准备	28	1605	工程物资
12	1401	材料采购	29	1606	固定资产清理
13	1402	在途物资	30	1701	无形资产
14	1403	原材料	31	1702	累计摊销
15	1404	材料成本差异	32	1703	无形资产减值准备
16	1405	库存商品	33	1801	长期待摊费用
17	1406	发出商品	34	1901	待处理财产损溢
二、负债类					
35	2001	短期借款	41	2231	应付利息
36	2201	应付票据	42	2232	应付股利
37	2202	应付账款	43	2241	其他应付款
38	2203	预收账款	44	2501	长期借款
39	2211	应付职工薪酬	45	2502	应付债券
40	2221	应交税费	46	2701	长期应付款
三、共同类(略)					
四、所有者权益类					
47	4001	实收资本	50	4101	盈余公积
48	4002	资本公积	51	4103	本年利润
49	4003	其他综合收益	52	4104	利润分配

续表

顺序号	编号	会计科目名称	顺序号	编号	会计科目名称
五、成本类					
53	5001	生产成本	55	5201	劳务成本
54	5101	制造费用	56	5301	研发支出
六、损益类					
57	6401	主营业务收入	64	6602	管理费用
58	6402	其他业务收入	65	6603	财务费用
59	6111	投资收益	66	6701	资产减值损失
60	6703	资产处置损益	67	6702	信用减值损失
61	6301	营业外收入	68	6711	营业外支出
62	6403	税金及附加	69	6801	所得税费用
63	6601	销售费用	70	6901	以前年度损益调整

表 2—3　企业会计主要会计科目表

实行会计电算化，会计科目的开设不仅要有名称，还需要对会计科目实行统一编号。会计科目的编号，就是以数字确定会计科目的所属类别及其在类别中的位置。

【任务实施】

【任务 2—12】4 日，以银行存款购买缝衣机设备 10 台，价值 30 000 元。

这笔经济业务涉及的总账科目为“银行存款”和“固定资产”，明细科目为“固定资产——设备”。

【任务 2—13】7 日，向银行借入一年期的短期借款 60 000 元。

这笔经济业务涉及的总账科目为“银行存款”和“短期借款”。

【任务 2—14】10 日，收到投资者张亮投入资金 150 000 元，存入银行。

这笔经济业务涉及的总账科目为“银行存款”和“实收资本”，明细科目为“实收资本——张亮”。

【任务 2—15】12 日，销售棒球服 100 套，售价 10 000 元，已存入银行。

这笔经济业务涉及的总账科目为“银行存款”和“主营业务收入”，明细科目为“主营业务收入——棒球服”。

【任务 2—16】15 日，办公室小王报销差旅费 5 000 元，以现金支付。

这笔经济业务涉及的总账科目为“库存现金”和“管理费用”，明细科目为“管理费用——差旅费”。

【任务实操】

请登录理实互动实训平台，完成项目二模块中任务三的模拟实训任务。

任务四 设置会计账户

【任务引例】

张楠继续跟随王阿姨进行实习，王阿姨带她学习会计账户。丹江商道制衣有限公司 2 月发生如下经济业务：

【任务 2—17】收回前欠货款现金 800 元。

【任务 2—18】用现金支付培训费 300 元。

【任务 2—19】用现金支付员工津贴 1 000 元。

【任务 2—20】收回零星销售收入 590 元。

要求：根据以上业务登记“库存现金”2 月份的“T”型账户。

【任务准备】

现在我们已学会怎样划分会计要素和会计科目，但无论是会计要素还是会计科目，都仅仅是某类经济内容的名称，要想记录这些经济内容的增减变动，就必须找一个场所，这个场所就是我们常说的“账页”，将某个会计科目写在“账页”上，就设置了一个专门反映该科目内容的账户。将企业所有的总分类科目和明细分类科目都与相应格式的账页结合起来，就设置好了一个企业进行核算的账户体系。

一、会计账户的概念与意义

账户是指按照会计科目开设的，具有一定格式和结构，用来连续、系统、分类地记录和反映会计要素变动情况的一种专门工具。

设置账户是会计核算的专门方法之一，会计科目的设置为分类记录经济业务建立了前提，但会计科目本身不具有记录的功能，不能起到具体记载会计内容的作用。要记录经济业务内容，就需要根据会计科目设置账户。账户具有一定的格式和结构，将发生的经济业务记入相应的账户，可以利用账户结构反映经济业务的增减变化。因此，账户可以用来记录经济业务，储存会计信息，并最终输出会计信息，是编制财务报表的依据。

因此，账户是根据会计科目开设的，会计科目是会计账户的名称，会计科目和账户反映的经济内容相同，但会计科目仅是名称或项目，账户是在会计科目名称下设计一定的格式和结构形成的，因此账户能够记录经济业务的变化。

二、会计账户的基本结构

账户是用来连续、系统地记录经济业务的增减变动情况及其结果的载体，企业的经济业务虽然复杂，但在数量上的变化归纳起来，不外乎增加和减少两种情况。例如，企业购入材料验收入库时，原材料的数量及金额就会增加；而当生产领用材料时，材料出库，原材料的数量及金额就会减少。因此，账户的基本结构就应相应地分为两个基本部分：一部分反映经济内容的增加，另一部分反映经济内容的减少，增减相抵后的差额称为账户的余额。此外，为了随时考查引起资金增减变动的经济业务事项的内容、记账时间与记账依据，账户中除“增加”“减少”基本栏目外，还应包括“日期”“凭证号数”“摘要”等内容，这样就形成了账户的一般格式，如表 2－4 所示。

年		凭证号数		摘要	增加	减少	余额
月	日	字	号				

表 2－4　账户的一般格式

为了便于理论与教学研究，也为了日常业务汇总与试算平衡的方便，账户的格式常常可以简化为左右两方，形成一个“T”型账户，如图 2－6 所示。

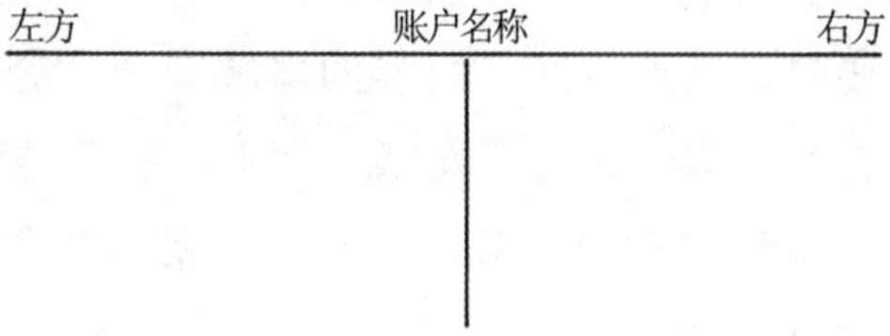

图 2－6　“T”型账户的基本结构

【任务实施】

丹江商道制衣有限公司 2 月发生如下经济业务：

【任务 2－17】收回前欠货款现金 800 元。

【任务 2－18】用现金支付培训费 300 元。

【任务 2－19】用现金支付员工津贴 1 000 元。

【任务 2－20】收回零星销售收入 590 元。

请根据以上业务登记“库存现金”2 月的“T”型账户。

账户左右两边分别记录经济内容的增加(减少)与减少(增加)，这是账户的基本结构。而对于一个具体的账户而言，到底是左边记录增加还是右边记录增加，取决于企业所采用的记账方法与账户的性质。

增加	库存现金　　　减少
(1) 5 000	(2) 500
(3) 800	(3) 200
本期增加发生额5 800	本期减少发生额700
期末余额5 100	

图 2—7　“库存现金”2 月份“T”型账户

账户作为连续、系统地记录经济业务增减变动情况的工具，在一定时期内，一般要提供四个金额要素，即期初余额、本期增加发生额、本期减少发生额、期末余额。每个账户的本期发生额反映的是该类经济业务在本期内变动的情况，而期末余额反映的是经济业务变动的结果。会计事项发生后，应将增加额与减少额记在相应的栏目内。一定期间记录到账户增加方的数额合计数，称为本期增加发生额；一定期间记录到账户减少方的数额合计数，称为本期减少发生额；本期期初余额加上本期增加额的合计数与本期减少额的差额就是账户的期末余额，因而账户的余额在方向上应与增加方一致。账户的本期期末余额转入下期即为下期的期初余额。期初余额、本期增加发生额、本期减少发生额、期末余额之间的关系如下：

期末余额＝期初余额＋本期增加发生额－本期减少发生额

综上所述，账户的基本结构是指账户记录增减变动情况的位置与方向，账户的格式是在账户的基本结构的基础上，为了全面反映经济业务内容发生及完成情况，将经济业务发生的时间、记账凭证号数、摘要等因素考虑进去后而形成的。

三、总分类账户与明细分类账户的设置

会计科目包括总分类科目和明细分类科目，会计账户是依据会计科目设置的，依据总分类科目设置的账户称为总分类账户，依据明细分类科目设置的账户称为明细分类账户。

(一)总分类账户的设置

总分类账户是根据总分类科目开设的，用来总括反映经济业务的账户，总分类账户可以提供总结的核算资料。

例如，丹江商道制衣有限公司主要生产西服套装、便服套装。为了反映其生产所需原材料的总体情况，则根据原材料科目开设“原材料”账户，以“原材料”科目为名称，然后设计能反映其内容的相应的账页格式，二者相互结合则形成“原材料”总账账户(见表 2—5)。

总分类账

科目：原材料

2020年		凭证	摘要	页	借方										贷方										借或贷	余额									
月	日	号数		数	千	百	十	万	千	百	十	元	角	分	千	百	十	万	千	百	十	元	角	分		千	百	十	万	千	百	十	元	角	分
6	1		期初余额																										8	4	3	6	9	0	0

表 2－5　原材料总分类账

（二）明细分类账户的设置

明细分类账户是根据总分类科目所属的明细分类科目开设的，按照明细分类账户详细记录某一类经济业务的发生。明细分类账对于加强监督财产的收发和保管、往来款项的结算、收入的取得以及费用的开支等，都起着重要的作用，是总分类账户的必要补充。因此，各个单位在设置总分类账的基础上，还应根据会计核算和经营管理的需要设置明细分类账，进行明细分类核算。

例如，丹江商道制衣有限公司为了反映其生产所需原材料的详细情况，设置了明细分类科目（见表 2－6）。

总分类科目	二级明细科目	三级明细科目	主要核算内容
原材料	原料及主要材料		指经过加工能构成产品主要实体的各种原料、布料
		印染布	用于生产西服套装
		亚麻布	用于生产便服套装
		反光条	
		纽扣	
		缝纫线	
		（其余略）	
	辅助材料		不构成产品主要实体但有助于产品形成的各种辅助材料
		包装纸	用来包装四种产品

表 2－6　丹江商道制衣有限公司“原材料”明细科目表

根据上述“原材料”明细科目表，可设置“原材料”总账账户的二级明细账户（见表 2－7）。

原材料明细账　　　　第____页

最高储备量________　类别________　储备定额________　编号________　规格________

最低储备量______　存放地点______　计划单价________　计量单位____　名称________

<table>
<tr><td colspan="2" rowspan="2">2020 年</td><td colspan="2" rowspan="2">凭证</td><td rowspan="3">摘要</td><td colspan="12">收入（借方）</td><td colspan="12">发出（贷方）</td><td colspan="12">金额</td></tr>
<tr><td rowspan="2">数量</td><td rowspan="2">单价</td><td colspan="10">金额</td><td rowspan="2">数量</td><td rowspan="2">单价</td><td colspan="10">金额</td><td rowspan="2">数量</td><td rowspan="2">单价</td><td colspan="10">金额</td></tr>
<tr><td>月</td><td>日</td><td>种类</td><td>号数</td><td>千</td><td>百</td><td>十</td><td>万</td><td>千</td><td>百</td><td>十</td><td>元</td><td>角</td><td>分</td><td>千</td><td>百</td><td>十</td><td>万</td><td>千</td><td>百</td><td>十</td><td>元</td><td>角</td><td>分</td><td>千</td><td>百</td><td>十</td><td>万</td><td>千</td><td>百</td><td>十</td><td>元</td><td>角</td><td>分</td></tr>
<tr><td>6</td><td>1</td><td></td><td></td><td>期初余额</td><td></td><td></td><td></td><td></td><td></td><td></td><td></td><td></td><td></td><td></td><td></td><td></td><td></td><td></td><td></td><td></td><td></td><td></td><td></td><td></td><td></td><td></td><td></td><td></td><td></td><td></td><td></td><td></td><td>4</td><td>5</td><td>9</td><td>6</td><td>8</td><td>7</td><td>1</td><td>2</td></tr>
<tr><td></td><td></td><td></td><td></td><td></td><td></td><td></td><td></td><td></td><td></td><td></td><td></td><td></td><td></td><td></td><td></td><td></td><td></td><td></td><td></td><td></td><td></td><td></td><td></td><td></td><td></td><td></td><td></td><td></td><td></td><td></td><td></td><td></td><td></td><td></td><td></td><td></td><td></td><td></td><td></td><td></td></tr>
<tr><td></td><td></td><td></td><td></td><td></td><td></td><td></td><td></td><td></td><td></td><td></td><td></td><td></td><td></td><td></td><td></td><td></td><td></td><td></td><td></td><td></td><td></td><td></td><td></td><td></td><td></td><td></td><td></td><td></td><td></td><td></td><td></td><td></td><td></td><td></td><td></td><td></td><td></td><td></td><td></td><td></td></tr>
</table>

表 2—7　原材料二级明细账户

四、账户与会计科目的联系与区别

在实际工作中对于账户和会计科目这两个概念，经常可以不加严格区分地相互通用。但是在会计学中，账户和会计科目是两个不同的概念，两者之间既有联系又有区别。

（一）账户和会计科目的联系

1.会计科目与账户都是对会计对象具体内容（会计要素）的科学分类，两者口径一致、性质相同。

2.会计科目是账户的名称，也是设置账户的依据；账户是会计科目的具体运用。

3.会计科目的性质与账户的性质相同。

4.账户的分类和会计科目的分类一致。

总之，没有会计科目，就无法设置账户；没有账户，会计科目就无法发挥作用，两者相辅相成。

（二）账户和会计科目的区别

会计科目只是对会计要素具体内容进行分类的项目，仅仅是账户的名称，不存在格式和结构。账户有自己的格式和结构，可用来连续、系统、全面地记录、反映会计要素具体内容的增减变化及其结果。

【任务实操】

根据【任务引例】中的业务内容完成以下任务：

1.假定丹江商道有限公司“库存现金”2 月的期初余额为 2 000 元，请登记在“T”型账户中；

2.请计算出“库存现金”的期末余额，并登记在“T”型账户中。

项目三　3
认知借贷记账法

【知识目标】

(1)理解复式记账法的概念，掌握复式记账法的特点；

(2)熟练掌握借贷记账法下的账户结构和记账规则；

(3)熟练掌握借贷记账法下会计分录的编制；

(4)熟练掌握借贷记账法下的试算平衡；

(5)理解总分类账户与明细分类账户的关系，掌握平行登记的要点。

【能力目标】

(1)能够正确设置和登记账户；

(2)能够正确编制会计分录；

(3)能够正确编制试算平衡表；

(4)能够正确进行总分类账户与明细分类账户的平行登记。

【素质目标】

(1)培养基本的会计专业技能；

(2)培养严谨细致的工作作风；

(3)培育良好的会计职业习惯；

(4)培养客观公正、廉洁自律的职业道德精神。

【思维导图】

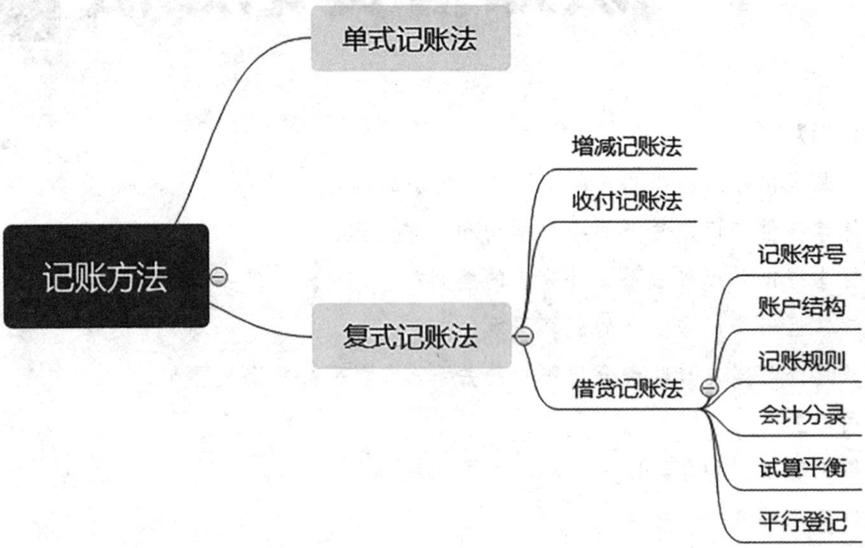
记账方法
单式记账法
复式记账法
增减记账法
收付记账法
借贷记账法
记账符号
账户结构
记账规则
会计分录
试算平衡
平行登记

工作情境

一名初涉职场的大学毕业生张楠，有幸应聘到一家企业从事会计记账工作，首先要掌握的就是会计的记账方法。会计的记账方法有多种，我国《企业会计准则》规定使用的记账方法是借贷记账法。假设有一天她收到了两张单据，一张是购买原材料的发票8 000元，另一张是银行汇款回单8 000元，那么，如何运用复式记账法进行登记原材料的增加、银行存款的减少？如何编制会计分录？如何登记原材料总账和明细账？如何检查账簿的记录是否正确？

希望通过本项目的学习，能够帮助张楠解开这些疑问。

任务一　了解记账方法

【任务引例】

【任务3—1】记账方法有哪几种？

【任务3—2】复式记账法的记账特点是什么？

【任务准备】

为了反映经济业务所引起的资产、负债、所有者权益、收入、费用和利润各会计要素的增减变动，从而为会计信息的使用者提供会计信息，必须采用一定的记账方法把发生的经济业务登记入账。记账方法就是根据一定的原理、记账符号、记账规则，采用一定的计量单位，通过文字和数字在账户中登记各项经济业务的方法。记账方法有单式记账法和复式记账法两种。

一、单式记账法

单式记账法是指对发生的每一项经济业务，只在一个账户中进行登记的记账方法。

单式记账法的主要特点是：对发生的每一项经济业务，只在一个账户中记录，一般只登记现金、银行存款的收付业务和各种债权、债务的往来款项，不记录有关实物的收发。如用现金购买原材料，仅在现金账上登记库存现金的减少，一般不在原材料账上登记材料的增加；购买材料货款未付，只在应付账款上登记负债的增加，而不在原材料账上登记材料的增加。即使有时也在原材料账上登记，但各记各的，两个账户之间没有必然的联系，也不存在相互平衡的概念。

单式记账法是一种比较简单、不完整、不严密的记账方法，它不能全面、系统地反映经济业务所引起的资金的来龙去脉，无法了解各会计要素有关项目的增减变动情况，也不便于检查账户记录的正确性和完整性。

二、复式记账法

复式记账法是指对发生的每一项经济业务都要以相等的金额在两个或两个以上相互联系的账户中同时进行登记的记账方法。

复式记账法是一种比较科学、完善的记账方法，现代会计核算均采用复式记账法。复式记账法按其记账符号、记账规则、账户分类和试算平衡方法的不同分为借贷记账法、增减记账法和收付记账法等。其中借贷记账法是目前国际上通用的记账方法，也是《企业会计准则》中明确规定我国企业应当采用的记账方法。

【任务实施】

【任务3—1】记账方法主要有两种：一种是单式记账法，另一种是复式记账法。其中，复式记账法又包括借贷记账法、增减记账法和收付记账法。

【任务3—2】复式记账法有以下几个特点：

1.账户设置完整，使发生的经济业务得到全面、系统的反映；

2.对每一项经济业务都必须同时在两个或两个以上相互联系的账户中做双重记录；

3.对每一项经济业务都要以相等的金额进行分类登账，并以双重记录为基础对账户记录结果进行试算平衡。

【任务实操】

请登录理实互动教学平台完成"了解借贷记账法"中的练习题。

任务二 掌握借贷记账法

【任务引例】

1.丹江商道制衣有限公司6月发生如下经济业务：

【任务3—3】6月2日，收到中兴公司投入资本100 000元，存入银行；

【任务3—4】6月7日，以银行存款偿还短期借款20 000元；

【任务3—5】6月9日，以银行存款缴纳上月应交税费15 000元；

【任务3—6】6月10日，从银行提取现金30 000元备用；

【任务3—7】6月15日，购买原材料价值50 000元，款已付，材料已验收入库(不考虑增值税)；

【任务3—8】6月18日，向银行借入短期借款40 000元，偿还前欠应付账款。

要求：根据6月发生的经济业务，编制会计分录。

【任务3—9】根据丹江商道制衣有限公司6月初有关账户余额(见表3—3)，结合【任务3—3】至【任务3—8】6月发生的经济业务，设置登记T形账户并编制试算平衡表，以此检查会计处理的正确性。

2.丹江商道制衣有限公司7月发生如下经济业务：

【任务3—10】7月10日，向北京市天河布料批发有限公司购入印染布2 000米，单价17元，计34 000元；购入亚麻布3 000米，单价12元，计36 000元。款未付，材料已验收入库(不考虑增值税)。

【任务3—11】7月12日，车间从仓库领用原材料一批，其中印染布4 000米，单价17元，计68 000元。亚麻布5 000米，单价12元，计60 000元。

【任务3—12】7月15日，以银行存款偿还欠北京市天河布料批发有限公司的货款50 000元，北京市西宇制线有限公司的货款40 000元。

要求：根据7月发生的经济业务，编制会计分录；对“原材料”“应付账款”总分类账户及其所属明细分类账户进行平行登记。

【任务准备】

一、借贷记账法的概念

借贷记账法，是以“借”“贷”为记账符号，以“资产＝负债＋所有者权益”的会计等式为理论依据，以“有借必有贷，借贷必相等”为记账规则进行试算平衡的一种科学复式记账法。借贷复式记账法是现在世界各国通用的一种复式记账法，也是我国普遍采用的记账方法。

二、借贷记账法下的记账符号

借贷记账法是以“借”和“贷”作为记账符号，即用“借”和“贷”作为指明应记入某一账户的某一部分(方向)的符号。“借”和“贷”的含义是一种历史习惯，并没有逻辑上的关联性。其最初的经济含义与债权、债务有关，债权的增加记录在借方，债务的增加记录在贷方。后来逐步转化为抽象的记账符号，并获得了新的经济含义:第一，它将每一个账户都固定地分为两个相互对立的部分，账户一方称为借方，另一方称为贷方，以此来表示账户内容的增减变化;第二，具有双重含义，以“借”和“贷”作为记账符号，表明账户涉及的经济业务内容从会计要素的角度在数量上的增减。

借贷记账法的科学性在于利用“借”和“贷”这一对立的记账符号，恰当、全面地反映了会计要素变动涉及的方向、过程和结果，而且还使不同性质账户的增减变动内容得到了充分反映。正确地理解“借”“贷”符号的经济含义，对于充分掌握和准确运用借贷记账法具有重要意义。

三、借贷记账法下的账户结构

在借贷记账法下，账户按经济内容分为资产类、负债类、所有者权益类、成本类和损益类五大类，其中损益类账户又可分为收入类和费用类。为便于学习和使用，我们将每一账户划分为左右两方，这就是账户的基本结构，并且用借贷记账法的符号“借”和“贷”为记号，规定左方为“借方”，右方为“贷方”。由于每一账户反映的经济内容即账户的类别不同，其“借方”和“贷方”记录的内容也不同。账户的基本结构如图 3－1 所示。

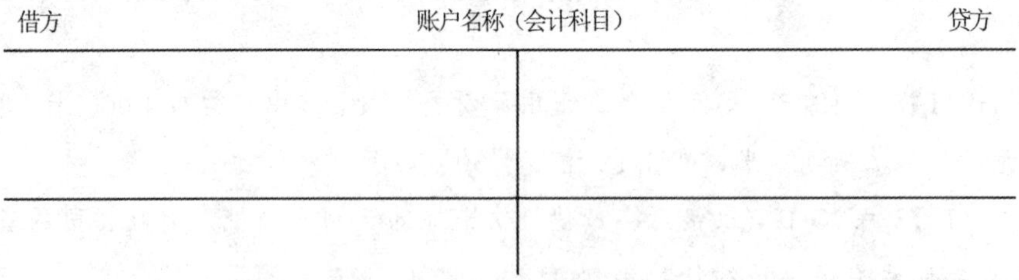

图 3－1　账户的基本结构图

确立账户具体结构的理论依据是会计等式。根据会计等式“资产＋费用＝负债＋所有者权益＋收入”，我们将全部账户分为等式左边的账户和等式右边的账户。处于等号左边的资产、费用类账户其借方记录增加，贷方记录减少，余额一般在借方;处于等号右边的负债、所有者权益和收入类账户其贷方记录增加，借方记录减少，余额一般在贷方。

(一)资产类账户的结构

反映各项资产增减变动及其余额的账户称为资产类账户。资产类账户的结构是:借方登记资产的增加额,贷方登记资产的减少额。在一定会计期间(月、季、年)内,借方登记的增加数额的合计数称之为借方发生额;贷方登记的减少数额的合计数称之为贷方发生额;在每一会计期末,将借、贷方发生额相比较,考虑期初余额的因素,计算期末余额;本期的期末余额结转到下期,即为下期的期初余额。

借方		资产类账户名称	贷方
期初余额	×××		
本期增加额	×××	本期减少额	×××
本期借方发生额	×××	本期贷方发生额	×××
期末余额	×××		

图 3—2　资产类账户的结构图

资产类账户的期末余额一般在借方,其计算公式如下:

资产类账户期末余额=期初借方余额+本期借方发生额－本期贷方发生额

(二)负债类及所有者权益类账户的结构

反映各项负债的账户称为负债类账户;反映各项所有者权益的账户称为所有者权益类账户。由会计平衡公式“资产=负债+所有者权益”所决定,负债及所有者权益类账户的结构与资产类账户正好相反,即其贷方登记负债及所有者权益的增加额,借方登记负债及所有者权益的减少额。在一定会计期间(月、季、年)内,贷方登记的增加数额的合计数称之为贷方发生额;借方登记的减少数额的合计数称之为借方发生额;在每一会计期末,将借、贷方发生额相比较,考虑期初余额的因素,计算期末余额;本期的期末余额结转到下期,即为下期的期初余额。

借方		负债及所有者权益类账户名称	贷方
		期初余额	×××
本期减少额	×××	本期增加额	×××
本期借方发生额	×××	本期贷方发生额	×××
		期末余额	×××

图 3—3　负债及所有者权益类账户的结构图

负债及所有者权益类账户的期末余额一般在贷方，其计算公式如下：

负债及所有者权益类账户期末余额＝期初贷方余额＋本期贷方发生额－本期借方发生额

(三)成本类账户的结构

反映各项成本的账户称为成本类账户。成本是资产的一种转化，并在产品生产完工时又转化为资产，因此成本类账户的结构和资产类账户的结构基本相同。成本类账户的结构是：借方登记成本的增加额，贷方登记结转完工产品的成本。在一定会计期间(月、季、年)内，借方登记的增加数额的合计数称之为借方发生额；贷方登记的减少数额的合计数称之为贷方发生额；在每一会计期末，将借、贷方发生额相比较，考虑期初余额的因素，计算期末余额；本期的期末余额结转到下期，即为下期的期初余额。

借方		成本类账户名称	贷方
期初余额	×××		
本期增加额	×××	本期转出额	×××
本期借方发生额	×××	本期贷方发生额	×××
期末余额	×××		

图 3－4　成本类账户的结构图

成本类账户的期末余额一般在借方，其计算公式如下：

成本类账户期末余额＝期初借方余额＋本期借方发生额－本期贷方发生额

(四)损益类账户的结构

损益类账户包括收入类和费用类账户。

1.收入类账户结构

反映各项收入的账户称为收入类账户。企业在生产经营过程中为了取得收入必然要发生各种费用，将一定期间的收入与费用配比，就可以计算实现的利润。利润是企业资产的一个来源，在未分配前，可以将其看作所有者权益的增加，所以收入类账户的结构与所有者权益类账户的结构基本相同，贷方登记收入的增加额，借方登记收入的减少额及转出额。由于贷方登记的收入增加额期末一般都是从借方转到“本年利润”账户，同转入的本期费用进行比较，以便确定一定期间的利润，因此，该类账户通常没有期末余额。

借方	收入类账户名称		贷方
本期减少及转出额	×××	本期增加额	×××
本期借方发生额	×××	本期贷方发生额	×××

图 3－5　收入类账户的结构图

2.费用类账户结构

反映各项费用的账户称为费用类账户。费用是对各种资产的损耗，因此费用类账户的结构与资产类账户的结构基本相同，借方登记费用的增加额，贷方登记费用的减少额及转出额。由于借方登记的费用增加额期末一般都要从贷方转到“本年利润”账户，同转入的本期收入进行比较，以便确定一定期间的利润，因此，该类账户通常也没有期末余额。

借方	费用类账户名称		贷方
本期增加额	×××	本期减少及转出额	×××
本期借方发生额	×××	本期贷方发生额	×××

图 3－6　费用类账户的结构图

账户类型		借方	贷方	余额
资产类		+	－	借方
负债类		－	+	贷方
所有者权益类		－	+	贷方
成本类		+	－	借方
损益类	收入类	－	+	无
	费用类	+	－	无

表 3－1　借贷记账法下各类账户的结构

四、借贷记账法下的记账规则

记账规则是指确定记账方向和记账金额时应遵循的规则。它是记账的依据，也是核对账目的依据。借贷记账法的记账规则概括为:有借必有贷，借贷必相等。

在企业的经营过程中，每天发生着大量的经济业务，这些经济业务虽然千差万别、错综复杂，但从经济业务发生对“资产＝负债＋所有者权益”这个会计等式的金额影响来看，归纳起来不外乎四种类型。现以这四种类型的经济业务为例，说明借贷记账法的记账规则。

第一种类型：

导致“资产＝负债＋所有者权益”这个会计等式的两边金额同时增加的类型。资产与负债或所有者权益会计要素中有关项目同时增加的经济业务一般是由资金进入企业所引起的。如收到投资者投入的资本、向银行取得借款以及购买材料尚未支付货款等，均属于此种类型。

【任务 3－3】6 月 2 日，收到中兴公司投入资本 100 000 元，存入银行。

这项业务的发生涉及资产和所有者权益两个会计要素中的有关项目同时发生变化，一方面使资产方面的银行存款增加了 100 000 元，资产类账户增加记借方，应借记“银行存款”100 000 元；另一方面使所有者权益方面的实收资本增加了 100 000 元，所有者权益类账户增加记贷方，应贷记“实收资本”100 000 元。这笔经济业务的记录如下：

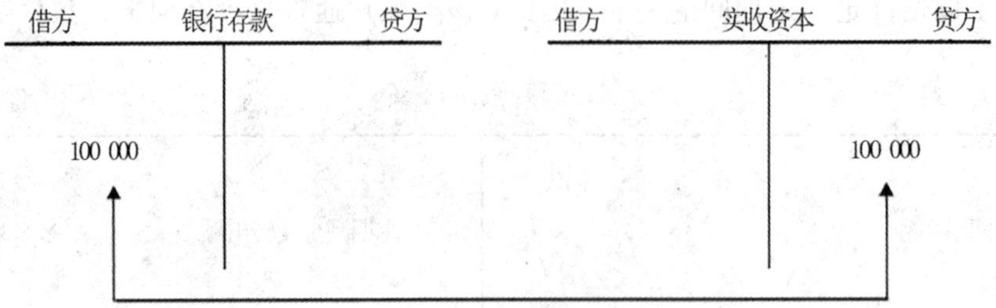

图 3－7　等式两边同增业务

第二种类型：

导致“资产＝负债＋所有者权益”这个会计等式的两边金额同时减少的类型。资产与负债或所有者权益会计要素中有关项目同时减少的经济业务一般是由资金退出企业所引起的。如企业按照规定减资，以银行存款偿还银行借款、应付账款，缴纳上月应交税费等，均属于此种类型。

【任务 3－4】6 月 7 日，以银行存款偿还短期借款 20 000 元。

这项业务的发生涉及资产和负债两个会计要素中的有关项目同时发生变化，一方面使资产方面的银行存款减少了 20 000 元，资产类账户减少记贷方，应贷记“银行存款”20 000 元；另一方面使负债方面的短期借款减少了 20 000 元，负债类账户减少记借方，应借记“短期借款”20 000 元。这笔经济业务的记录如下：

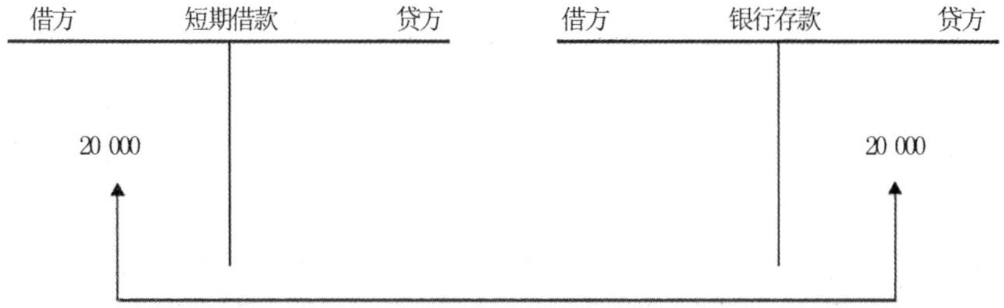

图 3－8　等式两边同减业务

【任务 3－5】6 月 9 日，以银行存款缴纳上月应交税费 15 000 元。

这项业务的发生涉及资产和负债两个会计要素中的有关项目同时发生变化，一方面使资产方面的银行存款减少了 15 000 元，资产类账户减少记贷方，应贷记“银行存款”15 000 元；另一方面使负债方面的应交税费减少了 15 000 元，负债类账户减少记借方，应借记“应交税费”15 000 元。这笔经济业务的记录如下：

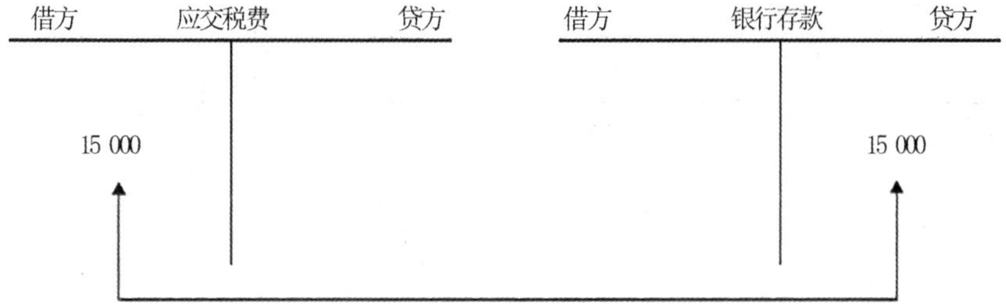

图 3－9　等式两边同减业务

第三种类型：

导致“资产＝负债＋所有者权益”这个会计等式的资产方的金额有增有减的类型。资产要素中有关项目有增有减的经济业务一般是由资金在企业内部循环周转所引起的。如企业从银行提取现金、用银行存款购买原材料、生产过程中领用原材料、产成品完工入库等，均属于此种类型。

【任务 3－6】6 月 10 日，从银行提取现金 30 000 元备用。

这项业务的发生涉及资产内部的两个项目同时发生变化，一方面使资产方面的银行存款减少了 30 000 元，资产类账户减少记贷方，应贷记“银行存款”30 000 元；另一方面使资产类方面的库存现金增加了 30 000 元，资产账户增加记借方，应借记“库存现金”30 000 元。这笔经济业务的记录如下：

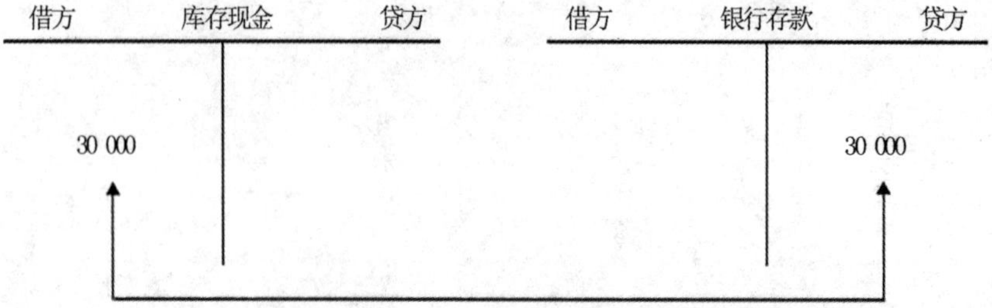

图 3－10　等式左边有增有减业务

【任务 3－7】6 月 15 日，购买原材料价值 50 000 元，款已付，材料已验收入库(不考虑增值税)。

这项业务的发生涉及资产内部的两个项目同时发生变化，一方面使资产方面的银行存款减少了 50 000 元，资产类账户减少记贷方，应贷记“银行存款”50 000 元；另一方面使资产类方面的原材料增加了 50 000 元，资产账户增加记借方，应借记“原材料”50 000 元。这笔经济业务的记录如下：

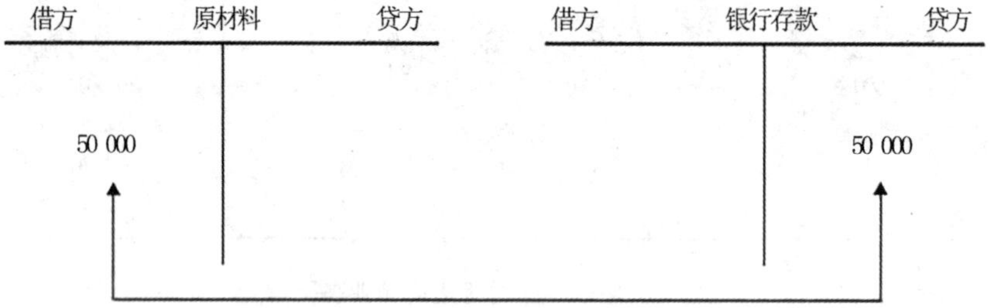

图 3－11　等式左边有增有减业务

第四种类型：

导致“资产＝负债＋所有者权益”这个会计等式的负债或所有者权益方的金额有增有减的类型。此种类型的经济业务一般是由资金来源的渠道相互转化所引起的。如借入银行借款用于偿还欠款，将资本公积或盈余公积转增资本金等，均属于此种类型。

【任务 3－8】6 月 18 日，向银行借入短期借款 40 000 元，偿还前欠应付账款。

这项业务的发生涉及负债内部的两个项目同时发生变化，一方面使负债方面的短期借款增加了 40 000 元，负债类账户增加记贷方，应贷记“短期借款”40 000 元；另一方面使负债方面的应付账款减少了 40 000 元，负债类账户减少记借方，应借记“应付账款”40 000 元。这笔经济业务的记录如下：

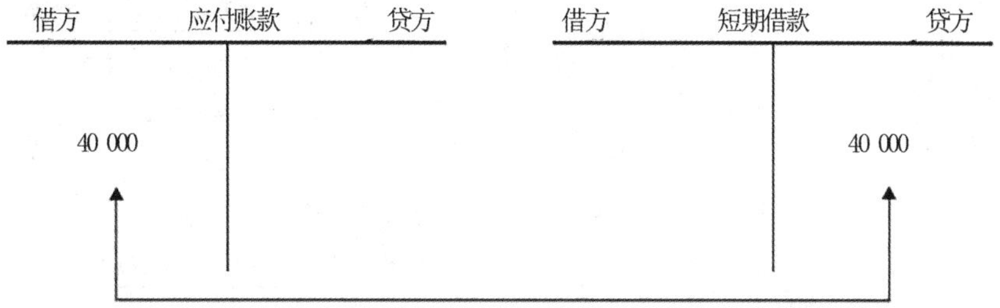

图 3－12　等式右边有增有减业务

如上所述，收入、费用和利润变动对会计等式的影响也不外乎上述四种类型。

从以上四种类型的经济业务举例可以看出，在借贷记账法下，每一项经济业务发生后，为了全面地反映该项经济业务，既要记入有关账户的借方，又要记入有关账户的贷方，且记入借方账户的金额之和与记入贷方账户的金额之和必定是相等的。这样我们可以从中归纳概括出借贷记账法的记账规则为：有借必有贷，借贷必相等。这个记账规则也可以用图 3－13 来表示。

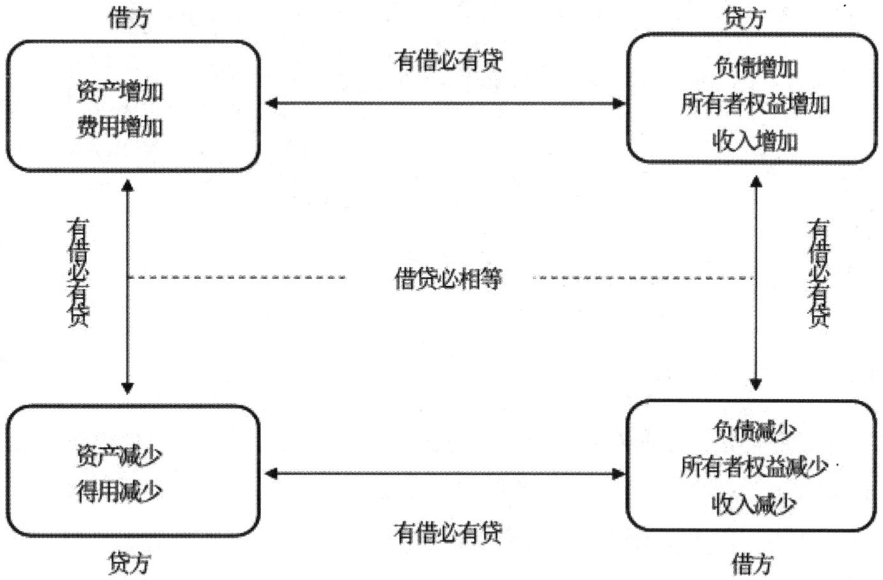

图 3－13　借贷记账法记账规则

企业日常发生的上述四大类型的业务又可以细分为 14 小类的经济业务，如图 3－14 所示。

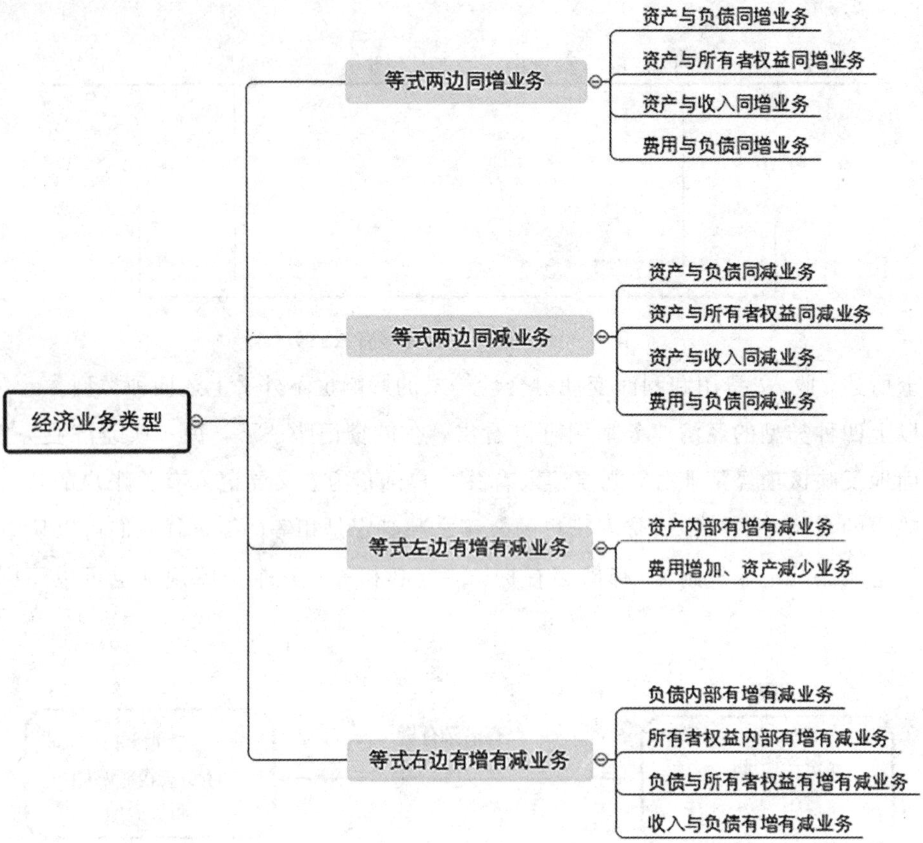

图 3－14　企业经济业务类型

五、借贷记账法下的会计分录

(一)会计分录的含义

会计分录是登记账户之前对每项经济业务列示出应借、应贷的账户名称及其金额的一种记录。会计分录由会计账户(相互对应的账户)、记账符号(应借应贷方向)及其发生金额三个要素构成。在我国，会计分录记载于记账凭证中，即编制会计分录是通过填制记账凭证来完成的。

(二)会计分录的分类

按照所涉及账户的多少，会计分录分为简单会计分录和复合会计分录。简单会计分录，指只涉及一个账户借方和另一个账户贷方的会计分录，即一借一贷的会计分录。复合会计分录，指由两个以上(不含两个)对应账户组成的会计分录，即“一借多贷”、“多借一贷”“多借多贷”的会计分录。

(三)会计分录的编制步骤

编制会计分录一般经过以下几个步骤：

1.分析经济业务内容，确定所涉及的账户名称；

2.根据所涉及账户的性质和结构，结合经济业务内容，确定应记入的借贷方向；

3.确定应记入账户的金额；

4.以规范格式把会计分录列示出来；

5.对会计分录进行检查。一方面检查账户运用是否准确，另一方面检查借贷方的金额是否相等。

(四)会计分录的格式规范

1.先借后贷，贷方记录写在借方记录的下面一行并向右移1至2个格，不得对齐平行排列，借贷金额也要相互错开；

2.每行先写“借”或“贷”，再写账户名称，最后写金额；

3.金额后不要书写计量单位；

4.如果有多个“借”或多个“贷”，要求分别将“借”和“贷”的文字和金额数字对齐；

5.需要列示明细账户时，从左向右列示，二级账户前加破折号，三级账户放在一对小圆括号内。

借：×××(账户名称)　　　　×××(金额)

　　贷：×××(账户名称)　　　　×××(金额)

需要指出的是，为了清楚体现账户的对应关系，一般不宜把不同经济业务合并在一起，编制多借多贷的会计分录。但在某些特殊情况下为了反映经济业务的全貌，也可以编制多借多贷的会计分录。

【任务实施】

根据【任务3—3】至【任务3—8】中6月发生的经济业务，编制会计分录。

(1)借：银行存款　　　　100 000

　　贷：实收资本　　　　100 000

(2)借：短期借款　　　　20 000

　　贷：银行存款　　　　20 000

(3)借：应交税费　　　　15 000

　　贷：银行存款　　　　15 000

(4)借：库存现金　　　　30 000

　　贷：银行存款　　　　30 000

(5)借：原材料　　　　50 000

贷：银行存款　　　　　　　　50 000

(6)借：应付账款　　　　　　40 000

贷：短期借款　　　　　　　　40 000

从上述举例中可以看出，运用借贷记账法在账户中登记经济业务后，在有关账户之间就形成了应借、应贷的关系。账户之间应借、应贷的关系，称为账户的对应关系。存在对应关系的账户，称为对应账户。了解和掌握账户的对应关系非常重要，通过账户的对应关系，可以知道经济业务的内容，了解价值运动的来龙去脉，同时，可以检查经济业务的账务处理是否合理、合法。

六、借贷记账法下的试算平衡

试算平衡是指根据会计等式和借贷记账法的记账规则，对全部账户的发生额和余额进行汇总计算和比较，以此检查和验证账户记录是否正确的一种方法。在借贷记账法下，试算平衡的方法包括发生额试算平衡和余额试算平衡两种。

(一)发生额试算平衡

发生额试算平衡是指以借贷记账法记账规则“有借必有贷，借贷必相等”为理论依据，对一定时期会计记录进行检查和验证的方法。按照借贷记账法的记账规则，会计人员在记账时，对每一经济业务都以相等的金额记入一个或几个账户的借方(或贷方)和另一个或几个账户的贷方(或借方)，即每一笔经济业务都按照“有借必有贷，借贷必相等”的规则处理，那么，一定时期内全部经济业务登记入账后，所有账户的借方发生额合计与贷方发生额合计必然相等。即：

全部账户本期借方发生额合计＝全部账户本期贷方发生额合计

(二)余额试算平衡

余额试算平衡是指以会计等式“资产＝负债＋所有者权益”为理论依据，对某一特定日期资产类账户、负债类账户及所有者权益类账户余额进行检查验证的方法。根据借贷记账法的账户结构，会计期期末资产类账户和成本类账户余额一般在借方(成本类账户的余额代表的也是企业的资产)，负债类账户和所有者权益类账户余额一般在贷方，损益类账户期末没有余额。根据会计等式“资产＝负债＋所有者权益”，每一会计期期初、期末，所有账户的借方余额合计与所有账户的贷方余额合计必然相等。即：

全部账户期初(期末)借方余额合计＝全部账户期初(期末)贷方余额合计

在实际工作中，运用试算平衡的方法进行检查和验证时，通常是通过编制试算平衡表进行的。在每一会计期期末，会计人员在全部经济业务登记入账后结出账户的本期发生额和余额，将全部账户的本期发生额和余额填列在试算平衡表(见表 3－2)中，分别计算期初借贷方余额、本期借贷方发生额及期末借贷方余额合计，以检查验证账户记录的正确与否。

试算平衡表

年　月　日

账户名称	期初余额		本期发生额		期末余额	
	借方	贷方	借方	贷方	借方	贷方
合计						

表 3—2　试算平衡表

需要注意的是，试算平衡只是通过账户的借贷发生额和余额来检查账户记录是否正确的基本方法。如果借贷方合计数不相等，则可以肯定账务处理有错误，应进一步检查原因，纠正错误；如果借贷方合计数相等，则说明账务处理基本正确，但不能肯定其完全正确，因为有些账务处理错误并不会影响平衡关系。例如，某些业务重记、漏记、借贷方向记反、记错账户名称等，试算结果仍然是平衡的。因此，为保证会计记录的正确性，还应采用其他方法对会计资料进行定期或不定期核对。

【任务 3—9】根据丹江商道制衣有限公司 6 月初有关账户余额(见表 3—3)，结合【任务 3—3】至【任务 3—8】中 6 月发生的经济业务，设置登记 T 形账户并编制试算平衡表，以此检查会计处理的正确性。

总分类账户期初余额表

资产	余额方向	金额	负债及所有者权益	余额方向	金额
库存现金	借	1 000	短期借款	贷	40 000
银行存款	借	100 000	应付账款	贷	50 000
应收账款	借	40 000	应交税费	贷	30 000
原材料	借	59 000	长期借款	贷	50 000
库存商品	借	80 000	实收资本	贷	200 000
固定资产	借	120 000	资本公积	贷	30 000
合计		400 000	合计		400 000

表 3—3　总分类账户期初余额表

(1)设置 T 形账户，登记各账户期初余额、本期发生额；

借方 库存现金 贷方

借方		贷方	
期初余额	1 000		
④	30 000		
本期发生额	30 000	本期发生额	
期末余额	31 000		

借方 银行存款 贷方

借方		贷方	
期初余额	100 000		
①	100 000	②	20 000
		③	15 000
		④	30 000
		⑤	50 000
本期发生额	100 000	本期发生额	115 000
期末余额	85 000		

借方 应收账款 贷方

借方		贷方	
期初余额	40 000		
本期发生额		本期发生额	
期末余额	40 000		

借方 原材料 贷方

借方		贷方	
期初余额	59 000		
⑤	50 000		
本期发生额	59 000	本期发生额	
期末余额	109 000		

借方 库存商品 贷方

借方		贷方	
期初余额	80 000		
本期发生额		本期发生额	
期末余额	80 000		

借方 固定资产 贷方

借方		贷方	
期初余额	120 000		
本期发生额		本期发生额	
期末余额	120 000		

借方 短期借款 贷方

借方		贷方	
		期初余额	40 000
②	20 000	⑥	40 000
本期发生额	20 000	本期发生额	40 000
		期末余额	60 000

借方 应付账款 贷方

借方		贷方	
		期初余额	50 000
⑥	40 000		
本期发生额	40 000	本期发生额	
		期末余额	10 000

借方 应交税费 贷方

		期初余额	30 000
③	15 000		
本期发生额	15 000	本期发生额	
		期末余额	15 000

借方 长期借款 贷方

		期初余额	50 000
本期发生额		本期发生额	
		期末余额	50 000

借方 实收资本 贷方

		期初余额	200 000
		①	100 000
本期发生额		本期发生额	100 000
		期末余额	300 000

借方 资本公积 贷方

		期初余额	30 000
本期发生额		本期发生额	
		期末余额	30 000

(2)编制该公司 6 月份总分类账户发生额及余额试算平衡表。

试算平衡表

2020 年 6 月 30 日 单位:元

账户名称	期初余额		本期发生额		期末余额	
	借方	贷方	借方	贷方	借方	贷方
库存现金	1 000		30 000		31 000	
银行存款	100 000		100 000	115 000	85 000	
应收账款	40 000				40 000	
原材料	59 000		50 000		109 000	
库存商品	80 000				80 000	
固定资产	120 000				120 000	
短期借款		40 000	20 000	40 000		60 000
应付账款		50 000	40 000			10 000
应交税费		30 000	15 000			15 000
长期借款		50 000				50 000
实收资本		200 000		100 000		300 000

续表

账户名称	期初余额		本期发生额		期末余额	
	借方	贷方	借方	贷方	借方	贷方
资本公积		30 000				30 000
合计	400 000	400 000	255 000	255 000	465 000	465 000

表 3—4　总分类账户发生额及余额试算平衡表

七、总分类账户与明细分类账户的平行登记

(一)总分类账户与明细分类账户的关系

1.总分类账户与明细分类账户反映的是同一经济内容，只是详细程度不同。总分类账户对核算内容进行总括反映，提供总括的核算资料；明细分类账户是对总分类账户核算内容进行进一步说明，提供详细的核算资料。因而，总分类账户是对所属明细分类账户的综合，对所属明细分类账户起着统驭和控制的作用，又称为统驭账户；明细分类账户是对总分类账户的具体化，对其所属的总分类账户起着辅助和补充的作用，又称为从属账户。

2.总分类账户作为明细分类账户的综合，两者在数量上必然存在等量关系，即总分类账户借(贷)方本期发生额及余额，应与其所属的明细分类账户的借(贷)方本期发生额及余额的合计数相等。

(二)总分类账户与明细分类账户平行登记的要点

1.依据相同。对发生的经济业务，都要依据相同的原始凭证或者记账凭证，既登记有关总分类账户，又登记其所属明细分类账户。

2.方向相同。将经济业务记入总分类账和其所属明细分类账时，记账方向必须相同。即总分类账户记入借方，明细分类账户也记入借方；总分类账户记入贷方，明细分类账户也记入贷方。

3.期间相同。对每项经济业务在记入总分类账户和其所属明细分类账户的过程中，时间可以有先有后，但必须在同一会计期间全部登记入账。

4.金额相等。对每项经济业务记入总分类账户的金额，应与记入其所属明细分类账户的金额(或金额合计)相等。具体包括：

总分类账户期初余额＝其所属明细分类账户期初余额合计

总分类账户本期借方发生额＝其所属明细分类账户本期借方发生额合计

总分类账户本期贷方发生额＝其所属明细分类账户本期贷方发生额合计

总分类账户期末余额＝其所属明细分类账户期末余额合计

(三)总分类账户与明细分类账户平行登记举例

丹江商道制衣有限公司 2020 年 7 月 1 日“原材料”和“应付账款”两个总分类账户及其所属明细分类账户的期初余额如下：

总账名称	明细账名称	数量(米)	单价	金额	合计
原材料	印染布	6 000	17	102 000	210 000
	亚麻布	9 000	12	108 000	
应付账款	北京市天河布料批发有限公司			80 000	180 000
	北京市西宇制线有限公司			100 000	

表 3—5 总分类账户及其所属明细分类账户余额表

根据【任务 3—10】至【任务 3—12】中 7 月发生的经济业务，编制会计分录。

(1)借：原材料——印染布　　34 000

　　　　　　——亚麻布　　36 000

　　贷：应付账款——北京市天河布料批发有限公司　　70 000

(2)借：生产成本　　128 000

　　贷：原材料——印染布　　68 000

　　　　　　——亚麻布　　60 000

(3)借：应付账款——北京市天河布料批发有限公司　　50 000

　　　　　　——北京市西宇制线有限公司　　40 000

　　贷：银行存款　　90 000

根据上述经济业务和会计分录，对“原材料”“应付账款”总分类账及其所属明细分类账进行平行登记(见表 3—6 至表 3—11)。

总分类账

会计科目：原材料

2020 年		凭证号数	摘要	借方										贷方										借或贷	余额									
月	日			千	百	十	万	千	百	十	元	角	分	千	百	十	万	千	百	十	元	角	分		千	百	十	万	千	百	十	元	角	分
7	1		期初余额																					借			2	1	0	0	0	0	0	0
	10	略	购入原材料				7	0	0	0	0	0	0											借			2	8	0	0	0	0	0	0
	12		生产领用原材料													1	2	8	0	0	0	0	0	借			1	5	2	0	0	0	0	0
	31		本月发生额及余额				7	0	0	0	0	0	0			1	2	8	0	0	0	0	0	借			1	5	2	0	0	0	0	0

表 3—6 原材料总分类账

原材料　明细账

最高储备量____________

最低储备量____________

本账页数	
本户页数	

编号______　规格______

名称：印染布

2020年		凭证	摘要	收入										发出										结存									
月	日	号数		数量	单价	十	万	千	百	十	元	角	分	数量	单价	十	万	千	百	十	元	角	分	数量	单价	十	万	千	百	十	元	角	分
7	1		期初余额																					6000	17	1	0	2	0	0	0	0	0
	10	略	购入原材料	2000	17		3	4	0	0	0	0	0											8000	17	1	3	6	0	0	0	0	0
	12		生产领用原材料											4000	17		6	8	0	0	0	0	0	4000	17		6	8	0	0	0	0	0
	31		本月发生额及余额	2000	17		3	4	0	0	0	0	0	4000	17		6	8	0	0	0	0	0	4000	17		6	8	0	0	0	0	0

表 3—7　原材料明细账——印染布

原材料　明细账

最高储备量____________

最低储备量____________

本账页数	
本户页数	

编号______　规格______

名称：亚麻布

2020年		凭证	摘要	收入										发出										结存									
月	日	号数		数量	单价	十	万	千	百	十	元	角	分	数量	单价	十	万	千	百	十	元	角	分	数量	单价	十	万	千	百	十	元	角	分
7	1		期初余额																					9000	12	1	0	8	0	0	0	0	0
	10	略	购入原材料	3000	12		3	6	0	0	0	0	0											12000	12	1	4	4	0	0	0	0	0
	12		生产领用原材料											5000	12		6	0	0	0	0	0	0	7000	12		8	4	0	0	0	0	0
	31		本月发生额及余额	3000	12		3	6	0	0	0	0	0	5000	12		6	0	0	0	0	0	0	7000	12		8	4	0	0	0	0	0

表 3—8　原材料明细账——亚麻布

总分类账

会计科目：应付账款

2020年		凭证	摘要	借方										贷方										借或贷	余额									
月	日	号数		千	百	十	万	千	百	十	元	角	分	千	百	十	万	千	百	十	元	角	分		千	百	十	万	千	百	十	元	角	分
7	1		期初余额																					贷			1	8	0	0	0	0	0	0
	10	略	购入原材料														7	0	0	0	0	0	0	贷			2	5	0	0	0	0	0	0
	15		偿还应付款				9	0	0	0	0	0	0											贷			1	6	0	0	0	0	0	0
	31		本月发生额及余额				9	0	0	0	0	0	0				7	0	0	0	0	0	0	贷			1	6	0	0	0	0	0	0

表 3—9　应付账款总分类账

应付账款 明细账

明细科目：北京市天河布料批发有限公司

2020年		凭证	摘要	借方										贷方										借或贷	余额									
月	日	号数		千	百	十	万	千	百	十	元	角	分	千	百	十	万	千	百	十	元	角	分		千	百	十	万	千	百	十	元	角	分
7	1		期初余额																					贷				8	0	0	0	0	0	0
	10	略	购入原材料														7	0	0	0	0	0	0	贷			1	5	0	0	0	0	0	0
	15		偿还应付款				5	0	0	0	0	0	0											贷			1	0	0	0	0	0	0	0
	31		本月发生额及余额				5	0	0	0	0	0	0				7	0	0	0	0	0	0	贷			1	0	0	0	0	0	0	0

表 3—10 应付账款明细账——北京市天河布料批发有限公司

应付账款 明细账

明细科目：北京市西宇制线有限公司

2020年		凭证	摘要	借方										贷方										借或贷	余额									
月	日	号数		千	百	十	万	千	百	十	元	角	分	千	百	十	万	千	百	十	元	角	分		千	百	十	万	千	百	十	元	角	分
7	1		期初余额																					贷			1	0	0	0	0	0	0	0
	15	略	偿还应付款				4	0	0	0	0	0	0											贷				6	0	0	0	0	0	0
	31		本月发生额及余额				4	0	0	0	0	0	0											贷				6	0	0	0	0	0	0

表 3—11 应付账款明细账——北京市西宇制线有限公司

【任务实操】

请登录理实互动教学平台完成“掌握借贷记账法”中的练习题。

项目四 4
核算主要经济业务

【知识目标】

(1)理解企业活动各环节经济业务的具体内容；

(2)熟练掌握各环节各类经济业务应设置的主要账户和核算规则；

(3)熟练掌握会计核算基本规范。

【能力目标】

(1)能够判断发生的业务类型并进行业务分析；

(2)能够运用复式记账法原理对各类经济业务进行账务核算；

(3)能理实结合，独立完成会计循环的账务处理。

【素质目标】

(1)具备业财融合思维意识；

(2)具备职业技能和专业本领，提供正式完整的会计信息。

【思维导图】

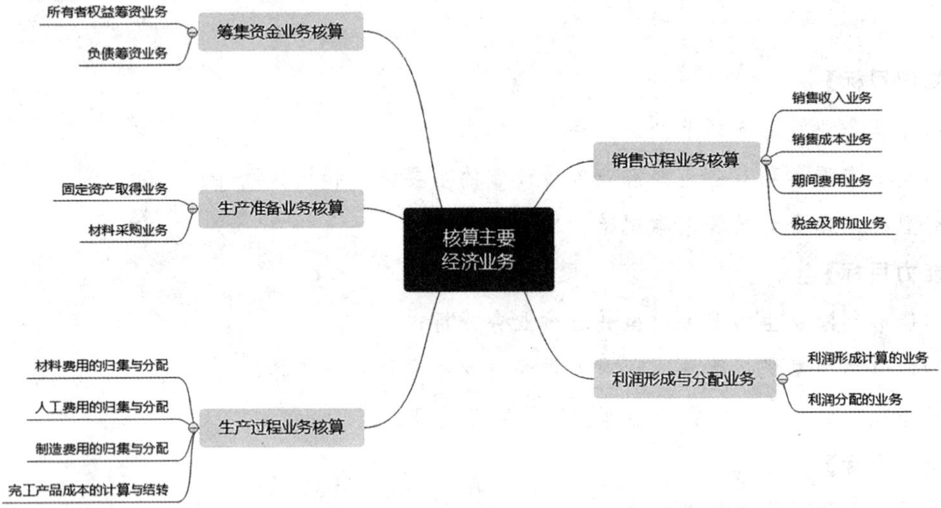
核算主要经济业务
筹集资金业务核算
所有者权益筹资业务
负债筹资业务
生产准备业务核算
固定资产取得业务
材料采购业务
生产过程业务核算
材料费用的归集与分配
人工费用的归集与分配
制造费用的归集与分配
完工产品成本的计算与结转
销售过程业务核算
销售收入业务
销售成本业务
期间费用业务
税金及附加业务
利润形成与分配业务
利润形成计算的业务
利润分配的业务

工作情境

如果你是一名初涉职场的大学毕业生，应聘到一家制造业企业从事会计记账工作，需要学习并着手处理企业各项经济活动中的财务工作，从资金筹集、生产准备、生产计算、销售过程到财务成果分配，要根据业务的发生，运用借贷记账法准确进行账务处理，为企业内部和外部信息使用者提供完整的会计信息。那么，该制造业企业有哪些典型的业务活动？如何根据这些业务活动进行账务处理？

通过学习本项目的内容，能够帮助你解决这些疑问。

任务一　筹集资金业务核算

【任务引例】

【任务 4—1】6 月 1 日，丹江商道制衣有限公司收到丹江市兴业商贸有限公司的货币投资款 1 000 000 元，款项已由工商银行收讫，其中作为注册资本金的份额为 750 000 元，原始凭证见图 4—1 中国工商银行收账通知单。

【任务 4—2】6 月 2 日，丹江商道制衣有限公司从银行借入期限为 6 个月的临时周转借款 200 000 元，借款年利率为 5.4%，利息按月结算，原始凭证见图 4—2 中国工商银行借款凭证。

【任务 4—3】6 月 2 日，丹江商道制衣有限公司向交通银行丹江支行申请一笔 3 年长期贷款 600 000 元，借款年利率为 6%，利息按季度结算，银行将款项划归公司的存款账户，原始凭证略。

【任务准备】

企业要独立开展经营生产活动，就必须拥有相适应的资金，正所谓“巧妇难为无米之炊”，企业也是如此。企业筹集资金的渠道主要有两种：一是投资者投入资本，形成企业的资本金，即所有者权益筹资；二是向债权人借入资金，形成企业的负债，即负债筹资。

所有者权益筹资形成所有者权益，包括投资者的投资及其增值，这部分资本的所有者既享有企业的经营收益，同时也承担企业的经营风险，所有者向企业投入的资本，一般情况下不需偿还，可供企业长期周转使用。负债筹资形成债权人的权益，这部分资本的所有者享有到期收回本金和利息的权利，向债权人借入的资金必须按预定的借款用途使用，按期支付利息、偿还本金。

一、所有者权益筹资的业务核算

(一)业务内容

所有者向企业投入资本即形成企业的资本金，企业设立时必须拥有一定数额的法定资本金。企业的资本金按投资主体不同，可分为国家资本金、法人资本金、个人资本金和外商资本金;企业的资本金按投入资本的不同形态，可分为货币投资、实物投资、知识产权投资、土地使用权投资等可以用货币估价并可以依法转让的非货币财产;所有者投入的资本金从会计核算角度看，主要包括实收资本(股本)和资本公积。

实收资本(股本)是指企业的投资者按照企业章程规定或合同、协议约定，接受投资者投入企业的资本。实收资本(股本)的构成比例是确定所有者在企业所有者权益中份额的基础，也是企业进行利润或股利分配的主要依据。实收资本入账价值一般是按照实际收到的投资额入账，如货币资金;收到实物等其他形式投资的，应以投资各方确认的价值入账。

资本公积是企业收到投资者投入的超出其在企业注册资本(或股本)中所占份额的投资，以及其他资本公积等，包括资本溢价(或股本溢价)和其他资本公积等。资本公积不直接表明所有者对企业的基本产权关系，也不能作为所有者参与企业财务经营决策或进行利润分配的依据，资本公积的用途主要是用来转增资本(或股本)。

(二)账户设置

企业通常设置以下账户对所有者权益筹资业务进行核算:

1.“银行存款”账户

该账户核算企业存入银行或其他金融机构的各种款项的增减变动情况。“银行存款”账户属于资产类账户:(1)借方登记增加数，如存入银行或其他金融机构的各种款项;(2)贷方登记减少数，如企业提取或支出银行存款;(3)期末余额在借方，反映企业存在银行或其他金融机构的各种款项的合计数额;(4)该账户可按照开户银行和其他金融机构、存款币种类别进行明细核算。

2.“实收资本”账户

该账户核算企业接受投资者投入资本金情况，如果企业是股份有限公司，则需要将该账户改为“股本”账户，二者核算规则相同。“实收资本”账户属于所有者权益类账户:(1)贷方登记增加数，如接受投资者投入的注册资本以及资本公积或盈余公积转增资本的金额;(2)借方登记减少数，如按法定程序报经批准减少的注册资本的金额;(3)期末余额在贷方，表示实收资本的实有数额;(4)该账户应按投资主体设置明细账，进行明细核算。

3.“资本公积”账户

该账户核算企业资本公积的增加变动及其结余的情况。“资本公积”账户属于所有者权益类账户:(1)贷方登记增加数，如收到投资者投入资本金中超过法定资本份额的部分、直接记入此账户的各种利得或损失以及其他业务产生的资本公积;(2)借方登记减少数，如股东大会或类似结构决议用资本公积转增资本金的金额;(3)期末余额在贷方，表示资本公积的实有数额;(4)该账户可按资本公积的增加的来源不同，设置“资本溢价(或股本溢价)”“其他资本公积”进行明细核算。

【任务实施】

【任务 4—1】6 月 1 日，丹江商道制衣有限公司收到丹江市兴业商贸有限公司的货币投资款 1 000 000 元，款项已由工商银行收讫，其中作为注册资本金的份额为 750 000 元，原始凭证见图 4—1 中国工商银行收账通知单。

ICBC 中国工商银行　进账单（收账通知）　3

2020 年 06 月 1 日

出票人	全　称	丹江市兴业商贸有限公司	收款人	全　称	丹江商道制衣有限公司
	账　号	6222020908541236 7		账　号	6222020903512347862
	开户银行	中国工商银行丹江铁路支行		开户银行	中国工商银行丹江支行
金额	人民币（大写）	壹佰万元整		亿 千 百 十 万 千 百 十 元 角 分	¥ 1 0 0 0 0 0 0 0 0
票据种类	转账支票	票据张数 1			
票据号码	234635546				
复核　记账			中国工商银行股份有限公司 丹江支行 2020年06月01日 转讫		收款人开户银行签章

此联是收款人开户银行交给收款人的收账通知

图 4—1　中国工商银行收账通知单

分析:根据上述原始凭证进账单(收账通知联)，证明企业实际收到银行存款 1 000 000 元，使企业的资产项目银行存款增加 1 000 000 元，记入“银行存款”账户借方;同时企业实收资本增加 750 000 元，记入“实收资本”账户贷方，超过注册资本的部分 250 000 元记入“资本公积——资本溢价”账户贷方，由所有投资者共享。

借：银行存款　　　　　　　　　　　　　　1 000 000

　　贷：实收资本——丹江市兴业商贸有限公司　　　750 000

　　　　资本公积——资本溢价　　　　　　　　　　250 000

二、负债筹资的业务核算

(一)业务内容

负债筹资，是指企业在生产经营过程中，由于资金周转等原因，向银行或其他金融机构借入款项以及向社会公众发行公司债券等筹集的资金。本书只介绍向银行或其他金融机构等借入款项的负债筹资方式，按归还期限长短不同可分为短期借款和长期借款。

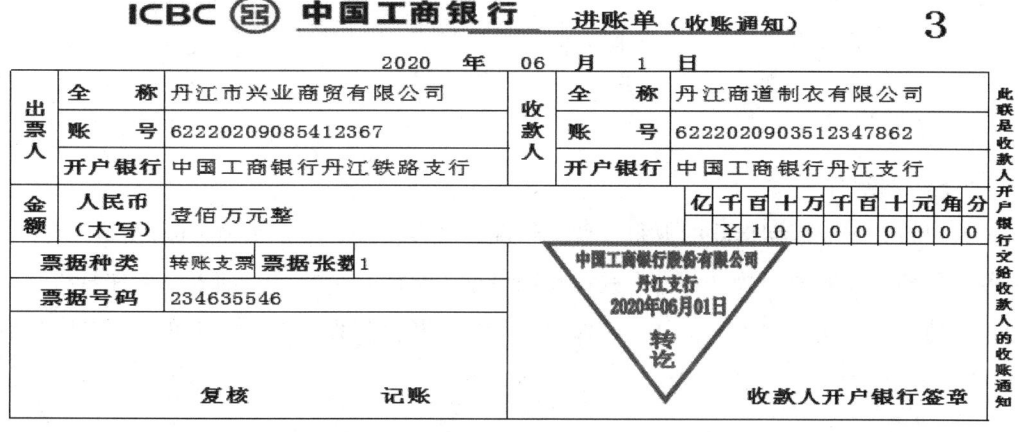

短期借款，是指企业向银行或其他金融机构等借入的偿还期限在1年以下(含1年)的各种借款，主要是为了满足正常生产经营所需的资金或者为了抵偿某项债务而借入的。企业借入短期借款应支付利息，该利息属于企业的筹资费用，在发生时作为财务费用直接记入当期损益，在实际工作中由于借款利息的支付方式和支付时间有所不同，会计处理也有一定的区别。

长期借款，是指企业向银行或其他金融机构等借入的偿还期限在1年以上的各种借款。按付息方式，可将长期借款分为分期付息到期还本的长期借款和到期一次还本付息的长期借款，借入长期借款主要是为了购置厂房、大型设备等。企业借入长期借款应按照规定的利率和借款期限定期计提利息，并分不同业务进行账务处理：(1)可直接归属于符合资本化条件的资产构建或者生产的，应当予以资本化，计入相关资产的成本；(2)其他利息费用应当在发生时根据其发生额确认为费用，计入当期损益。

(二)账户设置

1.“短期借款”账户

该账户核算企业短期借款的取得及偿还情况。“短期借款”属于负债类账户：(1)贷方登记企业取得短期借款的增加数；(2)借方登记短期借款本金的减少数；(3)期末余额在贷方，反映企业尚未偿还的短期借款的本金；(4)该账户按债权人和借款种类设置明细账户，进行明细分类核算。

2.“长期借款”账户

该账户用来核算长期借款的取得及偿还。“长期借款”属于负债类账户：(1)贷方登记企业取得长期借款的增加数、计提的到期一次还本付息的长期借款的利息及利息调整数；(2)借方登记偿还的长期借款的本金、支付的到期一次还本付息的长期借款的计息及利息调整数；(3)期末余额在贷方，反映企业尚未偿还的长期借款；(4)该账户按债权人和借款种类设置明细账户，进行明细分类核算。

3.“财务费用”账户

该账户用来核算企业为筹集生产经营资金而发生的相关费用，包括利息支出(减利息收入)、汇兑损益以及相关的手续费、现金折扣等。“财务费用”属于费用类账户：(1)借方登记增加数，如利息费用、手续费等财务费用增加数；(2)贷方登记应冲减财务费用的利息收入以及期末结转到“本年利润”账户的余额数；(3)期末结转后该账户无余额；(4)该账户应按照费用项目设置明细账，进行明细分类核算。

4.“应付利息”账户

该账户用来核算企业因借入资金按照合同约定应支付的利息，包括按月计提的短期借款利息、分期付息到期还本的长期借款利息。“应付利息”属于负债类账户：(1)贷方登记按合同利率计算的应付而未付利息的增加数；(2)借方登记偿还的利息数；(3)期末余额在贷方，表示企业尚未归还的应付而未付利息的合计数；(4)该账户可按照债权人设置明细账，进行明细分类核算。

【任务实施】

【任务 4—2】6 月 2 日，丹江商道制衣有限公司从银行借入期限为 6 个月的临时周转借款 200 000 元，借款年利率为 5.4%，利息按月结算，原始凭证见图 4—2 中国工商银行借款凭证。

ICBC 中国工商银行 借款凭证

2020年6月2日　　　　99240

借款人	丹江商道制衣有限公司	贷款账号	622-0691	存款账号	6222020903512347862
贷款金额	人民币（大写）贰拾万元整	亿 千 百 十 万 千 百 十 元 角 分	¥ 2 0 0 0 0 0 0 0		
用途	流动资金借款	期限	约定还款日期	2020年12月2日	
		6个月	贷款利率	5.4%/年	借款合同号码 622-061
上列贷款已转入借款人指定的账户。 中国工商银行股份有限公司 丹江支行 2020年06月02日 转讫 银行盖章		复核		记账	

第一联 回单

图 4—2 中国工商银行借款凭证

分析：该项经济业务使企业资产中的银行存款增加 200 000 元，应记入“银行存款”账户借方；同时也使企业的短期负债增加 200 000 元，应记入“短期借款”账户贷方。

借：银行存款　　　　200 000

　　贷：短期借款　　　　200 000

【任务 4—3】6 月 2 日，丹江商道制衣有限公司向交通银行丹江支行申请一笔 3 年长期贷款 600 000 元，借款年利率为 6%，利息按季度结算，银行将款项划归公司的存款账户，原始凭证略。

分析：该项经济业务使企业资产中的银行存款增加 600 000 元，应记入“银行存款”账户借方；同时也使企业的长期负债增加 600 000 元，应记入“长期借款”账户贷方。

借：银行存款　　　　600 000

　　贷：长期借款　　　　600 000

【任务实操】

请登录理实互动实训教学平台，完成本小节理实练习。

任务二 生产准备业务核算

【任务引例】

【任务 4—4】6 月 3 日，签发转账支票，在本地丹江秀奇服装设备有限公司购买直驱高速自动切线平缝机 10 台，原始单据见图 4—3 增值税专用发票、表 4—1 固定资产验收单、图 4—4 转账支票存根。

【任务 4—5】6 月 3 日，从北京市天河布料批发有限公司购入原材料，并收到对方开具的增值税专用发票，对方同时转来承运单位开具的增值税专用发票，材料尚未到库，货款及运费已经通过银行付讫，运费按数量进行分配。原始凭证见图 4—5 采购增值税专用发票发票联、图 4—6 货运增值税专用发票发票联、图 4—7 银行付款通知单。

【任务 4—6】6 月 5 日，上述购买的原材料到达，根据发票及有关凭证对材料进行验收入库。原始凭证见表 4—2 材料入库单。

【任务 4—7】6 月 5 日，丹江商道制衣有限公司以赊购方式从嘉兴创美服饰辅料有限公司购入纽扣，收到对方开来的增值税专用发票，发票列示：数量 1 000 包，单价 10 元，金额 10 000 元，税额 1 300 元，价税合计 11 300 元，材料已经验收入库。

【任务 4—8】6 月 8 日，丹江商道制衣有限公司采用网银汇兑结算方式偿还前欠嘉兴创美服饰辅料有限公司购料款项 11 300 元。

【任务 4—9】6 月 9 日，丹江商道制衣有限公司根据与天津奇居纺织有限公司的购销合同规定，为购买缝纫线货款 46 104 元，向其预付款项 20 000 元，已通过汇兑方式汇出。

【任务 4—10】承接【任务 4—9】，6 月 12 日，收到天津奇居纺织有限公司发来缝纫线，已验收入库。并收到增值税专用发票，发票列示缝纫线数量 600 卷，单价 68 元，金额 40 800 元，税额 5 304 元，价税合计金额 46 104 元。材料已验收入库，企业采用网银补付余款 26 104 元。

【任务准备】

制造业企业要开展生产经营活动，必须建造厂房、购置设备等固定资产，购买和储备一定品种与数量的材料等存货，因此，固定资产取得业务和材料采购业务，就成为企业生产准备业务核算的主要内容。

一、固定资产取得业务处理

(一)业务内容

固定资产是指为生产商品、提供劳务、出租或经营管理而持有的，使用寿命超过一个会计年度的有形资产。企业可通过对外采购、投资者投入、自建等形式取得固定资产，但是确认为固定资产除了符合定义外，还需同时满足两个条件：(1)与该固定资产有关的经济利益很可能流入企业；(2)该固定资产的成本能够可靠计量，固定资产的成本是指企业购建某项固定资产达到预定可使用状态前所发生的一切合理、必要的支出。

固定资产在使用过程中，会不断发生磨损，固定资产的价值将随着实物磨损而逐渐地、部分地转化为当期的成本和费用，并从企业的营业收入中得到补偿。因此，企业应当在固定资产的使用寿命内，选择合理的方法，对固定资产计提折旧。企业在生产经营过程中，还会出现对固定资产进行出售转让、报废等业务处理。这一部分的具体学习将在《财务会计》中展开。

(二)账户设置

1.“在建工程”账户

该账户用来核算企业基建、安装、更新改造等在建工程发生的支出，“在建工程”属于资产类账户：(1)借方登记企业各项在建工程的实际支出数；(2)贷方登记工程达到预定可使用状态时转出的成本；(3)期末余额在借方，反映企业期末尚未达到预定可使用状态的在建工程的成本；(4)该账户可按“建筑工程”“安装工程”“在安装设备”“待摊支出”以及单项工程等进行明细核算。

2.“固定资产”账户

该账户用来核算企业固定资产的原价，“固定资产”属于资产类账户：(1)借方登记企业增加的固定资产原值；(2)贷方登记由于出售或报废而减少固定资产的原始价值；(3)期末余额在借方，反映企业期末固定资产的账面价值；(4)企业应当设置“固定资产登记簿”和“固定资产卡片”，按固定资产类别、使用部门和每项固定资产进行明细核算。

3.“累计折旧”账户

该账户属于“固定资产”调整账户，用来核算企业固定资产计提的累计折旧。“累计折旧”属于资产类的备抵账户：(1)贷方登记按月计提的折旧额，即累计折旧的增加额；(2)借方登记因处置固定资产转出的累计折旧；(3)期末余额在贷方，反映企业固定资产的累计折旧额；(4)该账户可按固定资产类别或项目进行明细核算。

【任务实施】

【任务4—4】6月3日，签发转账支票，在本地丹江秀奇服装设备有限公司购买直驱高速自动切线平缝机10台，原始凭证见图4—3增值税专用发票、图4—4转账支票存根、表4—1固定资产验收单。

河南省增值税专用发票

1100084564　　　　发票联　　　　№ 60563678

开票日期：2020年6月3日

购买方
名　　称：丹江商道制衣有限公司
纳税人识别号：91410645275108107C
地 址、电 话：丹江龙城大街 66312486
开户行及账号：中国工商银行丹江支行 6222020903512347862

密码区
035926>3>2<0230937-8>1*26906
374*91/- +588247>>/*6+>-89233
785926>3>2<0230937*57+89>097
4/ 737-++ 690195*6067/ /42+2-72

货物或应税劳务、服务名称	规格型号	单位	数量	单价	金额	税率	税额
*服装加工机械*平缝机	直驱高速自动切线	台	10	5,600.00	56,000.00	13%	7,280.00
合　　计					¥56,000.00		¥7,280.00
价税合计（大写）	陆万叁仟贰佰捌拾元整				（小写）¥63,280.00		

销售方
名　　称：丹江秀奇服装设备有限公司
纳税人识别号：212035613123123
地 址、电 话：丹江市滨河路18号 61458265
开户行及账号：中国工商银行滨河支行 6222020784056487620

备注：2120356131231 发票专用章

收款人：　　复核：　　开票人：　　销售方：（章）

税总函〔2015〕340号北京印刷有限公司

第三联：发票联　购买方记账凭证

图4—3　增值税专用发票

中国工商银行
转账支票存根
B0 02 21134213
附加信息

出票日期 2020年 6月 3日
收款人：丹江秀奇服装设备有限公司
金　额：¥63,280.00
用　途：
单位主管　　会计 张楠

图4—4　转账支票存根

固定资产验收单

2020年6月3日　　　　编号:00001

名称	规格	来源	数量	购价
平缝机	直驱高速自动切线	外购	10	56 000
安装费	月折旧率	建造单位		交工日期
	0.80%			
车间主管:李梅	接收人:刘峰			采购方:王明
备注				

表4—1　固定资产验收单

借：固定资产——生产设备　　　　56 000

应交税费——应交增值税(进项税额)　　　　7 280
贷：银行存款　　　　　　　　　　　　　　　63 280

二、材料采购业务处理

(一)业务内容

材料采购业务是生产准备过程的主要内容之一。企业进行材料采购时，需要向材料供应商支付材料的买价款、相关税费和采购过程中发生的各项采购费用，包括运输费、装卸费、保险费、运输中的合理损耗、入库前的挑选整理费用等。其中买价款是指企业购入的材料或商品的发票单上列明的价款，不包括按规定可以抵扣的增值税进项税额；相关税费是指企业购买存货时发生的进口关税、消费税、资源税和不能抵扣的增值税进项税额等应计入采购成本的税费；运输中的合理损耗，是指商品在运输过程中，因商品性质、自然条件及技术设备等因素，发生的自然的或不可避免的损耗。出于重要性原则考虑，实际工作中采购人员的差旅费、专设采购机构的经费等，一般不计入材料采购成本。因此材料的买价、增值税和各项采购费用的发生及结算、材料采购成本的计算以及材料的验收入库等，就构成了材料采购业务的主要内容。

(二)账户设置

1.“在途物资”账户

该账户用来核算企业采用实际成本法(或进价)进行材料、商品等物资的日常核算、货款已付但尚未验收入库的在途物资的采购成本。“在途物资”账户属于资产类账户：(1)借方登记企业购入的在途物资的实际成本(包括买价和采购费用)；(2)贷方登记已验收入库材料、商品等物资应结转的实际成本；(3)期末余额在借方，反映企业在途材料、商品等物资的采购成本；(4)该账户可按照供应单位和物资品种进行明细核算。

2.“原材料”账户

该账户用来核算采用实际成本计价的情况下，原材料的增减变动及其结存的实际成本。“原材料”账户属于资产类账户：(1)借方登记已验收入库材料的实际成本；(2)贷方登记发出材料的实际成本；(3)期末余额在借方，反映期末库存材料的实际成本；(4)该账户可按材料的种类、名称和规格型号设置明细分类账，进行分类核算。

3.“应交税费”账户

该账户核算企业按照税法规定计算应缴纳的各种税费，“应交税费”账户属于负债类账户：(1)贷方登记各种应交而未交税费的增加额；(2)借方登记实际缴纳的各种税费额；(3)期末余额在贷方，反映企业尚未缴纳的税费，期末余额在借方，反映企业多缴或尚未抵扣的税费；(4)该账户按应交的税费项目进行明细核算。

对于增值税一般纳税人，为了核算企业应交增值税的发生、抵扣、缴纳以及转出等情况，在“应交税费”账户下设置“应交增值税”明细科目，并在“应交增值税”明细账内设置“进项税额”“销项税额”“已交税金”“转出未交增值税”专栏，进行三级明细分类核算。(1)“进项税额”属于“应交增值税”明细分类账户的借方专栏，在借方登记一般纳税人购进货物、加工修理修配劳务、服务、无形资产或不动产而支付或负担的、准予从当期销项税额中抵扣的增值税税额；(2)“销项税额”属于“应交增值税”明细分类账户的贷方专栏，在贷方登记一般纳税人销售货物、加工修理修配劳务、服务、无形资产或不动产应收取的增值税税额；(3)“应交税费——应交增值税”账户期末余额在贷方表示应交而未交的税额，期末余额在借方，表示本期尚未抵扣的进项税额，可以在下期继续抵扣。增值税属于价外税，上述进项税额及销项税额均不包含在商品的价格中，并在发票中与价格分别列示。

4.“应付账款”账户

该账户用来核算企业因购买材料、商品和接受劳务供应等经营活动应付而未付的款项。“应付账款”账户属于负债类账户：(1)该账户贷方登记应付而未付给供应单位的款项；(2)借方登记已偿还的款项；(3)期末余额在贷方，反映企业尚未偿还的应付款项，如果余额在借方，反映企业预付的款项；(4)该账户可按债权人设置明细科目，进行明细分类核算。

5.“预付账款”账户

该账户用来核算企业按购货合同规定预付的款项。“预付账款”属于资产类账户：(1)借方登记预付给供应单位的款项；(2)贷方登记收到提供的产品或劳务而冲销的预付款项的金额；(3)期末余额在借方，反映企业预付的款项，余额在贷方，反映企业尚需要补付的款项；(4)该账户可按照供应单位设置明细分类账，进行明细分类核算，若预付款项情况不多的，也可以不设置该账户，将预付的款项直接记入“应付账款”账户。

【任务实施】

【任务 4—5】6 月 3 日，从北京市天河布料批发有限公司购入原材料，并收到对方开具的增值税专用发票，对方同时转来承运单位开具的增值税专用发票，材料尚未到库，货款及运费已经通过银行付讫，运费按数量进行分配。原始凭证见图 4—5 采购增值税专用发票发票联、图 4—6 货运增值税专用发票发票联、图 4—7 银行付款通知单。

北京市增值税专用发票

1100084564　　　　　　　　　　№ 7567789

发票联

开票日期：2020年6月3日

购买方	名　　称：丹江商道制衣有限公司 纳税人识别号：91410645275108107C 地 址、电 话：丹江龙城大街 66312486 开户行及账号：中国工商银行丹江支行 6222020903512347862				密码区	035926>3>2<0230937-8>1*26906 374*91/- +588247>>/*6+>-89233 785926>3>2<0230937*57+89>097 4/ 737-++ 690195*6067/ /42+2-72		
货物或应税劳务、服务名称	规格型号	单位	数量	单价	金额	税率	税额	
*纺织产品*印染布		米	4,000	17.00	68,000.00	13%	8,840.00	
*纺织产品*亚麻布		米	5,000	12.00	60,000.00	13%	7,800.00	
合　　计					¥128,000.00		¥16,640.00	
价税合计（大写）	拾肆万肆仟陆佰肆拾元整				（小写）¥144,640.00			
销售方	名　　称：北京市天河布料批发有限公司 纳税人识别号：140208475926840 地 址、电 话：北京市天河路16号 93352744 开户行及账号：中国工商银行城北支行 6222027326567898087				备注	北京市天河布料批发有限公司 140208475926840 发票专用章		

收款人：　　　复核：　　　开票人：　　　销售方：（章）

税总函〔2015〕340号北京印刷有限公司

第三联：发票联　购买方记账凭证

图 4－5　采购增值税专用发票发票联

货物运输业增值税专用发票

3100114761　　　　　　　　　　№ 75278981

发票联

开票日期：2020年6月3日

承运人及纳税人识别号：	快捷货运有限公司 233223875960321				密码区	035926>3>2<0230937-8>1*26906 374*91/- +588247>>/*6+>-89233 785926>3>2<0230937*57+89>097 4/ 737-++ 690195*6067/ /42+2-72	
实际受票方及纳税人识别号：	丹江商道制衣有限公司 91410645275108107C						
收货人及纳税人识别号：	丹江商道制衣有限公司 91410645275108107C		发货人及纳税人识别号		北京市天河布料批发有限公司 140208475926840		
起运地、经由、到达地							
费用项目及金额	费用项目：运费	金额：3,600.00	银行付讫		运输货物信息		
合计金	3,600.00	税率	9%	税额	324.00	机器编号	67956352
价税合计（大写）	叁仟玖佰贰拾肆元整			小写¥3924.00			
车种车号	货车 京AD08653	车船吨位	10		备注	快捷货运有限公司 233223875960321 发票专用章	
主管税务机关及代码							

收款人：　　　复核：　　　开票人：　　　销售方：（章）

税总函〔2015〕340号北京印刷有限公司

第三联：发票联　受票方记账凭证

图 4－6　货运增值税专用发票发票联

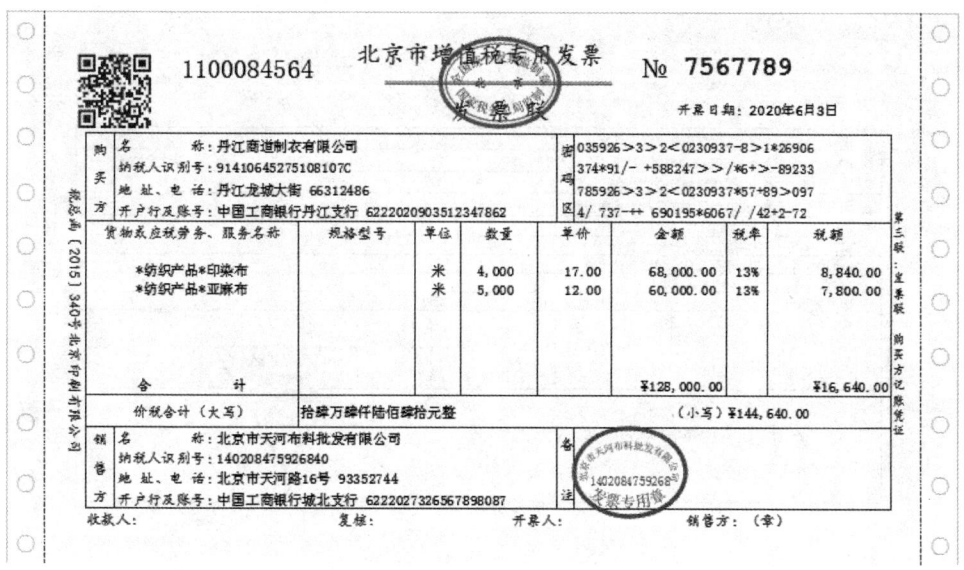

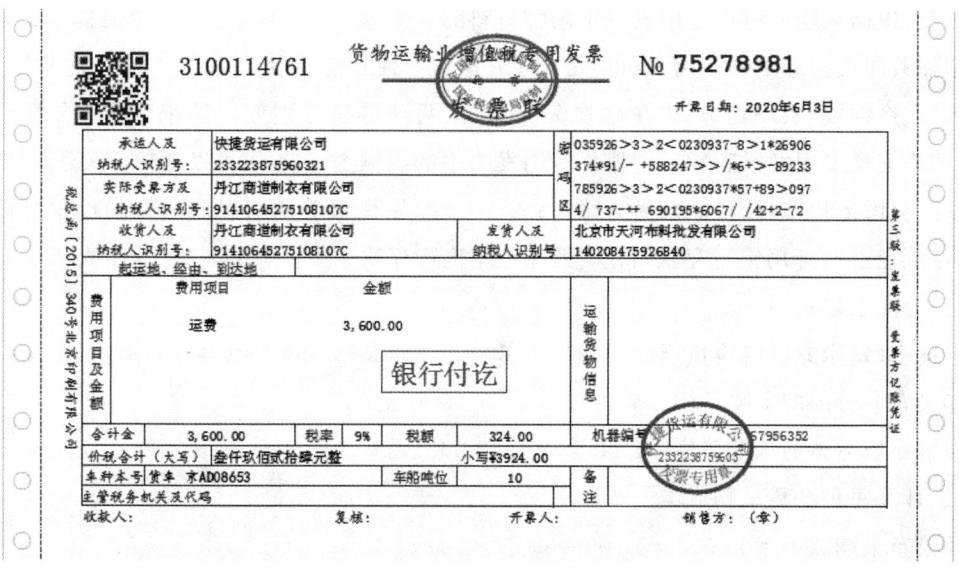

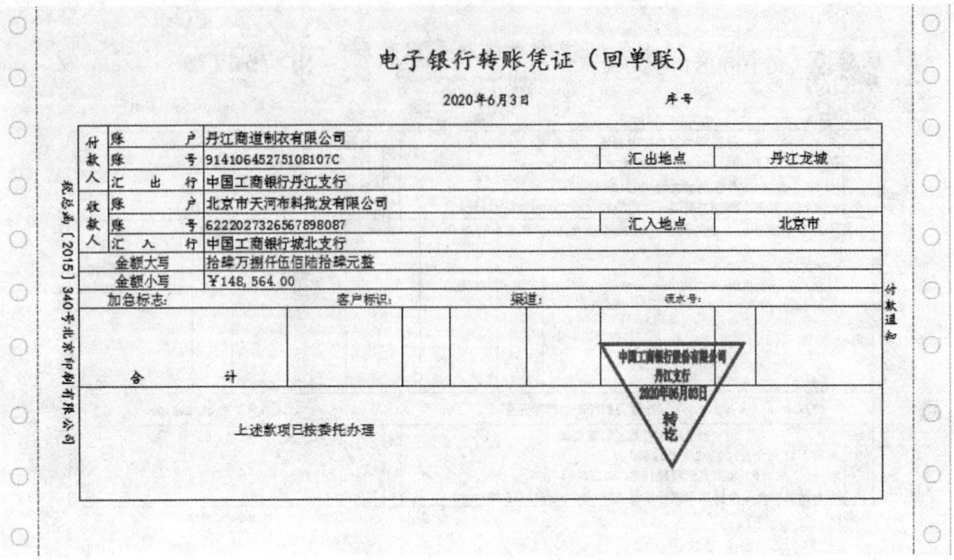

电子银行转账凭证（回单联）

2020年6月3日　　库号

付款人	账户	丹江商道制衣有限公司		
	账号	91410645275108107C	汇出地点	丹江龙城
	汇出行	中国工商银行丹江支行		
收款人	账户	北京市天河布料批发有限公司		
	账号	6222027326567898087	汇入地点	北京市
	汇入行	中国工商银行城北支行		
金额大写		拾肆万捌仟伍佰陆拾肆元整		
金额小写		¥148,564.00		
加急标志:		客户标识:	渠道:	流水号:
合计				
上述款项已按委托办理				

图 4－7　银行付款通知单

分析：根据采购增值税专用发票中两种材料的买价款 128 000 元，货运增值税专用发票两种材料需共同负担的采购费用 3 600 元，可确定均会使得企业资产项目中的在途物资增加，应记入“在途物资”账户借方，“在途物资”需根据两种材料分别列示明细账户，金额计算见下；采购增值税专用发票和货运增值税专用发票中的税额 16 964 元可以抵扣，应记入“应交税额——应交增值税(进项税额)”借方账户；图 4－7 原始凭证表明材料和运费的价税合计款项 148 564 元已经全部用银行存款付讫，因此企业银行存款减少，应记入“银行存款”账户贷方。

(1)分配采购费用

分配率(每米原材料应负担的运费)＝3 600÷(4 000＋5 000)＝0.4(元/米)

印染布应分摊的采购费用＝4 000×0.4＝1 600(元)

亚麻布应分摊的采购费用＝5 000×0.4＝2 000(元)

(2)计算每种材料采购成本

印染布采购成本＝68 000＋1 600＝69 600(元)

亚麻布采购成本＝60 000＋2 000＝62 000(元)

借：在途物资——印染布　　69 600

　　　　　　——亚麻布　　62 000

　　应交税费——应交增值税(进项税额)　　16 964

　　贷：银行存款　　148 564

【任务 4－6】6 月 5 日，上述购买原材料到达，根据发票及有关凭证对材料进行验收入库。原始凭证见表 4－2 材料入库单。

收料单

2020 年 6 月 5 日　　　　编号:00001

材料编号	材料名称	单位	数量		实际单价	材料金额	运杂费	合计(材料实际成本)
			应收	实收				
1	印染布	米	4 000	4 000	17	68 000	1 600	69 600
2	亚麻布	米	5 000	5 000	12	60 000	2 000	62 000
供货单位	北京市天河布料批发有限公司				合同号	2019	计划单价	材料/计划成本
备注							——	——

记账联

主管:李启生　　　　**仓库验收:赵海**　　　　**经办人:高铭**

表 4—2　材料入库单

分析:采购的原材料由在途状态转为入库，企业的原材料增加，记入“原材料”账户借方；相应的材料验收入库后反方向贷记“在途物资”账户。

借:原材料——印染布　　　　69 600

　　　　——亚麻布　　　　62 000

　贷:在途物资——印染布　　　　69 600

　　　　　　——亚麻布　　　　62 000

【任务 4—7】6 月 5 日，丹江商道制衣有限公司以赊购方式从嘉兴创美服饰辅料有限公司购入纽扣，收到对方开来的增值税专用发票，发票列示:数量 1 000 包，单价 10 元，金额 10 000 元，税额 1 300 元，价税合计 11 300 元，材料已经验收入库。

借:原材料——纽扣　　　　10 000

　应交税费——应交增值税(进项税额)　　　　1 300

　贷:应付账款——嘉兴创美服饰辅料有限公司　　　　11 300

【任务 4—8】6 月 8 日，丹江商道制衣有限公司使用网银汇兑形式偿还前欠嘉兴创美服饰辅料有限公司购料款项 11 300 元。

借:应付账款——嘉兴创美服饰辅料有限公司　　　　11 300

　贷:银行存款　　　　11 300

【任务 4—9】6 月 9 日，丹江商道制衣有限公司根据与天津奇居纺织有限公司的购销合同规定，购买缝纫线货款 46 104 元，向其预付款项 20 000 元，已通过汇兑方式汇出。

借:预付账款——天津奇居纺织有限公司　　　　20 000

　贷:银行存款　　　　20 000

【任务 4—10】承接【任务 4—9】，6 月 12 日，收到天津奇居纺织有限公司发来缝纫线，已验收入库。并收到增值税专用发票，发票列示缝纫线数量 600 卷，单价 68 元，金额 40 800 元，税额 5 304 元，价税合计额 46 104 元。材料已验收入库，企业使用网银补付余款 26 104 元。

借：原材料——缝纫线　　　　　　　　　　40 800

　　应交税费——应交增值税(进项税额)　　　　5 304

　　贷：预付账款——天津奇居纺织有限公司　　　　20 000

　　　　银行存款　　　　　　　　　　　　　　26 104

【任务实操】

请登录理实互动实训教学平台，完成本小节理实练习。

任务三　生产过程业务核算

【任务引例】

【任务4—11】6月12日，生产车间领用布料用于生产产品，原始凭证见表4—3、表4—4领料单。

【任务4—12】6月12—13日，生产车间陆续领用纽扣、缝纫线共同生产两种套装服装，分配标准按生产数量(西服套装1 500件，便服套装1 300件)进行分配。原始凭证见表4—5、表4—6领料单。

【任务4—13】6月18日，生产车间领用缝纫机油(数量10千克，单位成本75元)用于车间的一般耗用，行政管理部门领用备件(数量20件，单位成本180元)作管理使用。原始凭证见表4—7、表4—8领料单。

【任务4—14】承接【任务4—11】至【任务4—13】，若企业领料业务较为频繁，采用月末汇总本月“领料单”方式，如何作会计处理？

【任务4—15】6月30日，根据人事部门和统计部门记录提供的职工薪酬汇总表，根据两种产品生产工时(西服套装2 200工时，便服套装1 800工时)编制职工薪酬分配表，原始凭证见表4—11、表4—12。

【任务4—16】6月30日，收到丹江市自来水公司和供电公司的增值税专用发票，款项已通过电汇分别支付(原始单据略)，根据企业各部门实际消耗分配水电费，原始凭证见图4—8、图4—9增值税专用发票，水电费分配表见表4—13。

【任务4—17】6月8日，以银行存款2 000元支付行政部门购买办公用品费，银行存款1 502元支付车间办公费，均取得增值税普通发票。

【任务4—18】6月10日，以库存现金3 000元支付职工张楠出差预借差旅费。

【任务4—19】6月20日，职工张楠报销差旅费3 158元，超支部分已通过现金支付。

【任务4—20】6月30日，计提本月固定资产折旧，原始凭证见表4—14固定资产折旧汇总表。

【任务4—21】6月30日，将本月发生的制造费用以生产工时为标准分配到各产品成本中，原始凭证见表4—15制造费用分配表。

【任务4—22】6月30日，计算本期完工产品成本，其中西服套装1 500件，便服套装1 300件，根据本期生产情况编制产品成本计算单。原始凭证见表4—16、表4—17产品成本计算单。

【任务准备】

企业产品的生产过程同时也是生产资料的耗费过程，企业在生产过程中发生的各种生产费用，最终都要归集、分配给特定的产品，形成企业产品的成本。因此对生产过程的费用归集、分配、计算产品成本是生产过程业务核算的主要内容。

一、业务内容

制造业的生产过程是从投入材料到产品完工并验收入库的全过程，企业在生产产品的过程中会发生各种耗费，这些耗费有些发生在车间，有些发生在管理部门，还有些发生在销售机构；有些是为产品生产而发生的，有些是为产品销售发生的，还有一些是为了管理和组织生产经营活动而发生的；按照其是否与产品的制造过程和产量具有直接关系，可划分为生产费用和期间费用两大类。

(一)生产费用

生产费用，是指与企业生产经营有关的费用，这些费用最终都要归集、分配给特定的产品，形成产品的成本。按其经济用途分类，可分为直接材料、直接人工和制造费用。直接材料和直接人工由于能直接归属到某一具体产品中，也被称为直接费用，而制造费用是由多种产品共同负担的，需要通过分配计入某一具体产品中，因此又被称为间接费用。

1.直接材料

是指企业在生产产品和提供劳务过程中消耗的直接用于产品生产，并构成产品实体的原料、主要材料以及有助于产品形成的辅助材料等。

2.直接人工

是指企业在生产产品和提供劳务过程中，支付给直接从事产品生产的工人的职工薪酬。

3.制造费用

是指企业在生产产品和提供劳务过程中，各个生产单位(车间、分厂)为组织和管理生产所发生的各项间接费用。包括生产车间管理人员的薪酬、固定资产折旧费、办公费、水电费、机物料消耗、劳动保护费和季节性或修理期间的停工损失，以及其他不能直接计入产品生产成本的生产费用。

(二)期间费用

期间费用，是指与当期的产品管理和产品销售直接相关，而与产品的制造过程、产量无直接关系，不能直接归属于某个特定产品的费用。包括销售费用、管理费用和财务费用。

(三)账户设置

1.“生产成本”账户

该账户用来核算企业生产各种产品发生的各项生产费用，并据以计算产品生产成本。

“生产成本”属于成本类账户:(1)借方登记应计入产品生产成本的各项费用，包括直接计入产品成本的直接材料、直接人工，以及期末分配转入的制造费用;(2)贷方登记已完工并验收入库的产品的实际生产成本;(3)期末余额在借方，反映企业尚未完工的在产品成本;(4)该账户可按照产品的种类分别设置明细分类账进行明细核算。

2.“制造费用”账户

该账户用来核算企业生产车间为生产产品和提供劳务而发生的各项间接费用。“制造费用”属于成本类账户:(1)借方登记实际发生的各项制造费用;(2)贷方登记期末按一定方法分配转入“生产成本”账户借方的费用转出额;(3)该账户期末结转后，一般无余额;(4)该账户可按车间、费用项目设置明细账，进行明细核算。

3.“库存商品”账户

该账户用于核算企业库存商品的实际成本。“库存商品”账户属于资产类账户:(1)借方登记完工验收入库的产成品成本;(2)贷方登记因销售等发出的库存商品成本;(3)期末余额在借方，反映企业期末库存商品的实际成本;(4)该账户可按产成品的品种、规格分别设置“库存商品”明细分类账进行明细分类核算。

4.“应付职工薪酬”账户

该账户用于核算企业根据有关规定应付给职工的各种薪酬，如工资、福利费、社会保险、住房公积金、工会经费、职工教育经费等。“应付职工薪酬”属于负债类账户:(1)贷方登记本期计算的应付职工薪酬总额;(2)借方登记本期实际支付的职工薪酬数额;(3)期末余额在贷方，反映企业尚未支付的职工薪酬;(4)该账户应当按照“短期薪酬”“离职后福利”“辞退福利”“其他长期职工福利”设置明细分类账户，进行明细分类核算。

【任务实施】

二、业务核算

(一)材料费用的归集与分配

材料费用归集与分配业务内容是指生产过程中领用原材料，并且按照材料费用发生的地点和经济用途，归集分配到有关成本、费用账户的业务。对于直接用于某种产品生产的材料费用，应直接计入该产品生产成本明细账中的直接材料费用项目;对于由多种产品共同耗用、应由这些产品共同负担的材料费用，应选择适当的标准在这些产品之间进行分配，按分担的金额计入相应的成本计算对象。

【任务 4—11】6 月 12 日，生产车间领用布料用于生产产品，原始凭证见表 4—3、表 4—4 领料单。

领料单

领料部门：生产车间　　　　编号：1

用途：西装套装　　　　2020 年 6 月 12 日　　　　仓库：原料库

材料	数量		金额		计量单位：米
	请领	实发	单位成本	成本总额	备注
印染布	4 000	4 000	17	68 000	
合计	4 000	4 000	17	68 000	

会计联

仓库保管员：赵海　　　　**领料人：张涛**

表 4—3　领料单

领料单

领料部门：生产车间　　　　编号：2

用途：便装套装　　　　2020 年 6 月 12 日　　　　仓库：原料库

材料	数量		金额		计量单位：米
	请领	实发	单位成本	成本总额	备注
亚麻布	4 600	4 600	12	55 200	
合计	4 600	4 600	12	55 200	

会计联

仓库保管员：赵海　　　　**领料人：张涛**

表 4—4　领料单

分析：因材料出库使得企业原材料减少 123 200 元，应记入“原材料”账户贷方；而另一方面同样使企业有关生产成本项目增加，应记入“生产成本”账户借方。

借：生产成本——西服套装　　　　68 000

　　　　　　——便服套装　　　　55 200

　　贷：原材料——印染布　　　　68 000

　　　　　　　——亚麻布　　　　55 200

【任务 4—12】6 月 12—13 日，生产车间陆续领用纽扣、缝纫线共同生产两种套装服装，分配标准按生产数量（西服套装 1 500 件，便服套装 1 300 件）进行分配，原始凭证见表 4—5、表 4—6 领料单。

领料单

领料部门:生产车间　　　　编号:3

用途:2 种产品　　　　2020 年 6 月 12 日　　　　仓库:原料库

材料	数量		金额		计量单位:包
	请领	实发	单位成本	成本总额	备注
纽扣	9 000	9 000	10	90 000	
合计	9 000	9 000	10	90 000	

会计联

仓库保管员:赵海　　　　**领料人:张涛**

表 4—5　**领料单**

领料单

领料部门:生产车间　　　　编号:4

用途:2 种产品　　　　2020 年 6 月 13 日　　　　仓库:原料库

材料	数量		金额		计量单位:卷
	请领	实发	单位成本	成本总额	备注
缝纫线	550	550	68	37 400	
合计	550	550	68	37 400	

会计联

仓库保管员:赵海　　　　**领料人:张涛**

表 4—6　**领料单**

分析:通过原始单据可以看出，纽扣和缝纫线是西服套装和便服套装共同使用，材料费用需要按照一定标准进行分配，在本案例中根据生产数量进行分配。计算过程如下:

分配率(每件套装承担的辅料费用)=(90 000+37 400)÷(1 500 +1 300)=45.50 元

西服套装领用的辅料费用=1 500×45.50=68 250(元)

便服套装领用的辅料费用=1 300×45.50=59 150(元)

借:生产成本——西服套装　　68 250

　　　　　——便服套装　　59 150

　贷:原材料——纽扣　　90 000

　　　　　——缝纫线　　37 400

【任务 4—13】6 月 18 日，生产车间领用缝纫机油(数量 10 千克，单位成本 75 元)用于车间的一般耗用，行政管理部门领用备件(数量 20 件，单位成本 180 元)作管理使用。原始凭证见表 4—7、表 4—8 领料单。

领料单

领料部门:生产车间　　　　编号:5

用途:一般耗用　　　2020 年 6 月 18 日　　　仓库:原料库

材料	数量		金额		计量单位:千克
	请领	实发	单位成本	成本总额	备注
缝纫机油	10	10	75	750	
合计	10	10	75	750	

会计联

仓库保管员:赵海　　　　**领料人:张涛**

表 4—7　领料单

领料单

领料部门:行政管理部门　　　　编号:5

用途:一般耗用　　　2020 年 6 月 18 日　　　仓库:原料库

材料	数量		金额		计量单位:件
	请领	实发	单位成本	成本总额	备注
备件	20	20	180	3 600	
合计	20	20	180	3 600	

会计联

仓库保管员:赵海　　　　**领料人:李峰**

表 4—8　领料单

借:制造费用——材料费　　750
　管理费用——材料费　　3 600
　贷:原材料——缝纫机油　　750
　　　　——备件　　3 600

【任务 4—14】承接【任务 4—11】至【任务 4—13】，若企业领料业务较为频繁，采用月末汇总本月“领料单”方式，如何作会计处理?

分析:若企业发生领料业务较为集中，可在领料时根据“领料单”直接编制会计分录进行会计核算。若企业领料业务较为频繁，通常采用期末汇总核算的方式:即会计人员平时收到“领料单”时，一般只登记数量账，不编制会计分录，在期末时汇总本月“领料单”，根据领料用途汇总编制“发出材料汇总表”(见表 4—10);多种产品共同领用的材料，可先编制“间接计入产品成本材料费用分配表”(见表4—9)后，再将分配结果填入“发出材料汇总表”。

间接计入产品成本材料费用分配表

2020年6月30日

项目	纽扣			缝纫线			合计数
	分配标准	分配率	分配金额	分配标准	分配率	分配金额	
西装套装	1 500	32.14	48 214.29	1 500	13.36	20 035.71	68 250
便服套装	1 300	32.14	41 785.71	1 300	13.36	17 364.29	59 150
合计	2 800		90 000	2 800		37 400	127 400

表4—9 间接计入产品成本材料费用分配表

发料凭证汇总表

附件:7

2020年6月30日

单位:元

用途		直接材料项目				缝纫机油	备件	合计
		直接计入			间接计入			
		印染布	亚麻布	小计				
产品生产	西装套装	68 000		68 000	68 250			136 250
	便服套装		55 200	55 200	59 150			114 350
车间一般耗用						750		750
行政管理部门耗用							3 600	3 600
合计		68 000	55 200	123 200	127 400	750	3 600	254 950

会计主管:刘景顺　　制单:张楠　　复核:王佳

表4—10 发出材料汇总表

借：生产成本——西服套装　136 250
　　——便服套装　114 350
　制造费用——材料费　750
　管理费用——材料费　3 600
　贷：原材料——印染布　68 000
　　——亚麻布　55 200
　　——缝纫线　37 400
　　——纽扣　90 000
　　——缝纫机油　750
　　——备件　3 600

(二)人工费用的归集与分配

人工费用即企业员工为生产、经营活动所发生的人力耗费，表现形式为职工薪酬。职工薪酬是指企业为获得职工提供的服务或解除劳动关系而给予各种形式的报酬或补偿。企业发生的职工薪酬的用途是不同的，有的直接用于产品生产，有的用于管理活动等，所以在确定本月应负担的职工薪酬时，应按受益对象即职工的服务对象进行归集和分配，分别在有关账户进行核算。

1.生产工人的薪酬支出。直接从事产品生产的工人职工薪酬为直接费用，计入产品成本。如果生产工人为生产某种产品的工人，则其职工薪酬应直接计入受益产品成本；如果生产工人同时为多种产品生产服务，则其职工薪酬应按一定的标准进行分配后，分别计入各受益产品成本。

2.车间管理人员的薪酬支出。车间管理人员的薪酬是为了车间生产管理而发生，为间接生产费用，记入“制造费用”账户。

3.管理人员的薪酬支出。行政部门的薪酬支出应作为当期费用直接记入“管理费用”账户；企业设有专门的销售机构，该销售机构人员的薪酬应记入“销售费用”账户。

【任务 4—15】6 月 30 日，根据人事部门和统计部门记录提供的职工薪酬汇总表，根据两种产品生产工时（西服套装 2 200 工时，便服套装 1 800 工时）编制职工薪酬分配表，原始凭证见表 4—11 职工薪酬汇总表、表 4—12 职工薪酬分配表。

职工薪酬汇总表

2020 年 6 月 30 日

人员类别	工资	福利费	医疗、工伤、生育险	养老及失业保险	住房公积金	工会经费	职工教育经费	合计
生产工人	104 465	2 152.50	7 996.31	2 132.35	10 656.05	2 132.35	2 665.44	132 200
车间管理人员	10 835	550	853.88	227.70	1 138.50	227.70	284.63	14 117.40
行政管理部门人员	58 000	2 750	4 556.25	1 215	6 075	1 215	1 518.75	75 330
专设销售机构人员	60 000	2 500	4 687.50	1 250	6 250	1 250	1 562.50	77 500
合计	233 300	7 952.50	18 093.94	4 825.05	24 119.55	4 825.05	6 031.31	299 147.40

会计主管：刘景顺　　制单：张楠　　复核：王佳

表 4—11　职工薪酬汇总表

职工薪酬分配表

2020 年 6 月 30 日　　　　单位：元

对象		分配标准	分配率	分配金额
生产工人	西装套装	2 200	33.05	72 710
	便服套装	1 800	33.05	59 490
车间管理人员				14 117.40
行政管理人员				75 330
销售人员				77 500
合计		4 000		299 147.40

会计主管：刘景顺　　**制单：张楠**　　**复核：王佳**

表 4—12　职工薪酬分配表

借：生产成本——西服套装　　72 710
　　　　　——便服套装　　59 490
　制造费用——薪酬　　14 117.40
　管理费用——薪酬　　75 330
　销售费用——薪酬　　77 500
　贷：应付职工薪酬——工资　　233 300
　　　　　——福利费　　7 952.50
　　　　　——社会保险费　　18 093.94
　　　　　——设定提存计划　　4 825.05
　　　　　——住房公积金　　24 119.55
　　　　　——工会经费　　4 825.05
　　　　　——职工教育经费　　6 031.31

（三）制造费用的归集与分配

在基本生产车间只生产一种产品的情况下，制造费用可以直接计入该种产品的成本。但是在生产多种产品的情况下，无法直接判定其应归属的产品成本核算对象，必须将其按照发生的不同内容先在“制造费用”账户中予以归集，然后再采用一定的标准在各种产品之间进行分配。企业应根据制造费用性质合理选择分配标准，常用的分配标准有生产工人工时、生产工人工资、机器工时、耗用原材料金额等。

制造费用分配率＝制造费用总额÷∑制造费用分配标准

某产品应负担的制造费用＝该产品的分配标准×制造费用分配率

【任务 4—16】6 月 30 日，收到丹江市自来水公司和供电公司的增值税专用发票，根据单位各部门实际消耗分配水电费，原始单据见图 4—8、图 4—9 增值税专用发票、水电费分配表见表 4—13。

1100084564 河南省增值税专用发票 № 60521055

发票联

开票日期：2020年6月30日

购买方	名　　称：丹江商道制衣有限公司 纳税人识别号：91410645275108107C 地 址、电 话：丹江龙城大街 66312486 开户行及账号：中国工商银行丹江支行 6222020903512347862			密码区	035926>3>2<0230937-8>1*26906 374*91/- +588247>>/*6+>-89233 785926>3>2<0230937*57+89>097 4/ 737-++ 690195*6067/ /42+2-72		
货物或应税劳务、服务名称	规格型号	单位	数量	单价	金额	税率	税额
*水冰雪*水费		吨	600	4.20	2,520.00	9%	226.80
合　　计					¥2,520.00		¥226.80
价税合计（大写）	陆佰叁拾壹元捌角整				（小写）¥631.80		
销售方	名　　称：丹江自来水有限公司 纳税人识别号：91343005034139800 地 址、电 话：丹江市中山路12号 68794515 开户行及账号：中国工商银行中山支行支行 6222028765410357819			备注			

收款人：　　复核：　　开票人：　　销售方：（章）

税总函〔2015〕340号北京印刷有限公司

第三联：发票联 购买方记账凭证

图 4—8　增值税专用发票

1100084564 河南省增值税专用发票 № 60524901

发票联

开票日期：2020年6月30日

购买方	名　　称：丹江商道制衣有限公司 纳税人识别号：91410645275108107C 地 址、电 话：丹江龙城大街 66312486 开户行及账号：中国工商银行丹江支行 6222020903512347862			密码区	035926>3>2<0230937-8>1*26906 374*91/- +588247>>/*6+>-89233 785926>3>2<0230937*57+89>097 4/ 737-++ 690195*6067/ /42+2-72		
货物或应税劳务、服务名称	规格型号	单位	数量	单价	金额	税率	税额
*供电*售电		度	6,120	0.80	4,896.00	13%	636.48
合　　计					¥4,896.00		¥636.48
价税合计（大写）	伍仟伍佰叁拾贰元肆角捌分				（小写）¥5,532.48		
销售方	名　　称：丹江明远供电公司 纳税人识别号：91343487526139800 地 址、电 话：丹江市中山路8号 68154715 开户行及账号：中国工商银行中山支行支行 6222020870331547892			备注			

收款人：　　复核：　　开票人：　　销售方：（章）

税总函〔2015〕340号北京印刷有限公司

第三联：发票联 购买方记账凭证

图 4—9　增值税专用发票

水电费分配表

2020 年 6 月 30 日　　　　单位：元

使用对象	水费			电费			合计
	耗用量	单价	分配额	耗用量	单价	分配额	
生产车间	400	4.2	1 680	4 000	0.8	3 200	4 880
管理部门	100	4.2	420	1 210	0.8	968	1 388
销售部门	100	4.2	420	910	0.8	728	1 148
合计	600		2 520	6 120		4 896	7 416

会计主管：刘景顺　　制单：张楠　　复核：王佳

表 4—13　水电费分配表

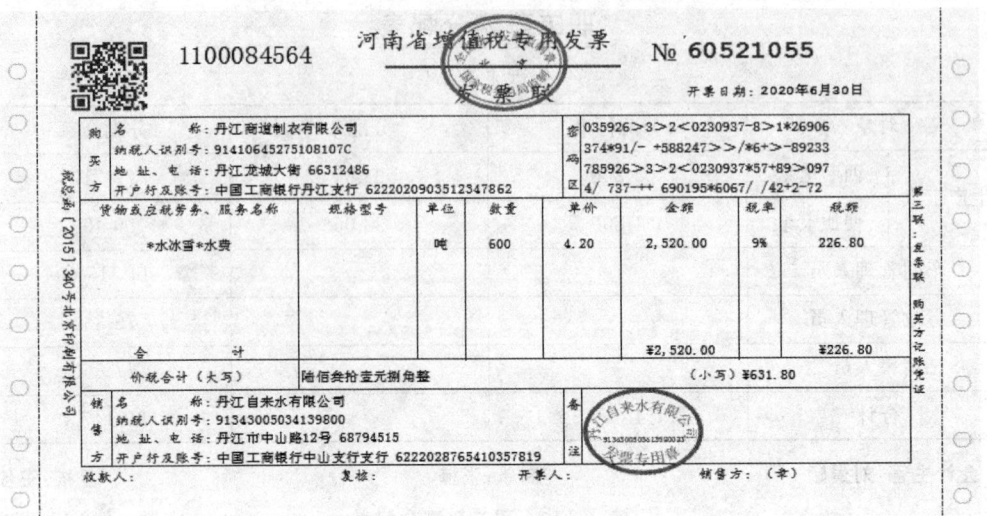

借：制造费用——水电费　　4 880

　　管理费用——水电费　　1 388

　　销售费用——水电费　　1 148

　　应交税费——应交增值税(进项税额)　　863.28

　　贷：银行存款　　8 279.28

【任务 4—17】6 月 8 日，以银行存款 2 000 元支付行政部门购买办公用品费，银行存款 1 502.60 元支付车间办公费，均取得增值税普通发票。

借：管理费用——办公费　　2 000

　　制造费用——办公费　　1 502.60

　　贷：银行存款　　3 502.60

【任务 4—18】6 月 10 日，以库存现金 3 000 元支付职工张楠出差预借差旅费。

借：其他应收款——张楠　　3 000

　　贷：库存现金　　3 000

【任务 4—19】6 月 20 日，职工张楠报销差旅费 3 158 元，超支部分已通过现金支付。

借：管理费用——差旅费　　3 158

　　贷：其他应收款——张楠　　3 000

　　　　库存现金　　158

【任务 4—20】6 月 30 日，计提本月固定资产折旧，原始凭证见表 4—14 折旧计算汇总表。

折旧计算汇总表

2020 年 6 月 30 日

使用单位和类别		月初原值	年折旧率	本月应计提折旧额
生产车间	厂房	420 000	0.05	1 750
	生产设备	840 000	0.10	7 000
	小计	1 260 000		8 750
行政管理部门	房屋	1 200 000	0.05	5 000
	运输设备	300 000	0.25	6 250
	办公设备	108 750	0.20	1 812.50
	小计	1 608 750		13 062.50
销售部门	运输设备	240 000	0.25	5 000
	办公设备	90 450	0.20	1 507.50
	小计	330 450		6 507.50
合计		3 199 200		28 320

会计主管:刘景顺　　制单:张楠　　复核:王佳

表 4—14　折旧计算汇总表

借：制造费用——折旧费 8 750

管理费用——折旧费 13 062.50

销售费用——折旧费 6 507.50

贷：累计折旧 28 320

【任务4—21】6月30日，将本月发生的制造费用以生产工时为标准分配到各产品成本中。原始凭证见表4—15制造费用分配表。

制造费用分配表

2020年6月30日

	分配标准	分配率	分配额
西服套装	2 200	7.50	16 500
便服套装	1 800	7.50	13 500
合计	4 000		30 000

会计主管:刘景顺　　制单:张楠　　复核:王佳

表4—15　制造费用分配表

借：生产成本——西服套装 16 500

——便服套装 13 500

贷：制造费用——材料费 750

——薪酬 14 117.40

——水电费 4 880

——办公费 1 502.60

——折旧费 8 750

(四)完工产品成本的计算与结转

产品成本计算应以生产的产品(或生产批次、步骤)为成本计算对象，对于在一定会计期间内发生的直接材料、直接人工通过归集直接计入有关成本对象，制造费用按照一定标准分配后计入各成本对象，即均记入“生产成本”账户。月末，对于已完工的产品应及时办理验收入库手续，并将完工产品成本从“生产成本”账户转入“库存商品”账户。

“生产成本”账户若有余额，反映月末在产品的生产成本，此时还需采用适当的分配方法在完工产品和在产品之间进行分配，才能计算出完工产品的成本。完工产品成本的计算公式为:完工产品成本=期初在产品成本+本期的生产费用−月末在产品成本。

【任务4—22】6月30日，计算本期完工产品成本，其中西服套装1 500件，便服套装1 300件，根据本期生产情况编制产品成本计算单。原始凭证见表4—16、表4—17产品成本计算单。

产品成本计算单

产品名称：西服套装　　2020年6月30日　　产量：1 500　单位：元

成本项目	月初在产品成本	本月发生费用	生产费用合计	完工产品成本	单位成本	期末在产品成本
直接材料		136 250	136 250	136 250	90.83	
直接人工		72 710	72 710	72 710	48.47	
制造费用		16 500	16 500	16 500	12.01	
合计		225 460	225 460	225 460	150.31	

会计主管：刘景顺　　制单：张楠　　复核：王佳

表 4—16　**产品成本计算单**

产品成本计算单

产品名称：便服套装　　2020年6月30日　　产量：1 300　单位：元

成本项目	月初在产品成本	本月发生费用	生产费用合计	完工产品成本	单位成本	期末在产品成本
直接材料		114 350	114 350	114 350	87.96	
直接人工		59 490	59 490	59 490	45.76	
制造费用		13 500	13 500	13 500	10.39	
合计		187 340	187 340	187 340	144.11	

会计主管：刘景顺　　制单：张楠　　复核：王佳

表 4—17　**产品成本计算单**

借：库存商品——西服套装　　225 460
　　　　　——便服套装　　187 340
　贷：生产成本——西服套装　　225 460
　　　　　　——便服套装　　187 340

【任务实操】

请登录理实互动实训教学平台，完成本小节理实练习。

任务四 销售过程业务核算

【任务引例】

【任务4—23】6月21日，企业向天津市宏达服饰有限公司开出增值税专用发票销售商品并已发货，款项已收，原始凭证见图4—10增值税专用发票、图4—11进账单、表4—18产品出库单。

【任务4—24】6月25日，向北京市博朗服饰批发有限公司开出增值税专用发票销售商品并已发货，款项尚未收到。

【任务4—25】6月26日，收到北京市博朗服饰批发有限公司所欠款项555 960元，存入银行。

【任务4—26】6月28日，收到河南瑞聚服饰有限公司预付购货款50 000元，存入银行。

【任务4—27】6月29日，向河南瑞聚服饰有限公司开具增值税专用发票并发出产品，收到对方转来的剩余款项，原始凭证见图4—12增值税专用发票。

【任务4—28】6月30日，企业出售原材料缝纫线一批，售价2 800元，增值税额为364元，款项收到并存入银行。

【任务4—29】6月30日，采用全月一次加权平均法计算丹江商道制衣有限公司本月已销产品的成本，原始凭证见表4—19销售成本计算表。

【任务4—30】承接【任务4—28】，结转出售材料的实际成本2 720元。

【任务4—31】6月10日，公司为推广产品销售，支付广告费50 000元，增值税税率6%，进项税额3 000元，原始凭证见图4—13增值税专用发票。

【任务4—32】6月30日，计提并支付本月的短期借款财务费用。

【任务4—33】6月30日，按税法规定计提本月应交城建税8 334.02元，教育费附加3 571.72元。

【任务准备】

销售过程是企业以一定方式将产品销售给购买方，并按销售价格取得销售收入的过程，也是企业产品价值实现的过程。由于在销售过程中，企业必须付出相应数量的产品，因而企业在确认和计量收入的同时，还应当结转为制造这些产品而耗费的生产成本，通常将已销售产品的生产成本称为产品销售成本。企业在销售产品过程中，为了推销产品还会发生广告费、运输费、销售人员职工薪酬、税费等各种费用。销售过程核算的主要内容包括销售收入的核算、销售成本的结转、税金及附加的核算、期间费用的核算等。

一、销售收入的业务核算

(一)业务内容

销售收入，是指企业因产品销售和其他销售等所形成的经济利益的流入，销售收入按照是否与企业的主营业务有关，分为主营业务收入和其他业务收入。企业与客户之间的合同同时满足以下5项条件的，企业应当在客户取得相关商品控制权时确认收入:(1)合同各方已批准该合同并承诺履行各自义务;(2)该合同明确了合同各方与所转让商品相关的权利和义务;(3)该合同有明确的与所转让商品相关的支付条款;(4)该合同具有商业实质，即履行该合同将改变企业未来现金流量的风险、时间分布或金额;(5)企业因向客户转让商品而有权取得的对价很可能收回。

(二)账户设置

1.“主营业务收入”账户

该账户用来核算企业根据收入准则确认销售商品、提供劳务等主营业务的收入。“主营业务收入”账户属于收入类账户:(1)贷方登记企业实现的主营业务收入;(2)借方登记期末转入“本年利润”账户的主营业务收入;(3)期末结转后该账户无余额;(4)该账户应按主营业务的种类设置明细账户，进行明细分类核算。

2.“其他业务收入”账户

该账户用来核算企业确认的除主营业务活动以外的其他经营活动实现的收入，如销售材料、出租包装物、出租无形资产等实现的收入。“其他业务收入”账户属于收入类账户:(1)贷方登记企业实现的其他业务收入;(2)借方登记期末转入“本年利润”账户的其他业务收入;(3)期末结转后该账户无余额;(4)该账户可按其他业务的种类设置明细账，进行明细分类核算。

3.“应收账款”账户

该账户用来核算企业因销售商品、提供劳务等经营活动应收取的款项。“应收账款”属于资产类账户:(1)借方登记发生的应收账款，包括应收取的价款、税款和代垫款等;(2)贷方登记已收回的应收款项和已确认为坏账的应收账款;(3)期末余额在借方，反映企业尚未收回的应收账款，如果期末余额在贷方，反映企业预收的账款;(4)该账户应按照不同的债务人设置明细账户，进行明细分类核算。

4.“预收账款”账户

该账户用来核算企业按照合同规定向购货单位预收的款项。“预收账款”属于负债类账户:(1)贷方登记向购买单位预收的款项;(2)借方登记向购买方发货后，冲销的预收款项;(3)期末余额在贷方，反映企业预售的款项，如果余额在借方，反映企业尚未转销的款项；(4)该账户应按照购货单位名称设置明细账户，进行明细分类核算。

【任务实施】

【任务4—23】6月21日，企业向天津市宏达服饰有限公司开出增值税专用发票销售产品并发出产品，款项已收，原始单据见图4—10增值税专用发票、图4—11进账单、表4—18产品出库单。

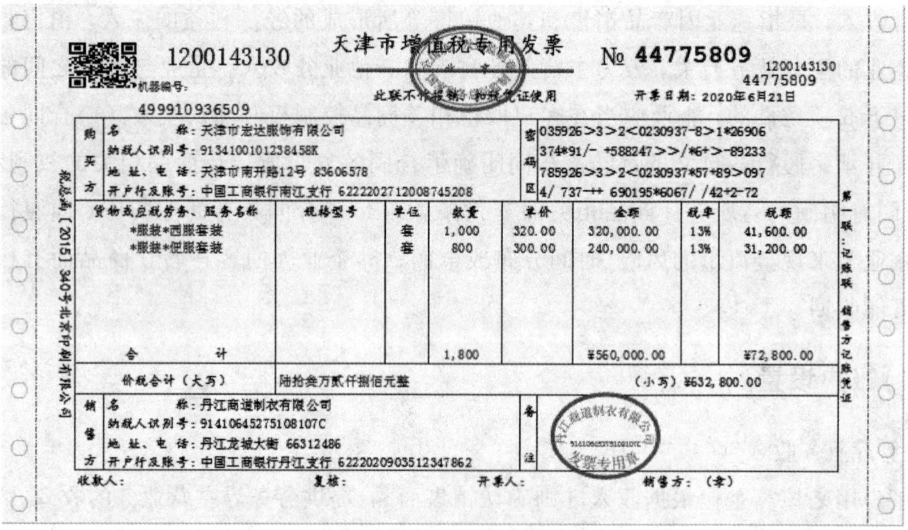

天津市增值税专用发票

1200143130　　№ 44775809　　1200143130　44775809

机器编号：499910936509　　此联不作报销、扣税凭证使用　　开票日期：2020年6月21日

购买方　名称：天津市宏达服饰有限公司
纳税人识别号：9134100101238458K
地址、电话：天津市南开路12号 83606578
开户行及账号：中国工商银行南江支行 6222202712008745208

密码区　035926>3>2<0230937-8>1*26906　374*91/- +588247>>/*6+>-89233　785926>3>2<0230937*57+89>097　4/ 737-++ 690195*6067/ /42+2-72

货物或应税劳务、服务名称	规格型号	单位	数量	单价	金额	税率	税额
*服装*西服套装		套	1,000	320.00	320,000.00	13%	41,600.00
*服装*便服套装		套	800	300.00	240,000.00	13%	31,200.00
合　计			1,800		¥560,000.00		¥72,800.00
价税合计（大写）	陆拾叁万贰仟捌佰元整				（小写）¥632,800.00		

销售方　名称：丹江商道制衣有限公司
纳税人识别号：91410645275108107C
地址、电话：丹江龙城大街 66312486
开户行及账号：中国工商银行丹江支行 6222020903512347862

备注

收款人：　　复核：　　开票人：　　销售方：（章）

税总函〔2015〕340号北京印制有限公司

第一联：记账联　销售方记账凭证

图4—10　增值税专用发票

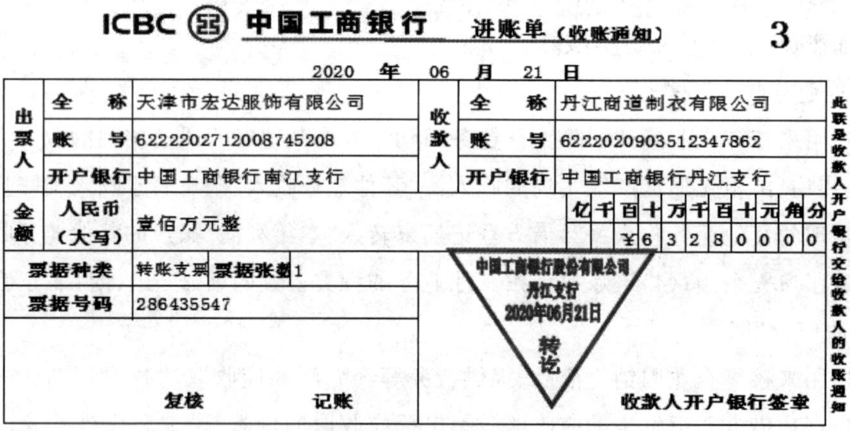

ICBC 中国工商银行　进账单（收账通知）　3

2020年06月21日

出票人	全称	天津市宏达服饰有限公司	收款人	全称	丹江商道制衣有限公司
	账号	6222202712008745208		账号	6222020903512347862
	开户银行	中国工商银行南江支行		开户银行	中国工商银行丹江支行
金额	人民币（大写）	壹佰万元整		亿千百十万千百十元角分	¥63280000
票据种类	转账支票	票据张数	1		
票据号码	286435547				
复核　记账				收款人开户银行签章	

中国工商银行股份有限公司 丹江支行 2020年06月21日 转讫

此联是收款人开户银行交给收款人的收账通知

图4—11　进账单

产品出库单

领用用途：销售　　2020年6月21日　　发料仓库：成品库

产品名称	规格型号	计量单位	出库数量	备注
西服套装		套	1 000	
便服套装		套	800	

续表

产品名称	规格型号	计量单位	出库数量	备注
合计			1 800	

仓库主管:李启生　　　　仓库保管员:赵海　　　　领料人:周全

表 4—18　产品出库单

借:银行存款　　　　632 800

　　贷:主营业务收入——西服套装　　　　320 000

　　　　　　　　　　——便服套装　　　　240 000

　　　　应交税费——应交增值税(销项税额)　　　　72 800

【任务 4—24】6 月 25 日，向北京市博朗服饰批发有限公司开出增值税专用发票销售商品并已发货，款项尚未收到。发票列示:西服套装 600 套，单价 320 元/套，金额 192 000 元，税额 24 960 元;便服套装 1 000 套，单价 300 元/套，金额 300 000 元，税额 39 000 元，价税合计款项 555 960 元。

借:应收账款——北京市博朗服饰批发有限公司　　　　555 960

　　贷:主营业务收入——西服套装　　　　192 000

　　　　　　　　　　——便服套装　　　　300 000

　　　　应交税费——应交增值税(销项税额)　　　　63 960

【任务 4—25】6 月 26 日，收到北京市博朗服饰批发有限公司所欠款项 555 960 元，存入银行。

借:银行存款　　　　555 960

　　贷:应收账款——北京市博朗服饰批发有限公司　　　　555 960

【任务 4—26】6 月 28 日，收到河南瑞聚服饰有限公司预付购货款 50 000 元，存入银行。

借:银行存款　　　　50 000

　　贷:预收账款——河南瑞聚服饰有限公司　　　　50 000

【任务 4—27】6 月 29 日，向河南瑞聚服饰有限公司开具增值税专用发票并发出产品，收到对方转来的剩余款项，原始凭证见图 4—12 增值税专用发票。

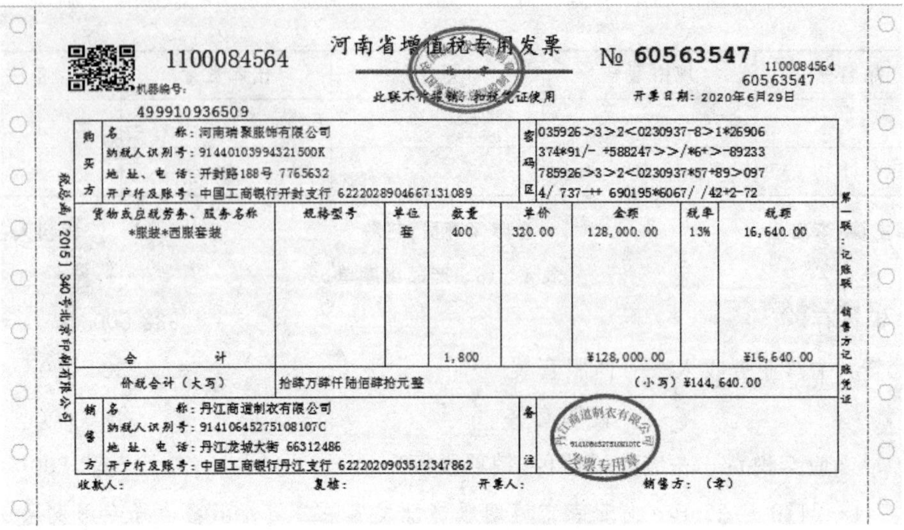

1100084564 河南省增值税专用发票 № 60563547 1100084564 60563547

机器编号：499910936509 此联不作报销、扣税凭证使用 开票日期：2020年6月29日

购买方	名称：河南瑞聚服饰有限公司 纳税人识别号：91440103994321500K 地址、电话：开封路188号 7765632 开户行及账号：中国工商银行开封支行 6222028904667131089			密码区	035926>3>2<0230937-8>1*26906 374*91/- +588247>>/*6+>-89233 785926>3>2<0230937*57+89>097 4/ 737-++ 690195*6067/ /42+2-72		
货物或应税劳务、服务名称	规格型号	单位	数量	单价	金额	税率	税额
*服装*西服套装		套	400	320.00	128,000.00	13%	16,640.00
合计			1,800		¥128,000.00		¥16,640.00
价税合计（大写）	拾肆万肆仟陆佰肆拾元整				（小写）¥144,640.00		
销售方	名称：丹江商道制衣有限公司 纳税人识别号：91410645275108107C 地址、电话：丹江龙城大街 66312486 开户行及账号：中国工商银行丹江支行 6222020903512347862			备注			

收款人： 复核： 开票人： 销售方：（章）

税总函〔2015〕340号北京印刷有限公司

第一联：记账联 销售方记账凭证

图 4－12 增值税专用发票

借：预收账款——河南瑞聚服饰有限公司　　50 000

　　银行存款　　94 640

　　贷：主营业务收入——西服套装　　128 000

　　　　应交税费——应交增值税(销项税额)　　16 640

【任务 4－28】6 月 30 日，企业出售原材料缝纫线一批，售价 2 800 元，增值税额为 364 元，款项收到并存入银行。

借：银行存款　　3 164

　　贷：其他业务收入——原材料销售　　2 800

　　　　应交税费——应交增值税(销项税额)　　364

二、销售成本的业务核算

(一)业务内容

企业在销售过程中，为取得销售收入必然要付出一定数量的商品或提供一定数量的劳务、服务等，因而企业在确认销售商品收入、提供劳务收入等时，需对已销售商品、已提供劳务的成本确认为销售成本。销售成本，是指已销售产品的生产成本或已提供劳务的劳务成本以及其他销售的业务成本，销售成本包括主营业务成本和其他业务成本。

主营业务成本，是指企业销售商品、提供劳务等经常性活动所发生的成本。企业一般在确认销售商品、提供服务等主营业务收入时，将已销售商品、已提供服务的成本转到主营业务成本，与主营业务收入配比。

其他业务成本，是指企业确认的除主营业务活动以外的其他日常经营活动所发生的支出，包括销售材料的成本、出租固定资产的折旧额、出租包装物的成本或摊销额等，与其他业务收入配比。企业在计算销售产品单位成本时，可采用个别计价法、先进先出法、加权平均法等方法确定，企业一经选择某种方法计算发出库存商品的成本，不得随意变更。

(二)账户设置

1.“主营业务成本”账户

该账户用来核算企业因销售商品、提供劳务等主营业务收入时应结转的主营业务成本。“主营业务成本”属于费用类账户：(1)借方登记主营业务发生的实际成本；(2)贷方登记期末从本账户结转到“本年利润”账户的金额；(3)期末结转后该账户无余额；(4)该账户可按产品或劳务的种类设置明细账，进行明细分类核算。

2.“其他业务成本”账户

该账户用来核算企业确认的除主营业务活动以外的其他经营活动所发生的支出。“其他业务成本”属于费用类账户：(1)借方登记企业发生的其他业务成本金额；(2)贷方登记期末转入“本年利润”账户的其他业务成本数额；(3)期末结转后该账户无余额；(4)本账户可按其他业务成本的种类设置明细账，进行明细核算。

【任务实施】

【任务 4—29】6 月 30 日，采用全月一次加权平均法计算丹江商道制衣有限公司本月已销产品的成本，原始凭证见表 4—19 销售成本计算表。

销售成本计算表

2020 年 6 月 21 日

产品名称	期初		本期增加		单位成本	销售数量	期末库存数量	库存成本	销售成本
	数量	金额	数量	金额					
西服套装	610	93 330	1500	225 460	151.09	2 000	110	16 619.38	302 170.62
便服套装	520	74 880	1300	187 340	144.08	1 800	20	2 881.54	259 338.46
合计				412 800				19 500.92	561 509.08

会计主管：刘景顺　　　　制单：张楠　　　　复核：王佳

表 4—19 销售成本计算表

借：主营业务成本——西服套装　　302 170.62
　　　　　　　　——便服套装　　259 338.46
　贷：库存商品——西服套装　　302 170.62
　　　　　　　——便服套装　　259 338.46

【任务 4—30】承接【任务 4—28】结转出售材料的实际成本 2 720 元。

借：其他业务成本　　2 720
　贷：原材料——缝纫线　　2 720

三、期间费用的业务核算

(一)业务内容

期间费用是指企业日常活动中不能直接归属于某个特定产品成本的费用，是企业为组织和管理整个经营活动所发生的费用，与可以确定特定成本核算对象的材料采购、产成品生产没有直接关系，因而在发生的当期直接计入当期损益，包括管理费用、销售费用和财务费用。

销售费用是指企业在销售商品和材料、提供劳务的过程中发生的各项费用，包括企业在销售过程中发生的保险费、包装费、展览费和广告费、商品维修费、预计产品质量保证损失、运输费以及为销售本企业商品而专设的销售机构(含销售网点、售后服务网点等)的职工薪酬、折旧费等经营费用。

管理费用是指企业为组织和管理生产经营活动而发生的各项费用，包括企业在筹建期间内发生的开办费、董事会和行政管理部门在企业的经营管理中发生的以及应由企业统一负担的公司经费(包括行政管理部门职工薪酬、物料消耗、低值易耗品摊销、办公费和差旅费等)、行政管理部门负担的工会经费、董事会费、聘请中介机构费、咨询费、诉讼费、业务招待费等。企业生产车间和行政管理部门发生的固定资产修理费也作为管理费用核算。

财务费用是指企业为筹集生产经营资金而发生的费用，包括利息支出(减利息收入)、汇兑损益以及相关的手续费、企业发生的现金折扣等。

(二)账户设置

1.“销售费用”账户

该账户用来核算企业发生的各项销售费用。“销售费用”属于费用类账户:(1)借方登记发生的上述各项销售费用;(2)贷方登记期末从本账户转入“本年利润”账户的本期销售费用;(3)期末结转后本账户无余额;(4)该账户可按费用项目设置明细账，进行明细分类核算。

2.“管理费用”账户

该账户用来核算企业为组织和管理生产经营活动所发生的各项费用。“管理费用”属于费用类账户:(1)借方登记发生的上述各项管理费用;(2)贷方登记期末从本账户转入“本年利润”账户的本期管理费用;(3)期末结转后本账户无余额;(4)该账户可按费用项目设置明细账，进行明细分类核算。

3.“财务费用”账户

该账户用来核算企业为筹集生产经营资金而发生的相关费用，包括利息支出(减利息收入)、汇兑损益以及相关的手续费、现金折扣等。“财务费用”属于费用类账户:(1)借方登记增加数，如利息费用、手续费等财务费用增加数;(2)贷方登记应冲减财务费用的利息收入以及期末结转到“本年利润”账户的余额数;(3)期末结转后该账户无余额;(4)该账户可按照费用项目设置明细账，进行明细分类核算。

【任务实施】

【任务 4—31】6 月 10 日，公司为推广产品销售，支付广告费 50 000 元，增值税税率 6%，进项税额 3 000 元，原始凭证见图 4—13 增值税专用发票。

1100084564　河南省增值税专用发票　№ 60564873

发票联　开票日期：2020年6月10日

购买方	名　　称：丹江商道制衣有限公司 纳税人识别号：91410645275108107C 地 址、电 话：丹江龙城大街 66312486 开户行及账号：中国工商银行丹江支行 6222020903512347862			密码区	035926>3>2<0230937-8>1*26906 374*91/- +588247>>/*6+>-89233 785926>3>2<0230937*57+89>097 4/ 737-++ 690195*6067/ /42+2-72		
货物或应税劳务、服务名称	规格型号	单位	数量	单价	金额	税率	税额
*广告服务*广告			1	50,000.00	50,000.00	6%	3,000.00
合　　计					¥50,000.00		¥3,000.00
价税合计（大写）	伍万叁仟元整				（小写）¥53,000.00		
销售方	名　　称：丹江传媒有限公司 纳税人识别号：212035613234234 地 址、电 话：丹江市东山路62号 61458436 开户行及账号：中国工商银行东山支行 6222020807548216079			备注			

收款人：　复核：　开票人：　销售方：（章）

税总函〔2015〕340号北京印刷有限公司

第三联：发票联　购买方记账凭证

丹江传媒有限公司 21203561323 发票专用章

图 4—13　增值税专用发票

借：销售费用——广告费　　50 000

　　应交税费——应交增值税（进项税额）　　3 000

　　贷：银行存款　　53 000

【任务 4—32】6 月 30 日，计提并支付本月的短期借款财务费用。

借：财务费用　　900

　　贷：应付利息　　900

借：应付利息　　900

　　贷：银行存款　　900

四、税金及附加的业务核算

(一)业务内容

企业在发生销售产品或提供劳务等主营业务或其他业务时，除需按国家税法规定缴纳的增值税外，还需按规定计算确定应缴纳的消费税、资源税、城市维护建设税和教育费附加、房产税、城镇土地使用税、车船税、印花税等，这些项目在“税金及附加”账户核算。

(二)账户设置

1.“税金及附加”账户

该账户用来核算企业经营活动中发生的消费税、资源税、城市维护建设税和教育费附加等。“税金及附加”属于费用类账户：(1)借方登记按规定税费率计算确定的应交的各种税费金额；(2)贷方登记期末从本账户转入“本年利润”账户的税金金额；(3)期末结转后该账户无余额；(4)该账户可按税费种类设置明细账，进行明细分类核算。

【任务实施】

【任务4—33】6月30日，按税法规定计提本月应交城建税8 334.02元，教育费附加3 571.72元。

借：税金及附加　　11 905.74

　　贷：应交税费——应交城市维护建设税　　8 334.02

　　　　　　　　——应交教育费附加　　3 571.72

【任务实操】

请登录理实互动实训教学平台，完成本小节理实练习。

任务五　利润形成与分配业务核算

【任务引例】

【任务 4—34】6 月 30 日，用转账支票向丹江慈爱敬老院捐款 60 000 元。

【任务 4—35】6 月 30 日，收到职工张楠(财务部)违反操作规定的现金罚款 300 元。

【任务 4—36】6 月 30 日，采用账结法结转利润，将本期各损益类账户余额结转到“本年利润”账户，原始单据见表 4—20 损益结转表。

【任务 4—37】丹江商道制衣有限公司按季度预缴企业所得税，公司 4—5 月实现累计利润 1 362 470.82 元，计算并结转本季度所得税费用。

【任务 4—38】年末，结转丹江商道制衣有限公司获取的年度净利润 5 142 000 元。

【任务 4—39】年末，从年度净利润中按 10%提取法定盈余公积金。

【任务 4—40】年末，向投资者分配现金股利 400 000 元。

【任务 4—41】年末，将“利润分配”其他明细账户的余额结转到“利润分配——未分配利润”账户。

【任务准备】

一、利润形成的业务核算

(一)利润的形成

利润是指企业在一定期间的经营成果，包括收入减去费用后的净额、直接计入当期利润的利得和损失等。其中利得是指由企业非日常活动所形成的、会导致所有者权益增加的、与所有者投入资本无关的经济利益的流入。损失是指由企业非日常活动所发生的、会导致所有者权益减少的、与向所有者分配利润无关的经济利益的流出。利润由营业利润、利润总额和净利润三个层次构成。

营业利润是指企业通过组织日常业务活动获得的利润，其包含的项目和计算公式如下：

营业利润＝营业收入－营业成本－税金及附加－销售费用－管理费用－研发费用－财务费用＋其他收益＋投资收益(－损失)＋公允价值变动收益(－公允价值变动损失)－信用减值损失－资产减值损失＋资产处置收益(－资产处置损失)

其中：

营业收入＝主营业务收入＋其他业务收入

营业成本＝主营业务成本＋其他业务成本

利润总额是指企业一定会计期间全部经营活动(包括日常经营活动和非日常经营活动)获得的利润，也称“税前利润”。利润总额包含的项目和计算公式如下：

利润总额＝营业利润＋营业外收入－营业外支出

其中：

营业外收入：是指企业发生的与日常生产经营活动无直接关系的各项利得，包括流动资产毁损报废收益、盘盈利得、捐赠利得、与企业日常活动无关的政府补助等。

营业外支出：是指企业发生的与日常生产经营活动无直接关系的各项损失，包括非流动资产毁损报废损失、捐赠支出、盘亏损失、非常损失、罚款支出等。

净利润的计算是指在企业利润总额中扣除所得税后的净额，一般也称“税后利润”。其计算公式如下：

净利润＝利润总额－所得税费用

(二)账户设置

1.“本年利润”账户

该账户用来核算监督企业当期实现的净利润或发生的净亏损。企业期末结转利润时，应将各损益类账户的金额转入本账户，结平所有损益类账户。“本年利润”属于所有者权益类账户：(1)贷方登记期末转入的“主营业务收入”“其他业务收入”“营业外收入”“投资收益”等账户的金额；(2)借方登记期末转入的“主营业务成本”“其他业务成本”“税金及附加”“管理费用”“财务费用”“销售费用”“营业外支出”“所得税费用”等账户的金额；(3)上述两项内容结转后，如为贷方余额，表示当年实现的净利润；如为借方余额，表示当年发生的净亏损。年度终了，应将“本年利润”账户的本年累计余额转入“利润分配——未分配利润”账户贷方(或借方)。结转后，“本年利润”账户无余额。

2.“营业外收入”账户

该账户用来核算企业发生的各种营业外收入。“营业外收入”属于收入类账户：(1)贷方登记企业取得的各项营业外收入；(2)借方登记期末结转到“本年利润”账户的数额；(3)期末结转后本账户无余额；(4)该账户可按收入项目设置明细账户，进行明细分类核算。

3.“营业外支出”账户

该账户用来核算企业发生的各种营业外支出。“营业外支出”属于费用类账户：(1)借方登记企业发生的各项营业外支出数额；(2)贷方登记期末结转到“本年利润”账户的数额；(3)期末结转后本账户无余额；(4)该账户可按支出项目的种类设置明细账户，进行明细分类核算。

4.“所得税费用”账户

该账户用来核算企业确认的应从当期利润总额中扣除的所得税费用。“所得税费用”属于费用类账户：(1)借方登记企业计算的当期所得税费用；(2)贷方登记期末转入“本年利润”账户的所得税数额；(3)期末结转后本账户无余额。

(三)利润结转的方法

企业期末利润结转是将各损益类账户的发生额进行结转，以确定企业的经营成果。期末利润结转有账结法和表结法两种方法。

1.账结法。

账结法下，企业每月均需编制凭证，将全部损益类账户的余额转入“本年利润”账户，结转后“本年利润”账户的本月余额反映当月实现的利润或发生的亏损，“本年利润”账户的本年余额反映本年累计实现的利润或发生的亏损。采用账结法，账面上能够直接反映各月末累计实现的净利润和累计发生的净亏损，但每月结转本年利润的工作量较大。

2.表结法。

表结法下，各损益类账户每月末只需结计出本月发生额和月末累计余额，不需结转到“本年利润”账户，只有在年末时才将所有损益类账户的全年累计余额转入“本年利润”账户。但每月末需要将损益类账户的本月发生额合计数填入利润表的本月数栏，同时将本月末累计余额填入利润表的本年累计数栏，通过利润表计算反映各期的利润或亏损。采用表结法，减少了年中损益类账户转账工作量，同时不影响利润表的编制。

(四)所得税费用计算

所得税费用是企业为取得会计税前利润应缴纳的所得税，企业的所得税费用包括当期所得税和递延所得税两个部分，本书中我们只介绍前一部分。当期所得税是企业当期应交所得税，是企业按照企业所得税法规定计算确定的针对当期发生的交易和事项，应缴纳给税务部门的所得税金额，其计算公式如下：

应交所得税＝应纳税所得额×所得税税率

应纳税所得额＝会计利润＋纳税调整增加额－纳税调整减少额

需要注意的是:会计利润和应纳税所得额是按照会计原则和税法原则分别计算的，由于会计和税法各自的目的不同，所以在企业发生纳税调整事项时，会计利润需加(减)纳税调整项目才可计算得出应纳税所得额，进而计算出应交所得税。在本书中，假设企业的经济业务中无纳税调整事项，则可用会计利润直接乘以所得税税率计算应交所得税额，进而确定所得税费用。

【任务实施】

【任务4—34】6月30日，用转账支票向丹江慈爱敬老院捐款60 000元。

借：营业外支出　　　　60 000

　　贷：银行存款　　　　60 000

【任务4—35】6月30日，收到职工张楠(财务部)违反操作规定的现金罚款300元。

借：库存现金　　　　300

　　贷：营业外收入　　　　300

【任务4—36】6月30日，丹江商道制衣有限公司采用账结法结转利润，将本期各损益类账户余额结转到“本年利润”账户，原始单据见表4—20损益结转表。

损益结转表

2020 年 6 月 30 日

账户名称	借方余额	贷方余额
主营业务收入		1 180 000
其他业务收入		2 800
营业外收入		300
主营业务成本	561 509.08	
其他业务成本	2 720	
税金及附加	11 905.74	
销售费用	135 155.50	
管理费用	95 380.50	
财务费用	900	
1 营业外支出	60 000	
合计	867 570.82	1 183 100

表 4—20　损益结转表

借：主营业务收入　　　　1 180 000
　　其他业务收入　　　　　　2 800
　　营业外收入　　　　　　　　300
　　贷：本年利润　　　　　　　　　1 183 100

借：本年利润　　　　　　867 570.82
　　贷：主营业务成本　　　　　561 509.08
　　　　其他业务成本　　　　　　　2 720
　　　　税金及附加　　　　　　　11 905.74
　　　　销售费用　　　　　　　　135 155.50
　　　　管理费用　　　　　　　　　95 380.50
　　　　财务费用　　　　　　　　　　　900
　　　　营业外支出　　　　　　　　　60 000

【任务 4—37】丹江商道制衣有限公司按季度预缴企业所得税，公司 4—5 月实现累计利润 1 362 470.82 元，计算并结转本季度所得税费用。

借：所得税费用　　　　　　419 500
　　贷：应交税费——应交所得税　　419 500

借：本年利润　　　　　　　419 500
　　贷：所得税费用　　　　　　　419 500

【任务 4—38】年末，结转丹江商道制衣有限公司获取的年度净利润 5 142 000 元。

借：本年利润　　　　　　　　　5 142 000

　　贷：利润分配——未分配利润　　　　5 142 000

二、利润分配的业务核算

（一）利润分配内容及程序

利润分配是企业根据国家有关规定和企业章程、投资者协议等，对企业当年可供分配的利润所进行的分配。按照我国有关规定，利润的分配顺序如下：

1.弥补亏损

企业本年实现的净利润，加上年初未分配利润（或减去年初未弥补亏损）以及其他转入的金额（如盈余公积弥补亏损）等，为可供分配的利润。

2.提取法定盈余公积金

根据公司法的规定，企业应按照当年净利润（抵减年初累计亏损后）的10%提取法定盈余公积。当企业法定盈余公积累计额达到企业注册资本的50%时，可不再提取。

3.提取任意盈余公积金

公司提取法定盈余公积后，经股东会或股东大会决议，还可以从净利润中提取任意盈余公积。

4.向投资者分配利润（或股利）

企业可供分配的利润扣除提取的盈余公积后，形成可供投资者分配的利润，可在各投资者之间按照投资比例进行分配。

5.未分配利润

未分配利润是指可供投资者分配的利润在扣除实际向投资者分配的利润后，留待以后年度进行分配的部分。

（二）账户设置

1.“利润分配”账户

该账户用来核算企业利润的分配（或亏损的弥补）和历年分配（或弥补）后的余额。“利润分配”属于所有者权益类账户：(1)借方登记实际分配的利润额，包括提取盈余公积、向投资者分配利润、年末由“本年利润”账户转入的本年累计亏损额等；(2)贷方登记盈余公积弥补亏损额、年末从“本年利润”账户转入的本年累计净利润额等；(3)该账户按利润分配项目，一般需设置“提取法定盈余公积”“提取任意盈余公积”“应付现金股利或利润”“未分配利润”等明细分类账户，进行明细分类核算；(4)年末，将“利润分配”账户下的其他明细账户的余额转入“未分配利润”明细账户，结转后，除“未分配利润”明细账户有余额外，其他各个明细账户均无余额。

“利润分配——提取法定盈余公积”账户。该账户核算企业在年末以法定盈余公积的形式进行的法定盈余公积提取及结转。

“利润分配——提取任意盈余公积”账户。该账户核算企业在年末以任意盈余公积的形式进行的任意盈余公积提取及结转。

“利润分配——应付现金股利或利润”账户。该账户核算企业在年末以向投资者分红的形式进行的应付现金股利或利润提取及结转。

“利润分配——未分配利润”账户。该账户核算企业本年度的未分配利润(或未弥补亏损)及历年积存的未分配利润(或未弥补亏损)。

2.“盈余公积”账户

该账户用来核算企业从净利润中提取的盈余公积及其使用情况。“盈余公积”属于所有者权益类账户:(1)贷方登记从净利润中提取的盈余公积数额;(2)借方登记盈余公积的减少数额，如弥补亏损、转增资本等;(3)期末余额在贷方，反映企业按规定提取的盈余公积余额;(4)该账户应按“法定盈余公积”“任意盈余公积”设置明细账户，进行明细分类核算。

3.“应付股利”账户

该账户用来核算企业分配的现金股利或利润。“应付股利”属于负债类账户:(1)贷方登记应付给投资者的现金股利或利润;(2)借方登记实际支付给投资者的股利或利润;(3)期末余额在贷方，表示尚未支付的现金股利或利润;(4)该账户可按投资者设置明细账户，进行明细分类核算。

【任务实施】

【任务4—39】年末，从年度净利润中按10%提取法定盈余公积。

借：利润分配——提取法定盈余公积　　514 200

　　贷：盈余公积——提取法定盈余公积　　514 200

【任务4—40】年末，向投资者分配现金股利400 000元。

借：利润分配——应付现金股利　　400 000

　　贷：应付股利　　400 000

借：应付股利　　400 000

　　贷：银行存款　　400 000

【任务4—41】年末，将“利润分配”其他明细账户的余额结转到“利润分配——未分配利润”账户。

借：利润分配——未分配利润　　914 200

　　贷：利润分配——提取法定盈余公积　　514 200

　　　　　　　——应付现金股利或利润　　400 000

【任务实操】

请登录理实互动实训教学平台，完成本小节理实练习。

项目五 5
填制与审核会计凭证

【知识目标】

(1)理解会计凭证的含义、分类及作用；

(2)熟悉原始凭证的构成要素与分类，掌握原始凭证的填制与审核要求；

(3)熟悉记账凭证的构成要素与分类，掌握记账凭证的填制与审核要求；

(4)熟悉会计凭证的管理方法及要求。

【能力目标】

(1)能够根据企业经济业务活动正确选择会计凭证；

(2)能够区别原始凭证种类，并能根据原始凭证构成要素正确填制和审核原始凭证；

(3)能够区别记账凭证种类，并能根据记账凭证构成要素正确填制和审核记账凭证；

(4)能够正确传递、保管会计凭证。

【素质目标】

(1)具备职业技能和职业道德素养，真实客观反映企业经济活动；

(2)树立做好细节小事的意识，培养严谨细致的工作态度。

【思维导图】

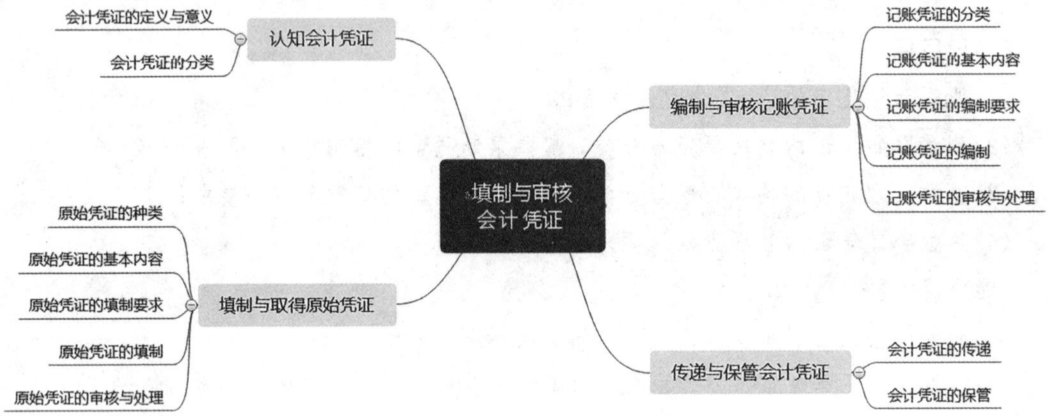
填制与审核会计凭证
认知会计凭证
会计凭证的定义与意义
会计凭证的分类
填制与取得原始凭证
原始凭证的种类
原始凭证的基本内容
原始凭证的填制要求
原始凭证的填制
原始凭证的审核与处理
编制与审核记账凭证
记账凭证的分类
记账凭证的基本内容
记账凭证的编制要求
记账凭证的编制
记账凭证的审核与处理
传递与保管会计凭证
会计凭证的传递
会计凭证的保管

工作情境

随着时间的推移，你已经逐渐掌握了制造业企业的典型业务活动，并能根据经济业务进行账务处理。但是账务处理过程中的这些内容你知道吗？例如，收到的原始单据是否能够马上入账，需要检查什么？当收到错误的原始单据时，该怎么处理？如果填制凭证时，同时出现现金和银行存款，使用付款凭证还是收款凭证？这些凭证若干年后是否可以销毁，有什么制度要求吗？

通过学习本项目的内容，能够进一步解答你的疑惑。

任务一　认知会计凭证

一、会计凭证的含义与意义

通过前面各章节的学习，我们已经知道如何利用复式记账法对企业发生的、能够用货币表现的经济活动进行账务处理，但是我们进行账务处理的依据是什么？怎么知道它已经发生？其凭据或载体是什么？这些账务处理的核算结果应该记录在哪里？我们将这些凭据或者记录载体统称为会计凭证。

会计凭证是记录经济业务发生或者完成情况的书面证明，是登记账簿的依据。每个企业都必须按一定的程序填制和审核会计凭证，所有的会计凭证，都要经过经济业务的责任部门和会计部门严格审核，只有审核无误的会计凭证才能作为登记账簿的依据，从而确保如实反映企业的经济业务。

会计凭证是会计核算工作的起点和基础，填制和审核会计凭证是会计的一项基本工作，也是会计核算的专门方法之一。对于完成会计工作任务，充分发挥会计的核算和监督职能起着非常重要的作用。通过会计凭证的填制和审核，可以提供及时、客观的经济信息；可以明确经济责任，强化经济管理责任制；可以发挥会计的监督职能，确保各项经济业务的合理性、合法性。

二、会计凭证的分类

会计凭证最基本的分类是按照填制程序和用途不同，分为原始凭证和记账凭证。

原始凭证，是在经济业务发生或完成时，由业务经办人员直接取得或填制的，用以记录或证明经济业务的发生或完成情况的原始单据。常用的原始凭证有增值税专用(或普通)发票、差旅费报销单、产品入库单、领料单、支票、火车票等。原始凭证是进行会计核算的原始资料，是编制记账凭证的依据。

记账凭证，是会计人员根据审核无误的原始凭证，按照经济业务内容加以归类，运用复式记账原理确定会计分录后填制的会计凭证，是作为登记账簿的直接依据。原始凭证和会计凭证虽然存在密切联系，但是二者在格式、填制、审核等方面又各有特点，分工明确，因此我们需要对它们分别学习。

任务二 取得与填制原始凭证

【任务引例】

【任务5—1】6月25日，丹江商道制衣有限公司(信息请到上一章节寻找)向北京市博朗服饰批发有限公司(纳税人识别号:91321006395720310E;地址:北京市中山路58号;电话:96541668;开户银行:中国工商银行中山支行;账号:6222020903112176068)销售西服套装600套，单价320元/套，税率13%;便服套装1 000套，单价300元/套，税率13%，开具增值税专用发票。

【任务5—2】6月30日，若丹江商道制衣有限公司需要从银行提取现金2 000元备用，请根据业务填写现金支票。

【任务准备】

一、原始凭证的种类

原始凭证种类繁多，形式多样，可根据不同的分类标准将其加以分类。

(一)按取得来源分类

原始凭证按取得的来源不同分类，主要是从会计主体角度进行的一种分类，可分为外来原始凭证和自制原始凭证。

1.外来原始凭证。是指在发生会计交易时，从其他单位或个人直接取得的原始凭证。如丹江商道制衣有限公司2020年购买原材料取得的增值税专用发票(见图5—1)、结算款项的银行收付款通知单、职工出差报销的火车票等均为外来原始凭证。

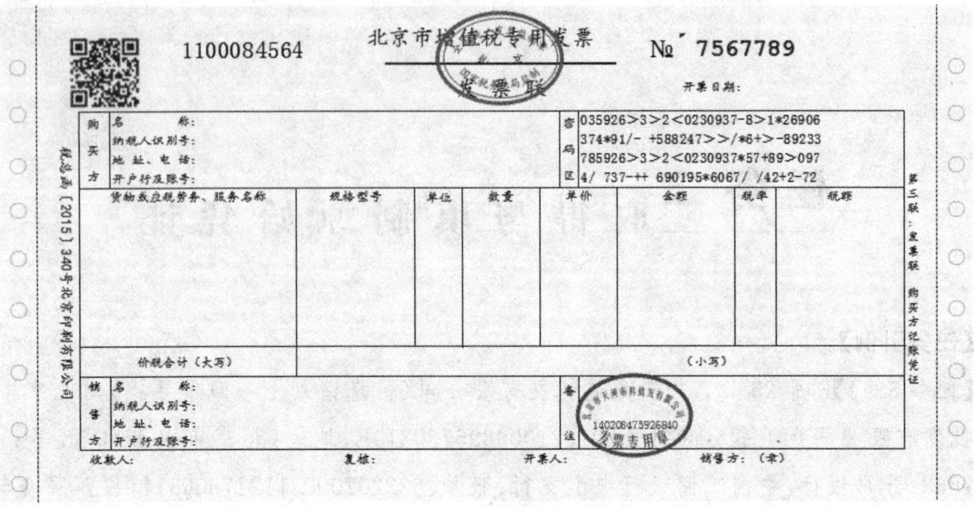
1100084564 北京市增值税专用发票 No 7567789
发票联
开票日期：
购买方 名称： 纳税人识别号： 地址、电话： 开户行及账号：
密码区 035926>3>2<0230937-8>1*26906 374*91/- +588247>>/*6+>-89233 785926>3>2<0230937*57+89>097 4/ 737-++ 690195*6067/ /42+2-72
货物或应税劳务、服务名称 规格型号 单位 数量 单价 金额 税率 税额
价税合计（大写） （小写）
销售方 名称： 纳税人识别号： 地址、电话： 开户行及账号：
备注 140208475926840 发票专用章
收款人： 复核： 开票人： 销售方：（章）
税总函〔2015〕340号北京印刷有限公司
第三联：发票联 购买方记账凭证

图 5—1 增值税专用发票

2.自制原始凭证。是由本单位业务经办部门和人员，在执行或完成某项经济业务时所填制的、仅供本单位内部使用的原始凭证。如丹江商道制衣有限公司在 2020 年产品生产时领用原材料的领料单(见表 5—1)、产品完工填写的产品入库单、固定资产的折旧计算表、本单位职工临时借款填写的借款单、出差人员报销时填制的差旅费报销单(见表 5—2)等均为自制原始凭证。

领料单

领料部门： 编号：

用途： 年 月 日 仓库：

材料	数量		金额		计量单位：米
	请领	实发	单位成本	成本总额	备注
印染布					
合计					

会计联

仓库保管员： 领料人：

表 5—1 领料单

差旅费报销单

报销人： 出差事由： 年 月 日

起止日期	起止地点	汽车费	过车费	飞机费	补助	住宿费	合计	单据
合计报销金额(大写)								

财务主管： 部门负责人： 审核人：

表 5—2 差旅费报销单

(二)按格式分类

原始凭证按照格式不同分类，主要是从适用范围和使用单位角度进行的一种分类，可分为通用凭证和专用凭证。

通用凭证是指由有关部门统一印制、在一定范围内使用的具有统一格式和使用方法的原始凭证。通用凭证的使用范围可以是某一地区、某一行业，如某省(市)印制的在该省(市)通用的发票(见前述增值税专用发票)、收据等;也可以全国通用，如由中国人民银行制作的在全国通用的银行转账结算凭证、车票等。

专用凭证是指由单位自行印制、仅在本单位内部使用的原始凭证。如领料单、差旅费报销单、折旧计算表、工资费用分配表等。

(三)按填制手续和内容分类

原始凭证按填制手续和内容分类，主要是从填制次数、有效程度和凭证内容包含多少的角度进行分类，可分为一次凭证、累计凭证和汇总凭证。

一次凭证是指一次填制完成，只记录一项或同时记录若干项同类性质的经济业务，且仅一次有效的原始凭证。所有的外来原始凭证和大部分自制原始凭证都属于一次凭证，如购货发票、银行结算凭证、收据、借款单等。

累计凭证是指在一定时期内，多次记录发生的同类经济业务，且多次有效的原始凭证。其特点是在一张凭证内可以连续记录相同性质的经济业务，随时结出累计数及结余数，并按照费用限额进行费用控制，期末按实际发生额记账，如限额领料单(见表5—3)，其在有效期内(一般不超过1个月)，只要领用数量不超过限额就可以连续使用。

限额领料单

领料部门：　　　　领料日期：

用途：　　　　发料仓库：

<table>
<tr><td>材料类别</td><td>材料编号</td><td>材料名称及规格</td><td>计量单位</td><td>领用限额</td><td>实际领用</td><td colspan="2">单价</td><td>金额</td><td>备注</td></tr>
<tr><td></td><td></td><td></td><td></td><td></td><td></td><td colspan="2"></td><td></td><td></td></tr>
<tr><td colspan="10">供应部门负责人：　　　　生产计划部门负责人：</td></tr>
<tr><td rowspan="2">日期</td><td colspan="2">数量</td><td rowspan="2">领料人签字</td><td rowspan="2">发料人签字</td><td rowspan="2">扣除代用数量</td><td colspan="3">退料</td><td rowspan="2">限额结余</td></tr>
<tr><td>请领</td><td>实发</td><td>数量</td><td>收料人</td><td>发料人</td></tr>
<tr><td></td><td></td><td></td><td></td><td></td><td></td><td></td><td></td><td></td><td></td></tr>
<tr><td></td><td></td><td></td><td></td><td></td><td></td><td></td><td></td><td></td><td></td></tr>
<tr><td></td><td></td><td></td><td></td><td></td><td></td><td></td><td></td><td></td><td></td></tr>
</table>

领料部门负责人：　　　　领料人：　　　　发料人：　　　　仓库负责人：

表5—3　限额领料单

汇总凭证是指将一定时期内，对若干记录同类性质经济业务的原始凭证，按照一定标准汇总填制的原始凭证。其特点是合并了同类型经济业务，简化了凭证编制和记账工作量，如发料凭证汇总表(见表5—4)、差旅费报销单等。其中发料凭证汇总表是企业根据一个月内所有的领料单，按照材料的用途加以归类、汇总而成的。

发料凭证汇总表

附件:7

2020年6月30日

单位:元

<table>
<tr><th colspan="2" rowspan="3">用途</th><th colspan="4">直接材料项目</th><th rowspan="3">缝纫机油</th><th rowspan="3">备件</th><th rowspan="3">合计</th></tr>
<tr><th colspan="3">直接计入</th><th rowspan="2">间接计入</th></tr>
<tr><th>印染布</th><th>亚麻布</th><th>小计</th></tr>
<tr><td rowspan="2">产品生产</td><td>西装套装</td><td>68 000</td><td></td><td>68 000</td><td>68 250</td><td></td><td></td><td>136 250</td></tr>
<tr><td>便服套装</td><td></td><td>55 200</td><td>55 200</td><td>59 150</td><td></td><td></td><td>114 350</td></tr>
<tr><td colspan="2">车间一般耗用</td><td></td><td></td><td></td><td></td><td>750</td><td></td><td>750</td></tr>
<tr><td colspan="2">行政管理部门耗用</td><td></td><td></td><td></td><td></td><td></td><td>3 600</td><td>3 600</td></tr>
<tr><td colspan="2">合计</td><td>68 000</td><td>55 200</td><td>123 200</td><td>127 400</td><td>750</td><td>3 600</td><td>254 950</td></tr>
</table>

会计主管:刘景顺　　　　制单:张楠　　　　复核:王佳

表5—4　发料凭证汇总表

二、原始凭证的内容和填制要求

(一)原始凭证的内容

在会计核算工作中，由于各项经济业务的内容和经济管理的要求不同，原始凭证在名称、格式和内容上也是多种多样的。但是原始凭证作为经济业务的原始证据，必须详细载明有关经济业务的发生或完成情况，明确有关经办单位和人员的经济责任。因此各种原始凭证都应具备一些共同的基本要素，主要有:(1)凭证的名称;(2)填制凭证的日期;(3)填制凭证单位名称或者填制人姓名;(4)经办人员的签名或盖章;(5)接受凭证的单位名称;(6)经济业务内容、数量、单价和金额。

原始凭证除应当具备上述基本要素外，还应当符合下列要求:

1.从外单位取得的原始凭证，必须盖有填制单位的公章;从个人取得的原始凭证，必须有填制人员的签名或者盖章。自制原始凭证必须有经办单位领导人或者其指定的人员签名或者盖章。对外开出的原始凭证，必须加盖本单位公章。

2.凡填有大写和小写金额的原始凭证，大写与小写金额必须相符。购买实物的原始凭证，必须有验收证明，实物验收工作由经管实物的人员负责办理，经过查证核实后，会计人员才能进行记账处理工作。支付款项的原始凭证，必须有收款单位和收款人的收款证明。

3.发生销货退回的，除填制退货发票外，还必须有退货验收证明；退款时，必须取得对方的收款收据或者汇款银行的凭证，不得以退货发票代替收据。

4.一式几联的原始凭证，应当注明各联的用途，只能以一联作为报销凭证。一式几联的发票和收据，必须用双面复写纸（发票和收据本身具备复写纸功能的除外）套写，并连续编号。作废时应当加盖“作废”戳记，连同存根一起保存，不得撕毁。

5.职工公出借款凭据，必须附在记账凭证之后。收回借款时，应当另开收据或者退还借据副本，不得退还原借款收据。

6.经上级有关部门批准的经济业务，应当将批准文件作为原始凭证附件。如果批准文件需要单独归档的，应当在凭证上注明批准机关名称、日期和文件字号。

需要注意的是，一张原始凭证所列支出需要几个单位共同负担的，应当将其他单位负担的部分，开给对方原始凭证分割单，进行结算。原始凭证分割单也必须具备原始凭证的基本内容：凭证名称、填制凭证日期、填制凭证单位名称或者填制人姓名、经办人的签名或者盖章、接受凭证单位名称、经济业务内容、数量、单价、金额和费用分摊情况等。

（二）原始凭证的填制要求

原始凭证是会计核算的原始依据，是会计信息正确、真实的基础。只有经过审核无误的原始凭证才能登记入账，因此作为财务人员需要掌握原始凭证的内容和填制方法。为了保证原始凭证能够正确、及时、完整地反映各项经济业务的实际情况，原始凭证的填制必须遵循一定要求：

1.记录真实。填制在凭证上的内容如日期、内容、数量、金额等，必须与经济业务的实际情况一致，确保内容真实可靠，不得弄虚作假，不得变造、篡改原始凭证的内容。

2.内容完整。原始凭证所要求填列的项目必须逐项填写，不得遗漏或省略；原始凭证的年、月、日要按照填制原始凭证的实际日期填写；名称要齐全，不能简化；品名或用途要填写明确；有关单位和人员签章必须齐全。

3.手续完备。取得的原始凭证必须符合手续完备的要求，以明确经济责任，确保原始凭证的合法性和真实性。具体体现为：自制原始凭证必须有经办单位相关负责人的签名或盖章；从外部取得的原始凭证，除某些特殊的外来凭证如火车票、汽车票外，必须盖有填制单位的公章或财务专用章；从个人取得的原始凭证，必须有填制人员的签名或盖章；对外开出的原始凭证，必须加盖本单位公章或财务专用章或发票专用章等。

4.书写清楚、规范。原始凭证要按规定填写，文字简明、字迹清楚，易于辨认。不得使用未经国务院公布的简化汉字。大小写金额必须符合填写规范，凡填有大写和小写金额的原始凭证，大写与小写金额必须相符。

小写金额应当用阿拉伯数字逐个书写，不得连笔写。单位对外开具的原始凭证和外来的原始凭证，阿拉伯金额数字前应当书写币种符号，如人民币“￥”、美元“US”，币种符号与阿拉伯数字之间不得留有空白。金额数字一律填写到角分，无角无分的，角位和分位可写“00”或者画“—”；有角无分的，分位应当写“0”，不能用“—”代替。

大写金额用汉字大写书写，如零、壹、贰、叁、肆、伍、陆、柒、捌、玖、拾、佰、仟、万、亿、元、角、分、零、整等，一律用正楷或者行书体书写，不得用零、一、二、三、四、五、六、七、八、九、十等简化字代替，不得任意自造简化字。大写金额数字前未印有货币名称的，应当加填货币名称，货币名称与金额数字之间不得留有空白。大写金额数字到元或者角为止的，在“元”或者“角”字之后应当写“整”字或者“正”字；大写金额数字有分的，分字后面不写“整”或者“正”字。

阿拉伯金额数字中间有“0”时，汉字大写金额要写“零”字；阿拉伯数字金额中间连续有几个“0”时，汉字大写金额中可以只写一个“零”字，如小写金额为￥1005，大写金额应写成“人民币壹仟零伍元整”；阿拉伯金额数字元位是“0”，或者数字中间连续有几个“0”、元位也是“0”但角位不是“0”时，汉字大写金额可以只写一个“零”字，也可以不写“零”字，如小写金额为￥10050.50，大写金额应写成“人民币壹万零伍拾元零伍角整”或“人民币壹万零伍拾元伍角整”。

一般原始凭证的日期应按照经济业务发生的实际日期填写，银行结算票据的日期按付款业务发生或完成的日期填写票据日期。票据的出票日期必须用大写中文填写，年份按阿拉伯数字表示的年份所对应的大写汉字书写，如2020年，应写为贰零贰零年；月为1、2、10的，日为1至9和10、20和30的，大写汉字书写时应在其前加“零”，如10月20日，应写成零壹拾月零贰拾日；日为10至19的，大写汉字书写时应在其前加“壹”，如1月15日，应写成零壹月壹拾伍日。

5.编号连续。各种凭证要连续编号，以便检查。如果凭证已预先印定编号，如发票、支票等重要凭证，在因错作废时，应加盖“作废”戳记，并连同存根和其他各联全部保存，不得擅自撕毁。

6.不得涂改、刮擦、挖补。原始凭证记载的各项内容均不得涂改，原始凭证有错误的，应当由出具单位重开或者更正，更正处应当加盖出具单位印章。原始凭证金额有错误的，应当由出具单位重开，不得在原始凭证上更正。对于填制有误的原始凭证，开具单位负有更正和重新开具的法律义务，不得拒绝。

7.填制及时。经济业务发生或完成时，由经办人员立即填制原始凭证，并按规定程序进行传递，不积压、不拖延、不事后补制。

三、原始凭证的填制

【任务实施】

【任务5—1】6月25日，丹江商道制衣有限公司（信息请在上一章节找寻）向北京市博朗服饰批发有限公司（纳税人识别号：91321006395720310E；地址：北京市中山路58号；电话：96541668；开户银行：中国工商银行中山支行；账号：6222020903112176068）销售西服套装600

套，单价 320 元/套，税率 13%；便服套装 1 000 套，单价 300 元/套，税率 13%，开具增值税专用发票。

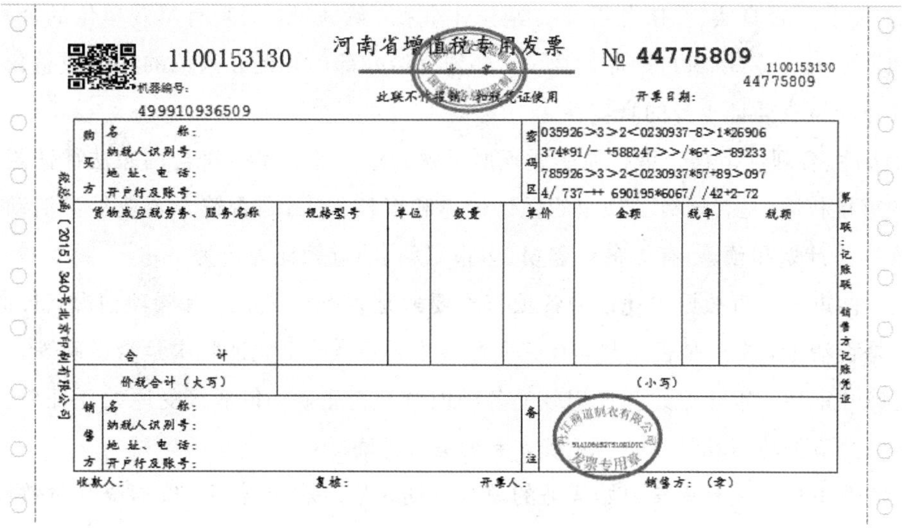

图 5—2　增值税专用发票

【任务 5—2】6 月 30 日，丹江商道制衣有限公司需要从银行提取现金 2 000 元备用，请根据业务填写现金支票。

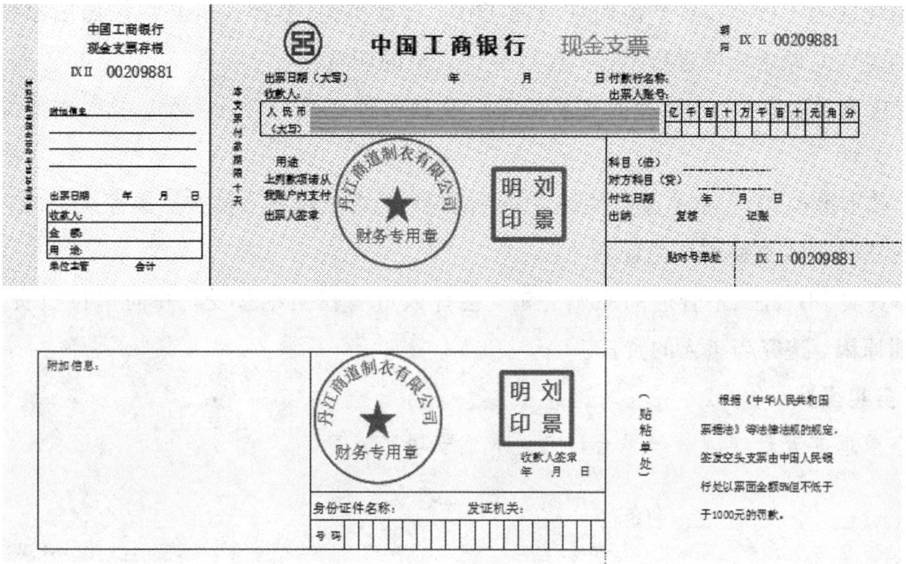

图 5—3　工商银行现金支票

四、原始凭证的审核及处理

（一）原始凭证的审核

原始凭证取得或填制后，要及时送交会计机构，由会计主管或指定的人员进行审查和核对，保证会计信息的真实、合法、完整和准确。审查的内容主要包括：

1.真实性审核。审核原始凭证中所记录的内容是否同实际情况相符，包括凭证日期是否真实、业务内容是否真实、数据是否真实等。对外来原始凭证，必须有填制单位的公章或财务专用章和填制人员签章；对自制原始凭证，必须有经办部门和经办人员的签名或盖章；对通用原始凭证还应审查凭证本身的真实性。

2.合法性、合理性审核。审核原始凭证所反映的经济业务是否符合国家法律法规；是否符合规定的审批权限；是否履行了规定的凭证传递和审核程序；是否符合企业经济活动的需要、是否符合有关计划和预算；有无贪污盗窃、虚报冒领、伪造凭证等行为。

3.完整性审核。审核原始凭证中各项基本要素是否齐全，是否有漏项情况，日期是否完整，数字是否清晰，文字是否工整，有关人员签章是否齐全，凭证联次是否正确等。

4.正确性审核。审核原始凭证记载的各项内容是否正确，包括接受原始凭证单位的名称是否正确，金额的填写和计算是否正确，更正是否正确。

5.及时性审核。注意审核原始凭证的填制日期，尤其是支票、汇票、本票等时效性较强的原始凭证，需仔细验证签发日期。

(二)审核后的处理

原始凭证的审核是一项严肃而细致的工作，会计机构、会计人员必须按照国家统一的会计制度的规定对原始凭证进行审核，履行会计人员的职责。

1.审核无误的原始凭证，会计人员应及时办理各种必要的会计手续，及时据此编制记账凭证登记入账。

2.记载不准确、不完整的原始凭证，应予以退回，责成经办人员按照国家统一的会计制度的规定更正错误或更换原始凭证。

3.不真实、不合法、不合理的原始凭证，会计人员有权拒绝接受，并向单位负责人报告，请求查明原因，追究当事人的责任。

【任务实操】

请登录理实互动实训教学平台，完成本小节理实练习。

任务三 编制与审核记账凭证

【任务引例】

【任务 5—3】丹江商道制衣有限公司 2020 年 7 月 1 日销售西服套装 1 000 套，单价 320 元，增值税税率 13%，款项收到存入银行。根据该笔经济业务编制收款凭证。

【任务 5—4】丹江商道制衣有限公司 2020 年 7 月 2 日，以电汇方式转账 200 000 元偿还前欠海天服饰有限公司购料款。根据该笔经济业务编制付款凭证。

【任务 5—5】丹江商道制衣有限公司 2020 年 7 月 3 日，收到投资者投入房屋建筑物，价值 500 000 元。根据该笔经济业务编制转账凭证。

【任务准备】

一、记账凭证的分类

(一)按使用范围不同分类

1.专用记账凭证是指分类反映经济业务的记账凭证，适用于规模较大，收付业务较多的单位。专用记账凭证按是否与库存现金和银行存款的收付业务有关，分为收款凭证、付款凭证和转账凭证。

(1)收款凭证是指专门用来记录库存现金、银行存款收款业务的记账凭证，又可具体分为库存现金收款凭证和银行存款收款凭证。收款凭证根据有关库存现金和银行存款收款业务的原始凭证填制，是登记库存现金日记账、银行存款日记账，以及有关明细分类账和总分类账等账簿的依据，也是出纳人员收款的依据和证明。

(2)付款凭证是指专门用来记录库存现金、银行存款付款业务的记账凭证，也可具体分为库存现金付款凭证和银行存款付款凭证。同收款凭证一样，它可以作为登记库存现金和银行存款日记账、总分类账、明细分类账的依据，也是出纳人员支付款项的依据和证明。

(3)转账凭证是指专门用来记录不涉及库存现金、银行存款收付的其他经济业务的记账凭证，如计提工资、领用原材料、产成品入库等业务都需要编制转账凭证，是登记总分类账和明细分类账的依据。

2.通用记账凭证是指适用于所有经济业务编制的记账凭证，所有经济业务统一编号，记录格式相同。对于规模较小、收付业务不多的单位，可以采用通用记账凭证记录所有经济业务。

(二)按编制方式不同分类

1.单式记账凭证是指将一项经济业务所涉及的每个会计科目，分别编制记账凭证，每张记账凭证只填列一个会计科目的记账凭证。其中，填列借方科目的凭证称为借项记账凭证，填列贷方科目的凭证称为贷项记账凭证。单式记账凭证便于汇总每一个会计科目的发生额，也便于会计人员进行分工记账，但是无法反映经济业务的全貌，不便于检查账目，其格式见图 5—4 和图 5—5。

借项记账凭证

年　月　日　　　　　　编号：

摘要	总账科目	明细科目	账页	金额
对应总账科目				

附属单据　张

主管：　　记账：　　审核：　　制单：

图 5—4　借项记账凭证

贷项记账凭证

年　月　日　　　　　　编号：

摘要	总账科目	明细科目	账页	金额
对应总账科目				

附属单据　张

主管：　　记账：　　审核：　　制单：

图 5—5　贷项记账凭证

2.复式记账凭证是指将一项经济业务所涉及的全部会计科目都集中在一张凭证上。复式记账凭证能完整地反映各项经济业务的来龙去脉，便于查账。前面介绍的专用记账凭证和通用记账凭证都属于复式记账凭证。

(三)按是否经过汇总分类

1.汇总记账凭证是指定期(分旬、半月或一个月)将非汇总记账凭证(包括通用和专用)按照相同会计账户分借、贷方金额进行加总后编制的记账凭证。目的是简化总分类账的登记手续，汇总记账凭证根据汇总的方式不同，分为全部汇总和分类汇总。

全部汇总，是根据记账凭证按会计科目分借方和贷方进行汇总编制的“科目汇总表”或“记账凭证汇总表”。分类汇总，是根据一定期间的专用记账凭证按其种类分别汇总填制的，包括根据收款凭证汇总填制的“汇总收款凭证”、根据付款凭证汇总填制的“汇总付款凭证”和根据转账凭证汇总填制的“汇总转账凭证”。

2.非汇总记账凭证是指没有经过汇总，在一张记账凭证上只记录一项经济业务的记账凭证，前面介绍的单式记账凭证和复式记账凭证都是非汇总记账凭证。在一些业务量较多的大中型企业，手工核算的情况下编制的记账凭证必然很多，为了简化登记账簿的工作量，一般都需要对其进行汇总，编制汇总记账凭证，并据以登记总账。

二、记账凭证的内容和编制要求

(一)记账凭证的内容

记账凭证是登记账簿的直接依据，从前面内容可以看出，记账凭证由于反映经济业务的内容不同、单位规模大小及对会计核算繁简程度不同，格式和内容都有所差异，为了保证账簿记录的正确性和业务内容的完整性，记账凭证应具备以下基本内容：(1)填制凭证的日期；(2)凭证编号；(3)经济业务摘要；(4)会计科目；(5)金额；(6)所附原始凭证张数；(7)填制凭证人员、稽核人员、记账人员、会计机构负责人、会计主管人员签名或者盖章(见图 5—6)。

需要注意的是，填制凭证的日期与原始凭证日期可能相同也可能不同；收款和付款记账凭证还应当由出纳人员签名或者盖章；以自制的原始凭证或者原始凭证汇总表代替记账凭证的，也必须具备记账凭证应有的项目。

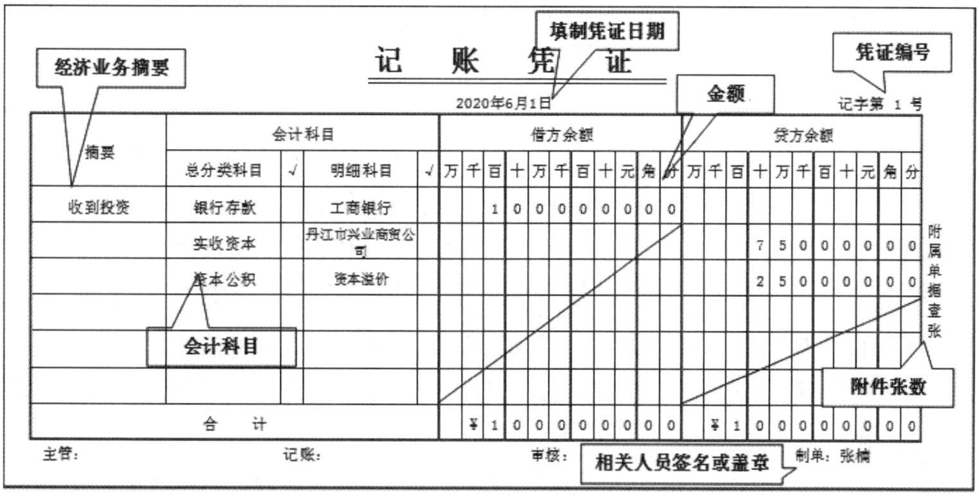

图 5—6　记账凭证

(二)记账凭证的编制要求

记账凭证是登记账簿的直接依据，填制正确与否直接影响会计信息的质量，因此记账凭证的填制也必须符合相关要求。记账凭证的填制除了内容完整、字迹清晰工整外，还需要符合下列条件：

1.以审核无误的原始凭证为依据。(1)记账凭证可以根据每一张原始凭证填制，或者根据若干张同类原始凭证汇总填制，也可以根据原始凭证汇总表填制。但不得将不同内容和类别的原始凭证汇总填制在一张记账凭证上；(2)除结账和更正错误的记账凭证可以不附原始凭证外，其他记账凭证必须附有原始凭证；(3)如果一张原始凭证涉及几张记账凭证，可以把原始凭证附在一张主要的记账凭证后面，并在其他记账凭证上注明附有该原始凭证的记账凭证的编号或者附原始凭证复印件。

所附原始凭证张数的计算，一般以原始凭证的自然张数为准。如果记账凭证中附有原始凭证汇总表，则应该把所附的原始凭证和原始凭证汇总表的张数一起计入附件的张数之内。但报销差旅费、汽车票、火车票等的零散票券，可以粘贴在一张纸上，作为一张原始凭证。如果原始凭证需要另行保管，则应在附件栏目内加以注明。

2.记账凭证编号连续。填制记账凭证时，应当对记账凭证按月进行连续编号，编写方法有三种：(1)将每个月所有的记账凭证按照填制日期从1号开始顺序编号，适用于采用通用记账凭证的单位；(2)将每个月的记账凭证按照收款凭证、付款凭证和转账凭证三类分别按顺序编号，均从第1号开始，如“收字1号”“付字1号”“转字1号”；(3)将每个月的记账凭证按照现金收款凭证、现金付款凭证、银行存款收款凭证、银行存款付款凭证和转账凭证五类分别按顺序编号，均从第1号开始，如“现收字1号”“现付字1号”“银收字1号”“银付字1号”“转字1号”。

若一笔经济业务需要填制两张以上记账凭证的，可以采用“分数编号法”编号，例如，某笔经济业务所属某月转账业务的第10号，需要填制两张转账凭证，这两张转账凭证的编号应是10 1/2、10 2/2，分母2表示这笔业务需要2张记账凭证，分子1、2分别表示第1、第2张。

3.正确填制会计科目。填写会计科目时，应当填写会计科目的全称，不得简写。为了便于登记日记账和明细账，还应填写子目甚至细目。手工核算下，记账凭证中所编制的会计分录一般应是一借一贷或多借一贷或一借多贷，尽量避免编制多借多贷的会计分录。

4.金额填写。(1)记账凭证的金额须与原始凭证金额相符合；(2)阿拉伯数字书写应规范，数字书写应占行距的1/2，并填至分；(3)相应的数字应平行对准相应的借贷栏次和会计科目的栏次，防止错栏串行；(4)合计行填写金额合计时，应在金额最高位值数前填写人民币“￥”符号，以示金额封顶，防止篡改。

5.按行书写，不得跳行或有空行。记账凭证填制完成后，如有空行，应当自金额栏最后一笔金额数字下的空行处至合计数上的空行处用斜直线或用“S”线注销。

6.签名或盖章。记账凭证应按制单→审核→出纳(收、付款业务)→记账→会计主管的顺序传递，每一个经手人员都应在记账凭证的相关栏目中签名或盖章，以明确责任。

7.过账标记。记账凭证中的过账标记是将其内容过入账簿的结束标记。记账人员应在登记账簿以后，在相应的会计科目“记账符号”栏中划“√”号，以防漏记或重记。

三、记账凭证的编制

(一)收款凭证的编制

收款凭证是根据有关现金和银行存款收入业务的原始凭证填制的。左上角的“借方科目”区分收款性质填写“库存现金”或“银行存款”科目，在贷方科目栏填写与“库存现金”或“银行存款”借方相对应的贷方会计科目。

【任务实施】

【任务 5—3】丹江商道制衣有限公司 2020 年 7 月 1 日销售西服套装 1 000 套，单价 320 元，增值税税率 13%，款项收到存入银行。根据该笔经济业务编制收款凭证。

收款凭证

总字 1 号

借方科目：银行存款　　　　2020 年 7 月 1 日　　　　收字 1 号

摘要	会计科目				贷方余额									
	总分类科目	√	明细科目	√	千	百	十	万	千	百	十	元	角	分
销售西服套装	主营业务收入		西服套装				3	2	0	0	0	0	0	0
销项税额	应交税费		应交增值税					4	1	6	0	0	0	0
合计(人民币大写)叁拾陆万壹仟陆百元整						¥	3	6	1	6	0	0	0	0

附属单据贰张

主管：　　记账：　　出纳：　　审核：　　制单：张楠

表 5—5　收款凭证

(二)付款凭证的编制

付款凭证是根据有关现金和银行存款支付业务的原始凭证填制的。左上角的“贷方科目”区分付款性质填写“库存现金”或“银行存款”科目，在借方科目栏填写与“库存现金”或“银行存款”科目贷方相对应的借方会计科目。对于涉及“库存现金”和“银行存款”之间相互划转业务，如从银行提取备用金，为避免重复记账，一般只填写付款凭证，不再填写收款凭证。

【任务 5—4】丹江商道制衣有限公司 2020 年 7 月 2 日，以电汇方式转账 200 000 元偿还前欠海天服饰有限公司购料款。根据该笔经济业务编制付款凭证。

付款凭证

总字 2 号

贷方科目：银行存款　　2020 年 7 月 2 日　　付字 1 号

摘要	借方科目				金额										附属单据壹张
	总分类科目	√	明细科目	√	千	百	十	万	千	百	十	元	角	分	
偿还前欠货款	应付账款		海天服饰				2	0	0	0	0	0	0	0	
合计(人民币大写)贰拾万元整						¥	2	0	0	0	0	0	0	0	

主管：　　记账：　　出纳：　　审核：　　制单：张楠

表 5—6　付款凭证

(三)转账凭证的编制

转账凭证是根据不涉及现金和银行存款收付的转账业务的原始凭证填制的。将经济业务所涉及的会计科目全部填列在凭证内，借方科目在先，贷方科目在后，将各会计科目所记应借、应贷的金额分别填在“借方金额”或“贷方金额”栏内。借方金额合计与贷方金额合计应该相等。通用记账凭证的填制方法同转账凭证。

【任务实施】

【任务 5—5】丹江商道制衣有限公司 2020 年 7 月 3 日，收到投资者投入房屋建筑物，价值 500 000 元。根据该笔经济业务编制转账凭证。

转账凭证

总字 3 号

2020 年 7 月 3 日　　转字 1 号

摘要	会计科目				借方余额										贷方余额										附属单据张
	总分类科目	√	明细科目	√	千	百	十	万	千	百	十	元	角	分	千	百	十	万	千	百	十	元	角	分	
收到投资	固定资产		房屋				5	0	0	0	0	0	0	0											
	实收资本																5	0	0	0	0	0	0	0	
合计						¥	5	0	0	0	0	0	0	0		¥	5	0	0	0	0	0	0	0	

主管：　　记账：　　审核：　　制单：张楠

表 5—7　转账凭证

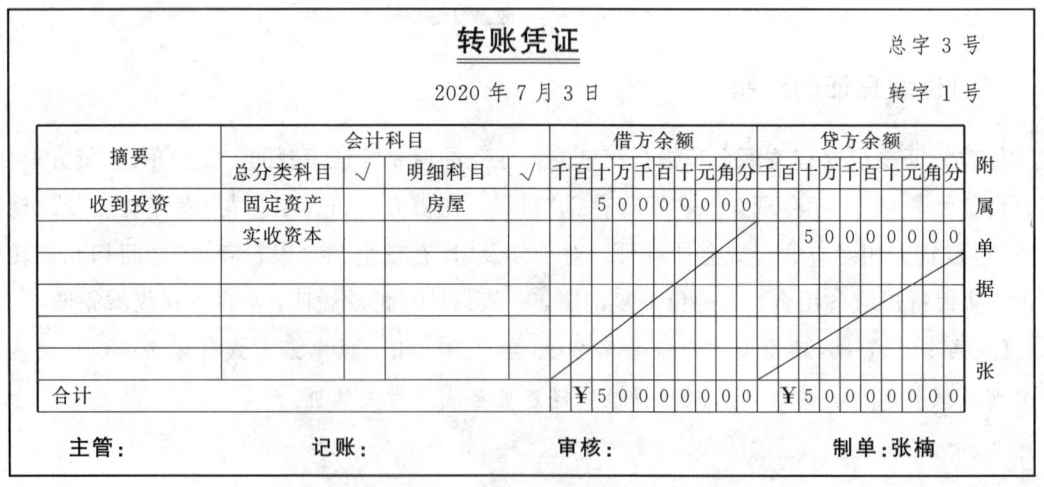

四、记账凭证的审核及处理

(一)记账凭证的审核

为保证会计信息的质量，记账凭证在编制后，必须经过专门稽核人员的审核，正确无误方能据以登记账簿。审核内容主要包括：

1.记账凭证是否附有原始凭证，原始凭证是否齐全，所附原始凭证或原始凭证汇总表的内容与记账凭证的内容是否一致。收款和付款业务，审核出纳员是否在原始凭证上加盖“收讫”或“付讫”的戳记。

2.记账凭证各项目的填写是否齐全，如日期、编号、摘要、会计科目、金额、所附原始凭证张数以及有关人员签章等。

3.记账凭证的应借、应贷科目以及对应关系是否正确，所使用的会计科目及其核算内容是否符合会计制度的规定，金额计算是否正确，借、贷双方的金额是否平衡。

4.记账凭证中的记录是否文字工整、数字清晰，是否按规定进行更正等。

(二)审核后的处理

1.审核无误的记账凭证可以据此登记账簿。

2.如果没有登记入账，填制记账凭证时发生错误，应当重新填制，并将错误记账凭证作废或撕毁。

3.如果已经登记入账，应区分是当年错误还是以前年度的错误，是金额错误还是会计科目错误，采用不同方法进行更正，具体内容见本书项目六中的错账更正。

【任务实操】

请登录理实互动实训教学平台，完成本小节理实练习。

任务四 传递与保管会计凭证

【任务引例】

【任务 5—6】期末将丹江商道制衣有限公司的凭证进行装订成册，并加具封面，将相关内容填列。

【任务准备】

一、会计凭证的传递

会计凭证的传递是指会计凭证从取得或填制开始到归档保管期间，在本单位内部各有关部门和人员之间的传递路线、传递时间和传递程序。会计凭证尤其是原始凭证，并非都是在会计部门由会计人员填制和办理凭证手续的，但都必须集中到会计部门由会计人员将之入账。各种会计凭证，它们所记载的经济业务不同，涉及的部门和人员不同，办理的业务手续和所需时间也不尽相同，因此，必须根据经济业务的性质、单位规模的大小和人员分工情况，以及经营管理的需要和成本效益原则，恰当地规定会计凭证的传递环节、传递顺序以及各环节停留时间，保证正确、合理地组织会计凭证传递。

二、会计凭证的保管

会计凭证的保管，是指会计凭证记账后的整理、装订、归档和存查工作。会计凭证是重要的会计档案和经济资料，任何单位在完成经济业务手续和记账后，需继续将会计凭证按规定的立卷归档制度形成会计档案资料，妥善保管，以便日后随时查阅。主要要求有：

记账凭证应当连同所附的原始凭证或者原始凭证汇总表，按期装订成册，并加具封面，注明单位名称、年度、月份和起讫日期、凭证种类、起讫号码，由装订人在装订线封签外签名或者盖章，如果凭证数量较多，一个月内可分装若干册。装订好后，需要在装订线上加贴封签，为防止任意拆装，在封签处加盖会计主管的骑缝图章，在装订好的凭证本的脊背上面写上“某年某月第几册共几册”的字样。

【任务实施】

【任务 5—6】期末将丹江商道制衣有限公司的凭证进行装订成册，并加具封面，将相关内容填列。

<table>
<tr><td colspan="5">会计凭证封面　　　　第　　册
自　　年　月　日至　　年　月　日　　　　共　　册</td></tr>
<tr><td>凭证名称</td><td>凭证起讫号码</td><td>凭证张数</td><td>附件张数</td><td>备注</td></tr>
<tr><td></td><td></td><td></td><td></td><td></td></tr>
<tr><td></td><td></td><td></td><td></td><td></td></tr>
<tr><td colspan="5">会计主管(签章)　　　　　　　　装订(签章)</td></tr>
</table>

表 5－8　会计凭证封面

对于数量过多的原始凭证，可以单独装订保管，在封面上注明记账凭证日期、编号、种类，同时在记账凭证上注明"附件另订"和原始凭证名称及编号。各种经济合同、存出保证金收据以及涉外文件等重要原始凭证，应当另编目录，单独登记保管，并在有关的记账凭证和原始凭证上相互注明日期和编号。

原始凭证不得外借，其他单位如因特殊原因需要使用原始凭证时，经本单位会计机构负责人、会计主管人员批准，可以复制。向外单位提供的原始凭证复制件，应当在专设的登记簿上登记，并由提供人员和收取人员共同签名或者盖章。

从外单位取得的原始凭证如有遗失，应当取得原开出单位盖有公章的证明，并注明原来凭证的号码、金额和内容等，由经办单位会计机构负责人、会计主管人员和单位领导人批准后，才能代作原始凭证。如果确实无法取得证明的，如火车、轮船、飞机票等凭证，由当事人写出详细情况，由经办单位会计机构负责人、会计主管人员和单位领导人批准后，代作原始凭证。

严格遵守会计凭证的保管要求，期满前不得任意销毁。装订成册的会计凭证，在年度终了时可暂由本单位会计机构保管一年，期满后应当移交本单位档案机构统一保管；未设立档案机构的，应在会计机构内指定专人保管，但是出纳人员不得监管会计档案。

【任务实操】

请登录理实互动实训教学平台，完成本小节理实练习。

项目六 6
登记会计账簿

【知识目标】

(1)了解会计账簿的概念及分类；

(2)了解账簿启用的规则、建账方法；

(3)掌握会计账簿登记规则及对账的内容；

(4)掌握更正错账的方法以及结账方法。

【能力目标】

(1)能够正确理解账簿的用途，能分辨各类账页格式；

(2)能够规范设置现金、银行存款日记账，总分类账，明细分类账；

(3)能够正确运用错账的更正方法。

【素质目标】

(1)培养严格认真、一丝不苟的学习工作态度；

(2)培养廉洁自律、不贪不占的职业素养；

(3)培养客观公正、诚实守信的职业品质和道德情操。

【思维导图】

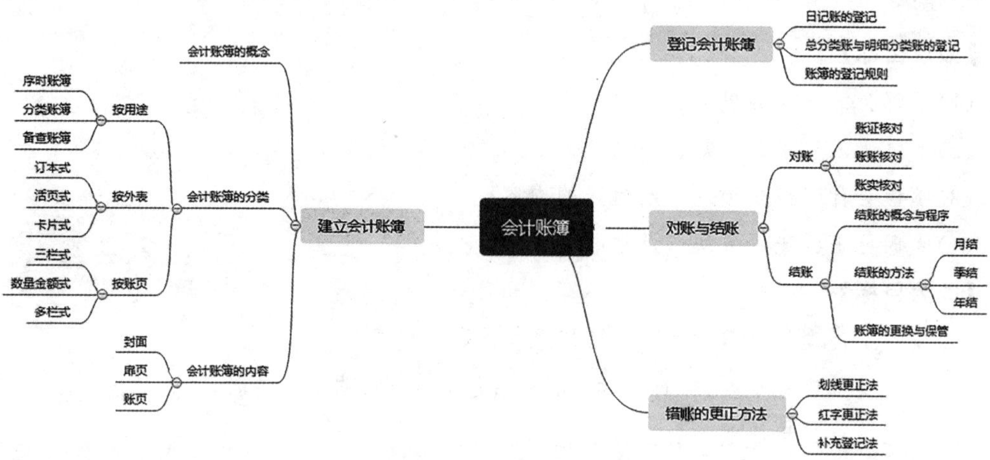
会计账簿
建立会计账簿
会计账簿的概念
会计账簿的分类
按用途
序时账簿
分类账簿
备查账簿
按外表
订本式
活页式
卡片式
按账页
三栏式
数量金额式
多栏式
会计账簿的内容
封面
扉页
账页
登记会计账簿
日记账的登记
总分类账与明细分类账的登记
账簿的登记规则
对账与结账
对账
账证核对
账账核对
账实核对
结账
结账的概念与程序
结账的方法
月结
季结
年结
账簿的更换与保管
错账的更正方法
划线更正法
红字更正法
补充登记法

工作情境

经过这段时间的实习，张楠对原始凭证、记账凭证的处理已经比较熟悉了。王阿姨想让张楠熟悉财务更多的工作环节，于是把张楠叫过来说道："张楠，我看你对凭证已经熟悉得差不多了，现在我想让你再接触一下记账的工作。""太好了，我早就想学记账了，谢谢您给我这个机会。""我先跟你简单介绍一下，我们公司在财务记账上主要需要登记日记账、明细账和总账三类账簿。日记账主要是针对现金和银行存款，其他的科目需要登记明细账，日记账要求严格一点，要求逐日逐笔登记，每天下班之前都要结清余额。总账呢，是按月汇总登记的。另外，为了详细反映固定资产业务，还需要登记固定资产卡片，每项固定资产都对应一张卡片。这些都是财务部门要登记的账簿，他们业务部门也会有自己的账簿，像仓储部会有存货的台账，总经理办公室会有所有资产的台账。""这么多账啊，看来记账也不是一件轻松的活啊。"张楠感叹道。"是啊，这么多账可都不能登错，一笔错误，都会影响到报表的结果。记账工作的严谨与规范与否，很大程度上能看出一个财务人员的工作习惯是否良好以及一个企业的财务基础工作是否规范。"

任务一　建立会计账簿

【任务引例】

【任务6—1】丹江商道制衣有限公司2020年5月末"库存现金"账户的期末余额为1 500元，"银行存款"账户的期末余额为1 500 000元。请登记该公司6月1日"库存现金"和"银行存款"两个账户的期初余额。

现金日记账　　　　第　　页

2020年		凭证号数	摘要	对方科目	收入(借方)金额										√	付出(贷方)金额										√	结余金额										√
月	日				千	百	十	万	千	百	十	元	角	分		千	百	十	万	千	百	十	元	角	分		千	百	十	万	千	百	十	元	角	分	

表6—1　现金日记账

银行存款日记账

第　　页

账　　号：__________

存款种类：__________

2020年		凭证	支票	摘要	对方	收入（借方）金额										√	付出（贷方）金额										√	借或贷	结余金额										√
月	日	号数	号数	(外汇收支应说明原币及汇率)	科目	千	百	十	万	千	百	十	元	角	分		千	百	十	万	千	百	十	元	角	分			千	百	十	万	千	百	十	元	角	分	

表 6－2　银行存款日记账

【任务准备】

一、会计账簿的概念与作用

在会计核算工作中，填制与审核会计凭证，可以反映和监督每项经济业务的发生和完成情况。但是，会计凭证的数量繁多，又很分散，每张会计凭证只是反映个别经济业务，所提供的信息分散、缺乏系统性，不能连续、系统、完整地反映和监督一个经济单位在一定时期内的经济活动和财务收支情况，不便于会计信息的整理与报告。为了适应经济管理的要求，提供完整、连续、系统的核算资料，就需要运用登记账簿的方法，把分散在会计凭证中的大量核算资料，加以归类整理，按照一定的要求登记到有关账簿中。

会计账簿，是指由一定格式的账页组成的，以经过审核的会计凭证为依据，全面、系统、连续地记录各项经济业务的簿籍。

设置和登记会计账簿，是会计核算中对经济信息进行加工整理的一种专门方法，是会计核算工作的一个重要环节，是编制财务报表的基础，是连接会计凭证和财务报表的中间环节，在会计核算中具有重要作用。

(一)记载和储存会计信息

将会计凭证所记录的经济业务记入有关账簿，可以全面反映会计主体在一定时期内所发生的各项资金运动，储存所需要的各项会计信息。

(二)分类和汇总会计信息

账簿由不同的相互关联的账户所构成，通过账簿记录，一方面可以分门别类地反映各项会计信息，提供一定时期内经济活动的详细情况；另一方面可以通过发生额、余额的计算，提供各方面所需要的总括会计信息，反映财务状况、经营成果和现金流量的综合价值指标。

(三)检查和校正会计信息

账簿记录是会计凭证信息的进一步整理，也是会计分析、会计检查的重要依据。

(四)编报和输出会计信息

为了及时反映企业的财务状况、经营成果和现金流量，应定期进行结账工作，进行有关账簿之间的核对，计算出本期发生额和余额，据以编制财务报表，向有关各方面提供所需的会计信息。

二、会计账簿的种类

会计账簿的种类很多，不同类别的会计账簿可以提供不同的信息，满足不同的需要。

(一)按用途分类

1.序时账簿

序时账簿也称日记账，是按照经济业务发生的时间先后顺序，逐日逐笔顺序登记的账簿。序时账簿按照记录内容的不同可分为普通日记账和特种日记账两种。

普通日记账是用来登记各单位全部经济业务的发生、完成情况的日记账。它是将日常发生的经济业务以原始凭证为依据，按照先后顺序在账簿中编制会计分录，作为登记分类账的依据。因而这种日记账也称分录簿，它起到了记账凭证的作用，在我国该种日记账较少使用。

特种日记账是专门用来登记某一特定项目经济业务发生及完成情况的日记账。将该类经济业务在账簿中按发生的时间先后顺序进行登记，可以反映出这一特定项目增减变动的详细情况。由于库存现金、银行存款是最容易发生错误和弊处的资产，为了加强对它们的监督和管理，我国会计法规定所有单位必须设置库存现金日记账和银行存款日记账。

2.分类账簿

分类账簿也称分类账，是对全部经济业务按照总分类账户和明细分类账户进行分类登记的账簿。按其反映内容的详细程度不同，又分为总分类账簿和明细分类账簿两种。

总分类账簿简称总账，是根据总分类科目开设，按照总分类账户分类登记全部经济业务的账簿。我国会计法规定，所有单位必须设置总分类账簿。

明细分类账簿简称明细账，是根据总分类科目所属的明细分类科目开设，按照明细分类账户详细记录某一类经济业务的账簿。明细分类账对于加强监督财产的收发和保管、往来款项的结算、收入的取得以及费用的开支等，都起着重要的作用，是总分类账簿的必要补充。因此，各个单位在设置总分类账的基础上，还应根据会计核算和经营管理的需要设置明细分类账，进行明细分类核算。

3.备查账簿

备查账簿也称辅助账簿，是对某些在序时账簿和分类账簿中未能反映和记录的事项进行补充登记的账簿。主要用来提供某些必要的、有用的参考资料或补充信息，如“应收、应付票据备查簿”“租入固定资产登记簿”。各单位应根据实际需要设置备查账簿，如果没有备查事项，也可以不设。备查账簿只是对正式账簿记录的一种补充，没有固定的格式，灵活机动，由单位根据需要自行设计。

(二)按外表形式分类

1.订本式账簿

订本式账簿是在启用前将若干账页装订成册并连续编号的账簿。其优点是可以防止账页的散失和人为抽换，保证账簿记录资料的安全性；缺点是开设账户时，必须事先估计每个账户所需要的账页张数，预留空白账页，如果预留账页过多会造成浪费，预留太少又会影响账户的连续登记。订本式账簿的上述特点，使其一般适用于重要的、具有统驭的账簿。现行会计制度规定，库存现金、银行存款日记账必须使用订本式总分类账簿。

2.活页式账簿

活页式账簿是在启用之前和使用过程中，都不把账页装订成册的账簿。其优点是可以根据需要随时增加空白账页，既避免了账页的浪费，又不会发生账页不足，并且便于分工记账；缺点是账页容易丢失或被抽换。因此，平时使用空白零散账页记录经济业务时，应连续编号，由记账人员和会计主管在账页上加盖印章，装置在账页夹内。会计期末(通常是一个会计年度结束)将本期所登记的账页装订成册，按实际使用的账页顺序编定总页数。明细分类账簿一般采用活页式。

3.卡片式账簿

卡片式账簿是指用印有记账格式的卡片登记经济业务的账簿。它是一种特殊的活页式账簿，平时将卡片放置在卡片箱中，由专人负责保管。其优、缺点及防范措施与活页式账簿相同，只是卡片式账簿在账页格式的设计上更加灵活，除了一般的账页格式内容外，还可以根据某些特定项目的核算要求进行设计。这种账簿主要适用于记录内容比较复杂的财产物资明细账，如固定资产卡片。

(三)按账页格式分类

1.三栏式账页

三栏式账页是指设置借方、贷方和余额三个金额栏的账页。这种格式的账页适用于只提供价值核算信息，不需要提供数量核算信息的账簿，如总账、库存现金日记账、银行存款日记账、债权债务类明细账等。

2.数量金额式账页

数量金额式账页是指在借方、贷方和余额三大栏内，又分设数量、单价、金额三小栏目的账页。这种格式的账页适用于既需要提供价值信息，又需要提供数量信息的账簿，如原材料明细账和库存商品明细账等。

3.多栏式账页

多栏式账页是指在借方、贷方两个基本栏次中按需要又分设若干栏目，详细反映借、贷方金额组成情况的账页。这种格式的账页主要适用于核算项目较多，且管理上要求提供各核算项目详细信息的账簿，如收入、成本、费用等明细账。

三、账簿的基本内容

在实际工作中，由于各种会计账簿所记录的经济业务不同，账簿的格式也多种多样，但各种账簿都应具备以下基本内容。

(一)封面

封面主要标明账簿名称和记账单位名称。

(二)扉页

扉页主要列示“账簿启用表”及“账户目录”。“账簿启用表”主要是用来明确账簿名称、启用日期、记账人员、账簿交接情况等内容，其格式见表6—3。“账户目录”是为了方便查阅账簿中登记的内容，由记账人员在分类账簿中开设账页户头后，按每个账户的名称和页数顺序进行登记的，其格式见表6—4。活页式账簿和卡片式账簿在装订成册后，需填写“账户目录”。

<table>
<tr><td colspan="2">单位名称</td><td colspan="8"></td><td>印花粘贴处</td></tr>
<tr><td colspan="2">账簿名称</td><td colspan="8"></td><td rowspan="4"></td></tr>
<tr><td colspan="2">账簿编号</td><td colspan="8">字第　号　第　册　共　册</td></tr>
<tr><td colspan="2">账簿页数</td><td colspan="8">本账簿共计　页</td></tr>
<tr><td colspan="2">启用日期</td><td colspan="8">年　月　日至　　年　月　日</td></tr>
<tr><td colspan="2">经管人员</td><td colspan="3">接管</td><td colspan="3">移交</td><td colspan="2">会计负责人</td><td>单位公章</td></tr>
<tr><td>姓名</td><td>盖章</td><td>年</td><td>月</td><td>日</td><td>年</td><td>月</td><td>日</td><td>姓名</td><td>盖章</td><td></td></tr>
<tr><td></td><td></td><td></td><td></td><td></td><td></td><td></td><td></td><td></td><td></td><td></td></tr>
<tr><td></td><td></td><td></td><td></td><td></td><td></td><td></td><td></td><td></td><td></td><td></td></tr>
</table>

表6—3　账簿启用表

账页起页	总账科目	明细科目	账页起页	总账科目	明细科目

表6—4　账户目录

(三)账页

账页是账簿中用来具体记录经济业务的部分，是账簿的主要内容和核心。账页因反映的经济业务内容不同，可用不同的格式，但基本内容应包括：

(1)账户名称(总账科目、明细科目等)；

(2)登记日期栏；

(3)凭证种类和号数栏；

(4)摘要栏(记录经济业务内容的简要说明)；

(5)金额栏(记录账户的增减变动及余额)；

(6)总页次和分户页次。

四、建立会计账簿的步骤

新建单位成立时或原有单位在年度开始时，会计人员均应根据核算工作的需要设置应用账簿，即"建账"。建立会计账簿必须符合国家会计法律制度的规定，单位发生的各项经济业务事项应当在依法建立的会计账簿上统一登记、核算，不得违反规定私设会计账簿，并要保证其真实、完整。一个单位究竟应设计和使用何种账簿，各种账簿的账页格式如何选择，应根据单位的具体情况而定。但每个单位至少应建立库存现金日记账、银行存款日记账、总分类账和明细分类账。

(一)建立库存现金日记账、银行存款日记账

库存现金日记账、银行存款日记账由出纳人员负责建立和登记。库存现金日记账是用来逐日逐笔登记库存现金增减变动及结余情况的特种日记账。银行存款日记账是用来逐日逐笔登记银行存款增减变动及结余情况的特种日记账。单位在银行开设的账户可能不止一个，如基本存款户、一般存款户、临时存款户等，为了分别反映各银行账户存款的增减变动情况，银行存款日记账应按每个银行账户设置一本日记账。

1.选择账簿的外表形式与账页格式

库存现金日记账、银行存款日记账外表形式必须采用订本式，账页格式一般采用三栏式，也可采用多栏式账页，其具体适用情况如下。

(1)三栏式账页。大多数单位开设日记账选择三栏式账页格式，在账页上设置"借方"、"贷方"和"余额"三个金额栏，分别用来登记库存现金、银行存款每天的收入、支出和结余情况。为了清晰地反映库存现金及银行存款收入的来源和支出的用途，在账页中还专设"对应科目"栏，登记对应科目名称，其格式见表6－5和表6－6。

【任务实施】

【任务6－1】丹江商道制衣有限公司5月末"库存现金"账户的期末余额为1 500元，"银

行存款”账户的期末余额为 1 500 000 元。请登记该公司 6 月 1 日“库存现金”（表 6—5）和“银行存款”（表 6—6）两个账户的期初余额。

库存现金日记账

第　　页

2020 年		凭证	摘要	对方	收入（借方）金额										√	付出（贷方）金额										√	结余金额										√
月	日	号数		科目	千	百	十	万	千	百	十	元	角	分		千	百	十	万	千	百	十	元	角	分		千	百	十	万	千	百	十	元	角	分	
6	1		期初余额																							借					1	5	0	0	0	0	

表 6—5　**现金日记账**

银行存款日记账

第　　页

账　　号：__________

存款种类：__________

2020 年		凭证	支票	摘要	对方	收入（借方）金额										√	付出（贷方）金额										√	借或贷	结余金额										√
月	日	号数	号数	（外汇收支应说明原币及汇率）	科目	千	百	十	万	千	百	十	元	角	分		千	百	十	万	千	百	十	元	角	分			千	百	十	万	千	百	十	元	角	分	
6	1			期初余额																								借		1	5	0	0	0	0	0	0	0	

表 6—6　**银行存款日记账**

（2）多栏式账页。在库存现金、银行存款收付款业务比较频繁、规模比较大、财会人员比较多的单位，库存现金日记账、银行存款日记账的账页格式也可以采用多栏式。多栏式库存现金、银行存款日记账，把“借方”栏目按对应贷方科目设置多栏，“贷方”栏目按对应借方科目设置多栏。如果库存现金、银行存款的对应科目较多，会使账页过长，不便于账簿的登记和保管，为此，可以分别设置库存现金收入日记账、银行存款收入日记账和库存现金支出日记账、银行存款支出日记账。

无论是何种账页格式的日记账，其建立的程序和方法是相同的。

2.启用库存现金日记账、银行存款日记账

出纳人员启用库存现金日记账、银行存款日记账时，应详细填列账簿扉页的“账簿启用表”的内容，包括单位名称、账簿名称、启用日期、账簿册数、账簿编号、账簿页数等。填列完毕后，由出纳人员在“账簿启用表”的“经管人员”一栏内签名盖章，再交由会计机构负责人（会计主管人员）审核后签名盖章，最后加盖单位公章和法人名章。签名盖章后由出纳人员在“账簿启用表”的“印花粘贴处”栏内粘贴印花税票，并划线完税。

3.登记“库存现金日记账”“银行存款日记账”期初余额

出纳人员在启用账簿后，在库存现金日记账、银行存款日记账的第 1 页登记库存现金、银行存款的期初余额。具体登记情况见表6－5和表6－6。银行存款日记账同时还需要登记存款种类、开户银行名称和账号。

(二)建立总分类账

总分类账是由会计人员负责建立和登记的。总分类账是总分类科目的集合体，其账页是按照总分类科目开设的，要按照总分类科目的编码顺序分设账户。

1.选择总分类账的外表形式与账页格式

总分类账的外表形式一般采用订本式，账页格式一般采用三栏式，也可采用多栏式账页格式，具体适用情况如下：

(1)三栏式账页。总分类账采用三栏式账页，即在账页上设置“借方”、“贷方”和“余额”三个金额栏，分别反映经济业务内容的增减变动与结余情况，其格式见表6－7。

总分类账

本账页数	
本户页数	

科目名称：原材料

2020年		记账凭证号数	摘要	借方										贷方										借或贷	余额									
月	日			千	百	十	万	千	百	十	元	角	分	千	百	十	万	千	百	十	元	角	分		千	百	十	万	千	百	十	元	角	分
6	1		期初余额																					借			5	0	0	0	0	0	0	0

表6－7　总分类账

(2)多栏式账页。在总分类账户设置较少的单位，总分类账簿的账页格式也可以采用多栏式，即把全部总分类账户集中设置在一张账页上，按每一个总分类账户分设专栏，设置了多少总分类账户就需要相应设置多少专栏。这种格式的总分类账兼有序时账和分类账的作用，实际上是序时账与分类账结合的联合账簿，又称为日记总账。

2.启用总分类账

启用总账同启用库存现金日记账、银行存款日记账一样，会计人员需要填列总账扉页的“账簿启用表”，并在审核后依次加盖会计人员、会计机构负责人(会计主管人员)名章、单位公章和法人名章，最后粘贴印花税票并划票完税。

3.开设总分类账

把总分类科目依次写在总账账页上，使总分类科目记录总括指标的总分类账户。由于总账采用订本式，账页页数是固定的，所以，在开设总分类账户时应根据实际需要为每一个总分类账户事先预留空白账页，保证每一个总分类账户可以连续、完整地反映其经济内容，进而保证总分类账簿可以连续、完整、分类反映经济业务全貌。总账内应包括单位记账所需的所有总分类账户。

4.登记各总分类账户的期初余额

开设了各总分类账户后，将每一个总分类账户的期初余额登记在其第一张账页上，并按照账户的性质选择余额方向，具体登记情况如表 6—7 所示。如果总分类账户没有期初余额，比如损益类账户，则不必再登记期初余额，在账页第一行直接登记发生额。

5.填写“账户目录”

在总账扉页的“账户目录”中，按照在总账中开设的总分类账户顺序填写账户名称及启用页号。

(三)建立明细分类账

明细分类账是由会计人员负责建立和登记的。明细分类账是按照明细分类账户分类登记的账簿，明细分类账户是按照明细分类科目开设的账户。

1.选择明细分类账的外表形式与账页格式

明细分类账的外表形式一般采用活页式，个别采用卡片式，根据经济管理的需要和记录内容的不同，其账页格式主要有三栏式、数量金额式和多栏式三种。

(1)三栏式账页。三栏式明细分类账是在账页上只设有借方、贷方和余额三个金额栏，用来反映某项经济内容的增加、减少和结余情况。这种格式适用于那些只需要进行金额核算而不需要进行数量核算的明细账，如“应收账款”“应付账款”等债权债务结算明细账，其格式见表 6—8。

应收账款明细账

本账页数	
本户页数	

科目名称：青林超市

2020 年		记账凭证号数	摘要	借方										贷方										借或贷	余额									
月	日			千	百	十	万	千	百	十	元	角	分	千	百	十	万	千	百	十	元	角	分		千	百	十	万	千	百	十	元	角	分
6	1		期初余额																					借			1	0	0	0	0	0	0	0

表 6—8　三栏式明细分类账

(2)数量金额式账页。数量金额式明细分类账是在账页上的借方(收入栏)、贷方(发出栏)和余额(结存栏)三大栏内，再分设“数量”“单价”“金额”三小栏。这种格式适用于既要进行金额核算，又要进行实物数量核算的各种财产物资明细账，如“原材料”“库存商品”等明细账，其格式见表 6—9。

原材料明细账

第____页

最高储备量______ 类　别______ 储备定额______ 编　号______ 规格______

最低储备量______ 存放地点______ 计划单价______ 计量单位______ 名称______

2020年 月	日	凭证 种类	号数	摘要	收入(借方) 数量	单价	金额(千百十万千百十元角分)	发出(贷方) 数量	单价	金额(千百十万千百十元角分)	结存 数量	单价	金额(千百十万千百十元角分)
1	1			期初余额									

表6－9　**数量金额式明细分类账**

(3)多栏式账页。多栏式明细分类账不是按明细科目分设账页，而是在一张账页的借方、贷方金额栏内，按照某一总分类科目所属的各明细分类科目或明细项目分设若干专栏，集中反映各有关明细分类科目或明细项目的详细资料。这种格式适用于只进行金额核算，不进行数量核算，而且管理上需要了解其构成内容的明细账，如成本、费用、收入、利润等明细账。多栏式明细分类账按其多栏设置方法的不同，又可分为借方多栏、贷方多栏和借贷方均多栏三种格式。

借方多栏式明细分类账在账页中设有借方、贷方和余额三个金额栏，并在借方分设若干栏目，或者单独开设借方金额分析栏，适用于成本、费用类明细账，其格式见表6－10。

管理费用明细账

本账页数	4
本户页数	4

科目名称：管理费用

2020年 月	日	凭证编号	摘要	借方(千百十万千百十元角分)	贷方(千百十万千百十元角分)	借或贷	余额(千百十万千百十元角分)	(借)方金额分析 差旅费	招待费	办公费	
6	1		期初余额	2200000	1100000	借	1100000	500000	500000	1200000	
6	3	1203	差旅费用报销	120000		借	1220000	120000			
6	23	1204	招待费用报销	231000		借	1454000			231000	

表6－10　**借方多栏式明细分类账**

贷方多栏式明细分类账在账页中设有借方、贷方和余额三个金额栏，并在贷方分设若干栏目，或者单独开设贷方金额分析栏，适用于收入类明细账，其格式见表6－11。

主营业务收入明细账

本账页数	
本户页数	

科目名称＿＿＿＿＿＿

2020年		凭证编号	摘要	借方	贷方	借或贷	余额	(贷)方金额分析			
月	日			千百十万千百十元角分	千百十万千百十元角分		千百十万千百十元角分	千百十万千百十元角分	千百十万千百十元角分	千百十万千百十元角分	千百十万千百十元角分

表 6－11　贷方多栏式明细分类账

借贷方多栏式明细分类账页在账页的借方、贷方均设若干栏目，适用于“本年利润”“利润分配”“应交税费——应交增值税”等明细账，其格式见表 6－12。

应交税费(应交增值税)明细账

年		凭证		摘要	借方				贷方				借或贷	余额
					合计	进项税额	已交税金	转出未交增值税	合计	销项税额	出口退税	进项税额转出		
月	日	种类	编号		百十万千百十元角分	百十万千百十元角分	百十万千百十元角分	百十万千百十元角分	百十万千百十元角分	百十万千百十元角分	百十万千百十元角分	百十万千百十元角分		百十万千百十元角分

表 6－12　借贷方多栏式明细分类账

2.启用明细分类账

会计人员启用明细分类账时应登记明细分类账扉页的“账簿启用表”，方法同总分类账。

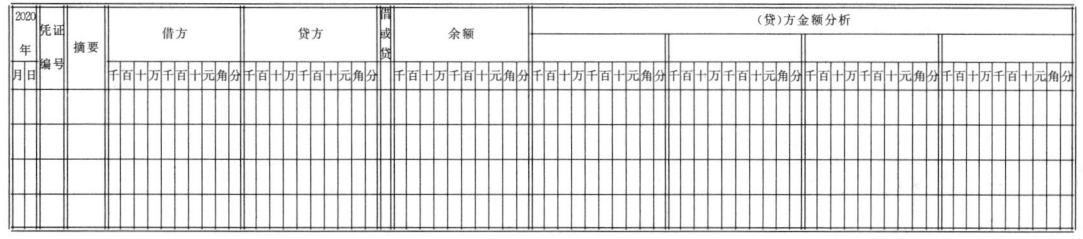

明细分类账是由若干明细分类账户组成的，因此也应根据明细分类科目的顺序及页码填列“账户目录”，只是填列的时间与总分类账不同。明细分类账是活页式账簿，使用完毕(通常是年末)装订成册后，才能在扉页的“账户目录”中标出每个明细账户的页码。

3.开设明细分类账户

结合各明细账户的核算内容，确定应采用的账页格式，然后把各明细分类科目写在相应格式的明细账账页上，使明细分类科目与账页结合起来形成用来记录详细指标的明细账账户。开设明细账户时也应根据实际需要为每一个明细分类账户事先预留空白账页，不过由于明细账是活页式账簿，如预留账页不足还可以继续加账页。

4.登记各明细分类账户的期初余额

在明细账中开设了明细分类账户后，将每一个明细分类账户的期初余额登记在相应的账页上，并按照账户的性质选择账户的余额方向。具体登记情况如表6—8所示。

5.填写账户目录

在明细账扉页的“账户目录”中，按照在明细账中开设的明细分类账户的顺序填写账户名称和启用页号，以便记账和查阅。

【任务实操】

请登录理实互动实训教学平台，完成项目六“账簿启用”中的实训任务：

1.账簿启用1—8题；

2.登记账簿的期初余额1—9题。

任务二 登记会计账簿

【任务引例】

【任务6—2】在任务一中我们已经登记了“库存现金日记账”的6月期初余额，假定丹江商道制衣有限公司6月发生如下经济业务：

(1)2日，收回前欠货款现金800元。

(2)5日，用现金支付培训费300元。

(3)19日，用现金支付员工津贴1 000元。

(4)25日，零星销售收入590元。

要求：根据以上业务登记“库存现金日记账”6月的发生额。

【任务准备】

一、库存现金日记账、银行存款日记账的登记

库存现金日记账、银行存款日记账是由出纳人员根据审核无误的反映库存现金、银行存款收付款业务的记账凭证逐日逐笔顺序地进行登记的账簿。其登记内容及方法如下：

(1)日期栏：登记记账凭证的日期，应与库存现金、银行存款实际收、付日期一致，月初登记账户余额或第一笔业务以及每一页第一行时，应登记“年”“月”“日”，其余各行只登记“日”。

(2)凭证字、号栏：登记据以入账的记账凭证的种类和编号，以便于查账和核对。如果单位采用收、付、转记账凭证，对于从银行提取现金的业务，登记日记账的依据是银行存款付款凭证，对于将现金存入银行的业务，登记日记账的依据是现金付款凭证。

(3)摘要栏：简要说明经济业务的内容。

(4)结算凭证种类、号数栏：登记银行存款收付款业务所使用的结算凭证及其编号。

(5)对应科目栏：登记收入的来源科目或支出的用途科目，其作用在于了解资金的来龙去脉。

(6)借方(收入)、贷方(支出)栏：登记实际收、付的金额。每日终了，分别计算出库存现金、银行存款的收入、支出金额的合计数，并进一步计算出本日余额。对于库存现金，每日应由授权的专人和出纳人员将结出的账面余额与库存现金实有数进行核对，以检查现金收付是否有误，如果账实不符应及时查明原因进行处理。对于银行存款，也应定期与开户银行核

对，以保证银行存款账簿记录的正确性。

如果日记账的账页格式是多栏式，在分设库存现金、银行存款收入日记账和支出日记账的情况下，每日终了，应将支出日记账中的本日“支出合计”数，一笔转记入收入日记账中本日“支出合计”栏内，以结算当日账面余额。会计人员应对多栏式日记账的记录加强检查、监督，并负责于月末根据多栏式库存现金、银行存款日记账各专栏的合计数，分别登记有关总分类账户。

(7)记账完毕，出纳人员应在记账凭证中作过账标记，在记账凭证的“出纳”签章栏内签字或盖章。

表 6—13 是“库存现金日记账”的一般格式。

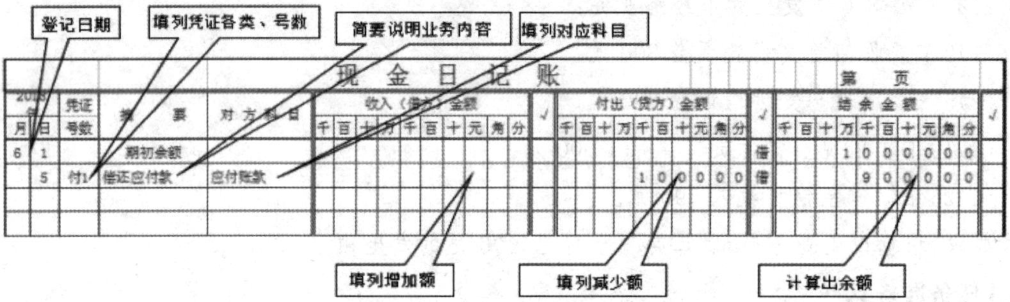

表 6—13　库存现金日记账(三栏式)

【任务实施】

【任务 6—2】根据 6 月的资料，登记“库存现金日记账”的发生额，见表 6—14。

现金日记账　　　　第____页

2020 年 月	日	凭证号数	摘要	对方科目	收入(借方)金额（千百十万千百十元角分）	√	付出(贷方)金额（千百十万千百十元角分）	√	结余金额（千百十万千百十元角分）	√
6	1	略	期初余额					借	150000	
6	2	略	收回货款		80000			借	230000	
6	5	略	支付培训费				30000	借	200000	
6	19	略	支付员工津贴				100000	借	100000	
6	25	略	零星销售收入		59000			借	159000	

表 6—14　库存现金日记账

二、总分类账与明细分类账的登记

(一)总分类账的登记

总分类账可由会计人员，据审核无误的记账凭证逐日逐笔登记，也可以将一定时期的记账凭证汇总编制成“汇总记账凭证”或“科目汇总表”再据以登记，还可以根据多栏式库存现金和银行存款日记账各科目的汇总金额于月末登记。采用哪种方法登记总账，取决于企业所采用的账务处理程序。详细内容见本书项目九。

(二)明细分类账的登记

明细分类账由会计人员根据审核无误的原始凭证、原始凭证汇总表以及记账凭证进行登记，既可以逐日逐笔登记，也可以汇总登记。但债权债务和财产物资明细账应当逐日登记并结出余额，以便随时与对方单位结算以及核对库存余额。

(1)三栏式明细分类账由会计人员根据审核无误的记账凭证，按经济业务发生的顺序逐日逐笔进行登记。

(2)数量金额式明细分类账一般由会计人员和业务人员(如仓库保管员)，根据原始凭证按照经济业务发生的时间先后顺序逐日逐笔登记，逐笔结出余额(至少逐笔结出数量结存)。

(3)多栏式明细分类账由会计人员依据记账凭证顺序逐笔登记。

三、账簿登记的规则

为了保证账簿登记工作的正确、规范，登记账簿时应遵循以下规则：

(1)必须根据审核无误的会计凭证登记账簿。不许凭空记账，不许伪造凭证，不许弄虚作假，不许账外设账。

(2)登记账簿时，应当将会计凭证的日期、凭证种类、编号、业务内容摘要、金额和其他有关资料逐项记在账内；登记完毕后，记账人员要在记账凭证上签名或者盖章，并在记账凭证的“账页”或“记账符号”等专门栏目内注明所记账簿的页数或划“√”符号，表示已经记账，避免重记、漏记。

(3)登记账簿必须使用蓝黑墨水或者碳素墨水书写，不得使用圆珠笔或铅笔书写。红色墨水只能在下列情况使用：

①按照红字冲账的记账凭证，冲销错误记录。

②在不设“借”或“贷”栏的多栏式账页中，登记减少数。

③在三栏式账户的余额栏前，如未印明余额的方向，在余额栏内登记负数余额。

④会计制度中规定用红字登记的其他会计记录，如结账、划线等。

(4)账簿中的文字和数字书写要符合规范，易于辨认。文字和数字紧靠底线，一般占格距的1/2，上方留适当空距，便于更正错账。

(5)记账金额以人民币“元”为单位，元以下记到角、分，没有角、分的整数，小数点以后的两个“0”不得省略不写。

(6)各种账簿登记，不得跳行、隔页。如果不慎发生跳行、隔页，应在空页划线注销，签名或者盖章。订本式账簿发生跳页时，不得撕毁账页，活页式账簿也不得任意抽换账页。

(7)凡需要结出余额的账户，结出余额后，应在标明余额方向的“借或贷”栏内写明“借”

或“贷”字样。没有余额的账户，应在该栏内写“平”字，并在余额栏内（“元”位上）用“0”表示。库存现金日记账和银行存款日记账必须逐日结出余额。

(8)每一张账页登记完毕结转下页时，应结出本页发生额合计数及余额，写在本页最后一行和下页第一行有关栏内，并在本页和次页的摘要栏内分别注明“过次页”和“承前页”字样。也可以将本页发生额合计数及余额只写在下页第一行有关栏内，并在摘要栏内注明“承前页”字样。对需要结计本月发生额的账户，结计“过次页”的本页合计数应当为自本月初起至本页末止的发生额合计数；对需要结计本年累计发生额的账户，结计“过次页”的本页合计数应当为自年初起至本页末止的累计数；对既不需要结计本月发生额，也不需要结计本年累计发生额的账户，可以只将每页末的余额结转至次页。

(9)实行会计电算化的单位，总账和明细账应当定期打印。对于发生的收款和付款业务，在输入收款凭证和付款凭证的当天必须打印出库存现金日记账和银行存款日记账。打印的会计账簿必须连续编号，经审核无误后装订成册，并由记账人员和会计机构负责人或会计主管人员签字或者盖章。

(10)账簿记录发生错误时，不得刮擦、挖补、随意涂改或用退色药水更改字迹，不准重新抄写，应根据错误的具体情况，按规定的方法进行更正。

【任务实操】

请登录理实互动实训教学平台，完成“账簿登记”中的实训任务：

1.账簿登记规则 1—10 题；

2.账簿平行登记 1—3 题。

任务三 对账

【任务引例】

【任务 6—3】企业在月末如何进行对账?

【任务 6—4】账账核对的方法有哪些?

【任务准备】

对账，就是核对账目，是对账簿记录所进行的核对工作。对账是将会计账簿记录的有关数字与库存实物、货币资金、有价证券等相关资料和情况进行核对，还包括与往来单位或者个人等进行的相关核对。

在会计核算工作中，由于种种原因，有时难免会发生各种差错造成账实不符的情况。对账就是为了保证账簿记录的真实性、完整性和准确性，在记账以后结账之前，定期或不定期地对有关数据进行检查、核对，以便为编制财务报表提供真实、可靠数据资料的重要会计工作。

对账工作一般在月末进行，即在记账之后结账之前进行。一些特殊账户，如库存现金日记账，一般应在平时进行对账。若遇有特殊情况，比如有关人员因工作调动而办理移交手续之前，或者发生非常事件后，也应随时进行对账。

对账一般可以分为账证核对、账账核对和账实核对。

一、账证核对

账证核对是将各种账簿记录与记账凭证及其所附原始凭证进行核对。它是将原始凭证、记账凭证与账簿中的对应经济业务进行核对，以查明其时间、凭证字号、内容、数量、金额和会计科目是否一致，记账方向是否相符。这种核对一般是在日常登记账簿过程中进行，期末如果发现账账不符时，就应回过头来对账簿记录与会计凭证进行检查核对，以确保账证相符，纠正记账错误。

二、账账核对

账账核对是将各种账簿之间的有关数字进行核对。单位设置的账簿是一个有机的账簿体系，各种账簿之间存在着相互联系、相互制约、相互依存的关系。利用这种关系，通过账簿的相互核对可以发现记账工作是否有误，从而做到账账相符。账账核对的主要内容包括：

(一)总分类账簿的核对

总分类账中各账户的借方发生额合计数与贷方发生额合计数、期末的借方余额合计数与贷方余额合计数分别核对相符。

(二)总分类账簿与明细分类账簿的核对

总分类账中各账户的本期借、贷方发生额和期末余额与所属各明细分类账户的本期借、贷方发生额合计数和期末余额合计数核对相符，见“总账与明细账的平行登记”。

(三)总分类账簿与序时账簿的核对

总分类账中的库存现金、银行存款账户的本期借、贷方发生额和期末余额，与库存现金日记账和银行存款日记账的本期借、贷方发生额和期末余额核对相符。

(四)会计部门的财产物资明细账与财产物资保管及使用部门的有关明细账定期核对

会计部门的各种财产物资明细分类账的收入、发出、结存数应与财产物资保管和使用部门的有关明细分类账的相应数据记录核对相符，一般是由财产物资保管或使用部门定期编制收发结存汇总表报会计部门核对。

三、账实核对

账实核对是在账账核对的基础上，将各项财产物资等的账面余额与实有数额相核对。账实核对的主要内容包括：

(1)库存现金日记账的账面余额与库存现金实际库存数相核对；

(2)银行存款日记账的账面余额与开户银行对账单相核对；

(3)存货、固定资产等财产物资明细分类账的账面结存数与实存数相核对；

(4)各种债权、债务明细分类账的账面余额与有关债权人、债务人的账目相核对。

【任务实施】

【任务 6—3】对账工作一般在月末进行，即在记账之后结账之前进行。一些特殊账户，如库存现金日记账，一般应在平时进行对账。若遇有特殊情况，比如有关人员因工作调动而办理移交手续之前，或者发生非常事件后，也应随时进行对账。对账一般可以分为账证核对、账账核对和账实核对。

【任务 6—4】账账核对的方法主要包括总分类账簿的核对、总分类账簿与明细分类账簿的核对、总分类账簿与序时账簿的核对、会计部门的财产物资明细账与财产物资保管及使用部门的有关明细账定期核对。

【任务实操】

请登录理实互动实训教学平台，完成“对账”中的实训任务：

1.账证核对 1—1 题；

2.账账核对 1—1 题；

3.账实核对 1—2 题。

任务四 查找与更正错账

【任务引例】

丹江商道制衣有限公司错账的发生及更正情况如下：

【任务6—5】2020年6月10日丹江商道制衣有限公司购进一台机器设备，成本为98 000元，款项尚未支付。填制的记账凭证及账簿记录(明细账记录略)如表6—15、表6—16、表6—17所示。公司于6月25日发现该错误，此时转账凭证编号已至转字号第15号(暂不考虑相关税费)。

【任务6—6】丹江商道制衣有限公司生产车间2020年6月13日领用原材料56 000元，用于产品生产。填制的记账凭证及账簿记录(明细账记录略)如表6—24、表6—25、表6—26所示。公司于6月30日发现该错误，此时转账凭证编号已至转字号第25号。

【任务6—7】沿用上例的资料，只是将错误改为"记账凭证及账簿记录中的金额误记为5 600"。

要求：请将丹江商道制衣有限公司发生的以上错误进行更正。

【任务准备】

在会计实务中，出现登记账簿错误是难免的，比如重记、漏记、数字错位、数字倒码、笔误、科目使用错误等。所以，需定期通过各种对账方法查找出会计账簿的错误信息，并视不同情况按照规定的方法予以更正。

账簿登记的差错按发生时间不同可分为本期差错和前期差错。本期差错是指本期发现同一会计年度所发生的会计差错。前期差错是指由于计算错误、应用会计政策错误、疏忽或曲解事实等对以前年度财务报表造成省略或错报。关于前期差错的更正将在后续课程中学习，这里仅介绍本期差错的更正方法。本期差错的更正方法有划线更正法、红字更正法和补充登记法三种。

一、查找错账方法

(一)差数法

差数法，是指按照错账的差数查找错账的方法。当某项经济业务只登记了会计分录的借方或贷方，借贷方的差额即为错账的差数。例如，在记账过程中只登记了经济业务的借方或贷方，漏记了另一方，从而造成试算平衡中借方合计数与贷方合计数不相等。如果借方金额遗漏，就会使该金额在贷方超出；如果贷方金额遗漏，则会使该金额在借方超出。例如，某项经济业务的会计分录中，借方其他应收款 2 000 元已经登记入账，而贷方银行存款 2 000 元未登记入账，则该期间借方合计数大于贷方合计数 2 000，应查找有无 2 000 元贷方金额漏记。

(二)尾数法

尾数法，是指对于发生的差错只查找末尾数，以提高查找差错效率的方法。这种方法适合于借贷方金额其他位数都一致，而只有末尾数出现差错的情况。

(三)除 2 法

除 2 法，是指以差数除以 2 来查找错账的方法。当某个借方金额错记入贷方(或相反)时，出现错账的差数表现为误记金额的 2 倍，将此差数用 2 去除，得出的商即是反向的金额。例如，应记入“其他应收款”科目借方的 2 000 元误记入贷方，则该期间借方合计数小于贷方合计数 4 000，除以 2 的商 2 000 即为借贷方向相反的金额，应查找有无 2 000 元借方金额误记入贷方。

(四)除 9 法

除 9 法，是指以差数除以 9 来查找错账的方法，适用于以下三种情况：

1.将数字写小

将差数除以 9 得出的商即为写错的数字，商乘以 10 即为正确的数字。例如，将 100 写成 10，差数是错误数字的 9 倍。差数 90 除以 9，商 10 即为错数，扩大 10 倍后即可得出正确的数字 100。

2.将数字写大

将差数除以 9 得出的商为正确的数字，商乘以 10 后所得的积为错误数字。例如，将 20 写成 200，差数是正确数字的 9 倍。差数 180 除以 9 以后，所得的商 20 是正确数字，20 乘以 10(即 200)为错误数字。

3.邻数颠倒

差数除以 9，得出的商连续加 11，直到找出颠倒的数字为止。例如，将 7 714 元误记为 7 174 元，其差数＝7 714－7 174＝540(元)，将 540 除以 9 等于 60，这表明数字颠倒发生在十位与百位之间。将商数 60 加上 11 等于 71，连续加 11 得出 82、93，则可以判断错账的内容为将百位与个位的数字 71 或 82 或 93，颠倒为 17 或者 28 或者 39，那么依次查找百位与个位为 17、28、39 的记录，并与相关会计凭证核对，就能查出错账并加以纠正。

二、更正错账方法

(一)划线更正法

1.适用范围

划线更正法适用于结账前发现的，记账凭证正确无误，只是在过账时发生的文字或数字错误，包括数字抄写与计算错误和文字书写方面的错误。

2.更正的方法与要求

先将错误的文字或数字用单红线划去，表示注销；然后在划线的上面用蓝字写上正确的文字或数字，并由记账人员(更正人员)和机构负责签章。

注意:第一，文字错误可只划掉错误的文字，数字错误则需划掉整笔数字，不能只划掉其中一个或几个写错的数字。例如，将 4 329 错记为 4 392，整个数字全部用红线划去，再在红线上面空白处用蓝字写上 4 329，予以更正，不能只划去 92 改为 29。第二，被划掉的文字或数字仍应清晰可辨，不得涂成模糊一片，以备查考。

(二)红字更正法

红字更正法是指用红字冲销原有错误账户或数字，以更正或调整账簿记录的一种方法。

1.适用范围

红字更正法主要适用于以下两种情况：

(1)记账凭证中使用的会计科目发生错误，包括应借、应贷会计科目名称和方向错误，并已按照错误凭证登记入账所造成的错账。此种错账的更正需要四步来完成，所以将其更正方法称作“四步红字更正法”。

(2)记账凭证中使用的应借、应贷会计科目正确，只是所记金额大于应记金额，并已登记入账所造成的错账。此种错账的更正需要两步来完成，所以将其更正方法称作“二步红字更正法”。

2.“四步红字更正法”更正的方法与要求

第一步，原错误记账凭证内容一致(记账方向和金额均一致)的记账凭证，在摘要栏中写明“冲销某月某日第×号凭证错误”，填制日期为错账的更正日期，凭证编号可以按本日已编凭证顺序编写；

第二步，根据上述红字冲销凭证登记有关账户，冲销原来错误的账簿记录；

第三步，用蓝字重新编制一张正确的记账凭证，在摘要栏中写明“更正某月某日第×号凭证错误”；

第四步，根据上述更正凭证用蓝字登记有关账户，以达到账簿正确记录的目的。

【任务实施】

【任务 6—5】2020 年 6 月 10 日丹江商道制衣有限公司购进一台机器设备，成本为 98 000 元，款项尚未支付。填制的记账凭证及账簿记录（明细账记录略）如表 6—15、表 6—16、表 6—17 所示。公司于 6 月 25 日发现该错误，此时转账凭证编号已至转字号第 15 号（暂不考虑相关税费）。

转账凭证

总字　　号

2020 年 6 月 10 日　　　　转字 8 号

摘要	会计科目				借方余额										贷方余额									
	总分类科目	√	明细科目	√	千	百	十	万	千	百	十	元	角	分	千	百	十	万	千	百	十	元	角	分
购买设备款未付	固定资产	√						9	8	0	0	0	0	0										
	应付账款	√																9	8	0	0	0	0	0
合计							¥	9	8	0	0	0	0	0			¥	9	8	0	0	0	0	0

附属单据　　张

主管：会计主管　　**记账：会计**　　**审核：会计主管**　　**制单：会计**

表 6—15　转账凭证

总分类账

本账页数	
本户页数	

科目名称：固定资产

2020 年		记账凭证号数	摘要	借方										贷方										借或贷	余额									
月	日			千	百	十	万	千	百	十	元	角	分	千	百	十	万	千	百	十	元	角	分		千	百	十	万	千	百	十	元	角	分
6	10	转 8	购买设备，款未付				9	8	0	0	0	0	0																					

表 6—16　总分类账

总分类账

本账页数	
本户页数	

科目名称：应付账款

2020 年		记账凭证号数	摘要	借方										贷方										借或贷	余额									
月	日			千	百	十	万	千	百	十	元	角	分	千	百	十	万	千	百	十	元	角	分		千	百	十	万	千	百	十	元	角	分
6	10	转 8	购买设备，款未付														9	8	0	0	0	0	0											

表 6—17　总分类账

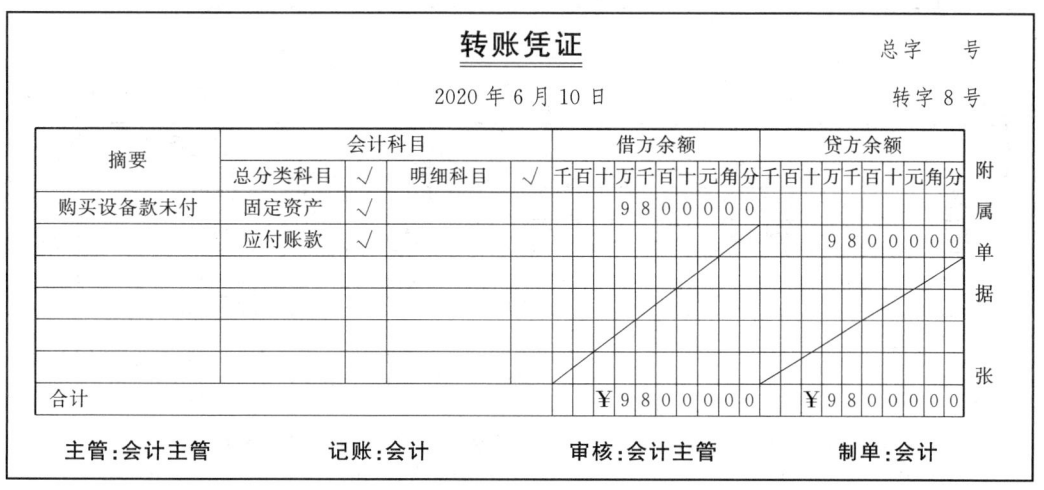

错账更正方法与步骤：

由于本例中的账簿记录错误是记账凭证中的贷方科目使用错误造成的，应采用四步红字更正法进行更正，其步骤如下：

(1)编制一张会计科目、记账方向、金额与错误凭证相同的红字金额的记账凭证，见表6—18。

转账凭证

总字　　号

2020年6月25日　　　　转字16号

摘要	会计科目				借方余额										贷方余额									
	总分类科目	√	明细科目	√	千	百	十	万	千	百	十	元	角	分	千	百	十	万	千	百	十	元	角	分
冲销6月10日转字第8号凭证错误	固定资产	√						9	8	0	0	0	0	0										
	应付账款	√																9	8	0	0	0	0	0
合计							¥	9	8	0	0	0	0	0			¥	9	8	0	0	0	0	0

附属单据　张

主管：会计主管　　记账：成本会计　　审核：会计主管　　制单：成本会计

表6—18　转账凭证

(注意：表6—18中转账凭证的金额为红字)

(2)根据上述红字凭证登记"固定资产""应付账款"总分类账，见表6—19、表6—20。

总分类账

本账页数	
本户页数	

科目名称：固定资产

2020年		记账凭证号数	摘要	借方										贷方										借或贷	余额									
月	日			千	百	十	万	千	百	十	元	角	分	千	百	十	万	千	百	十	元	角	分		千	百	十	万	千	百	十	元	角	分
6	10	转8	购买设备款未付				9	8	0	0	0	0	0																					
6	25	转16	冲销6月10日转字第8号凭证错误				9	8	0	0	0	0	0																					

表6—19　总分类账

(注意：表6—19中摘要为"冲销6月10日转字第8号错误凭证"后面对应的借方金额98 000为红字)

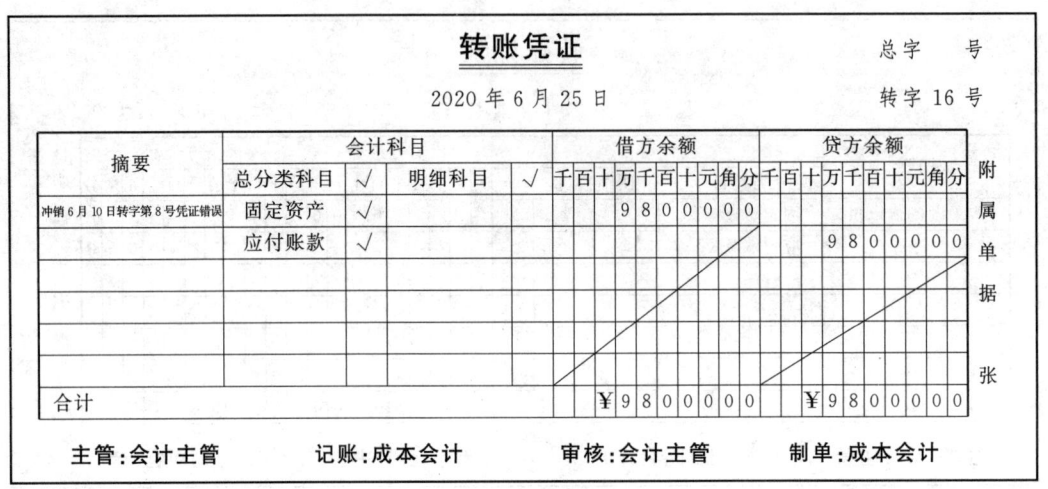

总分类账

本账页数	
本户页数	

科目名称：应付账款

2020年		记账凭证	摘要	借方										贷方										借或贷	余额									
月	日	证号数		千	百	十	万	千	百	十	元	角	分	千	百	十	万	千	百	十	元	角	分		千	百	十	万	千	百	十	元	角	分
6	10	转 8	购买设备款未付														9	8	0	0	0	0	0											
6	25	转 16	冲销 6 月 10 日转字第 8 号凭证错误														9	8	0	0	0	0	0											

表 6—20　总分类账

（注意：表 6—20 中摘要为“冲销 6 月 10 日转字第 8 号错误凭证”后面对应的贷方金额 98 000 为红字）

（3）用蓝字编制一张正确的记账凭证，见表 6—21。

转账凭证

总字　　号

2020 年 6 月 25 日　　　　转字 17 号

摘要	会计科目				借方余额										贷方余额									
	总分类科目	√	明细科目	√	千	百	十	万	千	百	十	元	角	分	千	百	十	万	千	百	十	元	角	分
更正 6 月 10 日转字第 8 号凭证错误	固定资产	√						9	8	0	0	0	0	0										
	应付账款	√																9	8	0	0	0	0	0
合计							¥	9	8	0	0	0	0	0			¥	9	8	0	0	0	0	0

附属单据　张

主管：会计主管　　记账：会计　　审核：会计主管　　制单：会计

表 6—21　转账凭证

（4）根据上述更正凭证登记“固定资产”“应付账款”总分类账，见表 6—22、表 6—23。

总分类账

本账页数	
本户页数	

科目名称：固定资产

2020年		记账凭证	摘要	借方										贷方										借或贷	余额									
月	日	证号数		千	百	十	万	千	百	十	元	角	分	千	百	十	万	千	百	十	元	角	分		千	百	十	万	千	百	十	元	角	分
6	10	转 8	购买设备款未付				9	8	0	0	0	0	0																					
6	25	转 16	冲销 6 月 10 日转字第 8 号凭证错误				9	8	0	0	0	0	0																					
6	25	转 17	更正 6 月 10 日转字第 8 号凭证错误				9	8	0	0	0	0	0																					

表 6—22　总分类账

（注意：表 6—22 中摘要为“冲销 6 月 10 日转字第 8 号错误凭证”后面对应的借方金额 98 000 为红字）

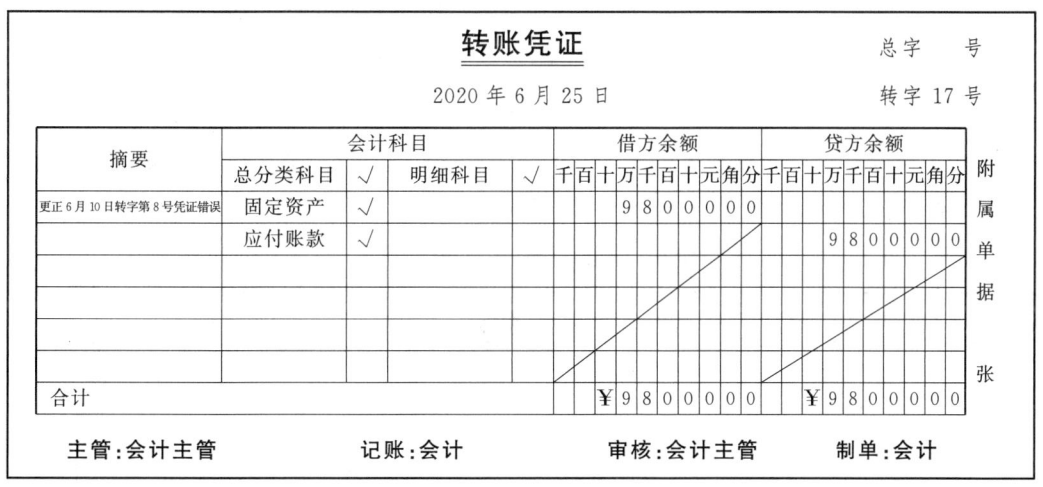

总分类账

本账页数	
本户页数	

科目名称：应付账款

2020年		记账凭证号数	摘要	借方										贷方										借或贷	余额									
月	日			千	百	十	万	千	百	十	元	角	分	千	百	十	万	千	百	十	元	角	分		千	百	十	万	千	百	十	元	角	分
6	25	转17	更正6月10日转字第8号凭证错误														9	8	0	0	0	0	0											

表6—23　总分类账

3.“二步红字更正法”更正的方法与要求

第一步，编制一张红字金额为正确金额与错误金额差额的记账凭证（账户及对应关系均与原记账凭证相同），在摘要栏中写明“冲销某月某日第×号凭证多记金额”。

第二步，根据上述红字凭证，用红字金额登记有关账户，冲销账簿多记金额，反映出正确金额。

【任务6—6】丹江商道制衣有限公司生产车间2020年6月13日领用原材料56 000元，用于产品生产。填制的记账凭证及账簿记录（明细账记录略）如表6—24、表6—25、表6—26所示。公司于6月30日发现该错误，此时转账凭证编号已至转字号第25号。

转账凭证

总字　　号

2020年6月13日　　　　转字12号

摘要	会计科目				借方余额										贷方余额									
	总分类科目	√	明细科目	√	千	百	十	万	千	百	十	元	角	分	千	百	十	万	千	百	十	元	角	分
生产产品领用材料	生产成本	√						6	5	0	0	0	0	0										
	原材料	√																6	5	0	0	0	0	0
合计							¥	6	5	0	0	0	0	0			¥	6	5	0	0	0	0	0

附属单据　张

主管：会计主管　　记账：成本会计　　审核：会计主管　　制单：成本会计

表6—24　转账凭证

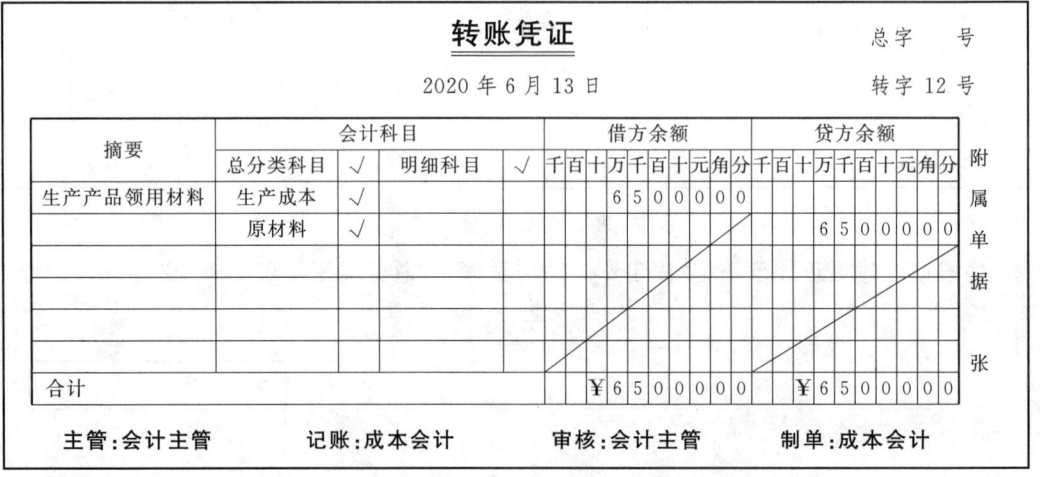

总分类账

本账页数	
本户页数	

科目名称：生产成本

2020年		记账凭	摘要	借方										贷方										借或贷	余额									
月	日	证号数		千	百	十	万	千	百	十	元	角	分	千	百	十	万	千	百	十	元	角	分		千	百	十	万	千	百	十	元	角	分
6	13	转12	生产产品领用材料				6	5	0	0	0	0	0																					

表6－25　总分类账

总分类账

本账页数	
本户页数	

科目名称：原材料

2020年		记账凭	摘要	借方										贷方										借或贷	余额									
月	日	证号数		千	百	十	万	千	百	十	元	角	分	千	百	十	万	千	百	十	元	角	分		千	百	十	万	千	百	十	元	角	分
6	13	转12	生产产品领用材料														6	5	0	0	0	0	0											

表6－26　总分类账

错账更正方法与步骤：

本例中的账簿记录错误是由于记账凭证金额多记造成的，应采用二步红字更正法进行更正。其步骤如下：

(1)编制一张与错误凭证会计科目及对应关系相同的记账凭证，金额为多记的金额9 000元，并用红字表示，见表6－27。

(2)根据上述红字凭证登记“生产成本”“原材料”总分类账，冲销账簿错误记录，见表6－28、表6－29。

转账凭证

总字　　号

2020年6月30日　　　　转字36号

摘要	会计科目				借方余额										贷方余额									
	总分类科目	√	明细科目	√	千	百	十	万	千	百	十	元	角	分	千	百	十	万	千	百	十	元	角	分
冲销6月13日转字第12号凭证多记金额	生产成本	√							9	0	0	0	0	0										
	原材料	√																	9	0	0	0	0	0
合计								¥	9	0	0	0	0	0				¥	9	0	0	0	0	0

附属单据　　张

主管：会计主管　　记账：成本会计　　审核：会计主管　　制单：成本会计

表6－27　转账凭证

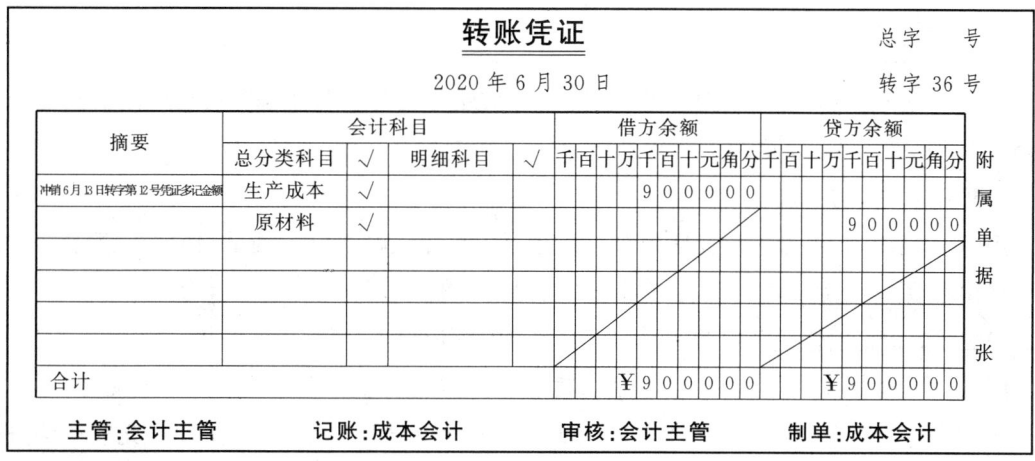

（注意：表 6—27 中转账凭证的金额为红字）

总分类账

本账页数	
本户页数	

科目名称：生产成本

2020 年		记账凭证号数	摘要	借方										贷方										借或贷	余额									
月	日			千	百	十	万	千	百	十	元	角	分	千	百	十	万	千	百	十	元	角	分		千	百	十	万	千	百	十	元	角	分
6	13	转 12	生产产品领用材料				6	5	0	0	0	0	0																					
6	30	转 26	冲销 6 月 13 日转字第 12 号凭证多记金额					9	0	0	0	0	0																					

表 6—28　总分类账

（注意：表 6—28 中摘要为“冲销 6 月 13 日转字第 12 号凭证多记金额”后面对应的借方金额 9 000 为红字）

总分类账

本账页数	
本户页数	

科目名称：原材料

2020 年		记账凭证号数	摘要	借方										贷方										借或贷	余额									
月	日			千	百	十	万	千	百	十	元	角	分	千	百	十	万	千	百	十	元	角	分		千	百	十	万	千	百	十	元	角	分
6	13	转 12	生产成品领用材料														6	5	0	0	0	0	0											
6	30	转 26	冲销 6 月 13 日转字第 12 号凭证多记金额															9	0	0	0	0	0											

表 6—29　总分类账

（注意：表 6—29 中摘要为“冲销 6 月 13 日转字第 12 号凭证多记金额”后面对应的贷方金额 9 000 为红字）

（三）补充登记法

1.适用范围

补充登记法适用于记账凭证中使用的应借、应贷方会计科目正确，只是所记金额小于应记金额，并已登记入账，造成账簿记录金额少记的错账。

2.更正的方法与要求

第一步，按少记的金额用蓝字填制一张与原记账凭证账户对应关系相同的记账凭证，在摘要栏中写明“补充登记某月某日第×号凭证少记金额”。

第二步，根据上述凭证用蓝字登记有关账户，补记少记金额。

【任务 6—7】沿用上例的资料，只是将错误改为“记账凭证及账簿记录中的金额误记为 5 600”。

本例中的账簿记录错误是由于记账凭证中的金额少记而造成的，应采用补充登记法进行更正。其步骤如下：

(1)编制一张与错误凭证会计科目及对应关系相同的记账凭证，金额为少记的金额 50 400 元，用蓝字表示，见表 6—30。

转账凭证

总字　　号

2020 年 6 月 30 日　　　　转字 26 号

摘要	会计科目				借方余额										贷方余额										附属单据　　张
	总分类科目	√	明细科目	√	千	百	十	万	千	百	十	元	角	分	千	百	十	万	千	百	十	元	角	分	
补记6月13日转字第12号凭证少记金额	生产成本	√						5	0	4	0	0	0	0											
	原材料	√																5	0	4	0	0	0	0	
合计							¥	5	0	4	0	0	0	0			¥	5	0	4	0	0	0	0	

主管:会计主管　　**记账:综合会计**　　**审核:会计主管**　　**制单:成本会计**

表 6—30　转账凭证

(2)根据上述凭证用蓝字登记“生产成本”“原材料”账户，将少记的 50 400 元予以补充登记，见表 6—31、表 6—32。

总分类账

本账页数	
本户页数	

科目名称:生产成本

2020 年		记账凭证号数	摘要	借方										贷方										借或贷	余额									
月	日			千	百	十	万	千	百	十	元	角	分	千	百	十	万	千	百	十	元	角	分		千	百	十	万	千	百	十	元	角	分
6	13	转 12	生产产品领用材料					5	6	0	0	0	0																					
6	30	转 26	补记 6 月 13 日转字第 12 号凭证少记金额				5	0	4	0	0	0	0																					

表 6—31　总分类账

总分类账

本账页数	
本户页数	

科目名称:原材料

2020 年		记账凭证号数	摘要	借方										贷方										借或贷	余额									
月	日			千	百	十	万	千	百	十	元	角	分	千	百	十	万	千	百	十	元	角	分		千	百	十	万	千	百	十	元	角	分
6	13	转 12	生产产品领用材料															5	6	0	0	0	0											
6	30	转 26	补充 6 月 13 日转字第 12 号凭证少记金额														5	0	4	0	0	0	0											

表 6—32　总分类账

采用红字更正法或补充登记法进行错账更正时，如果账簿记录与记账凭证记录不相符，

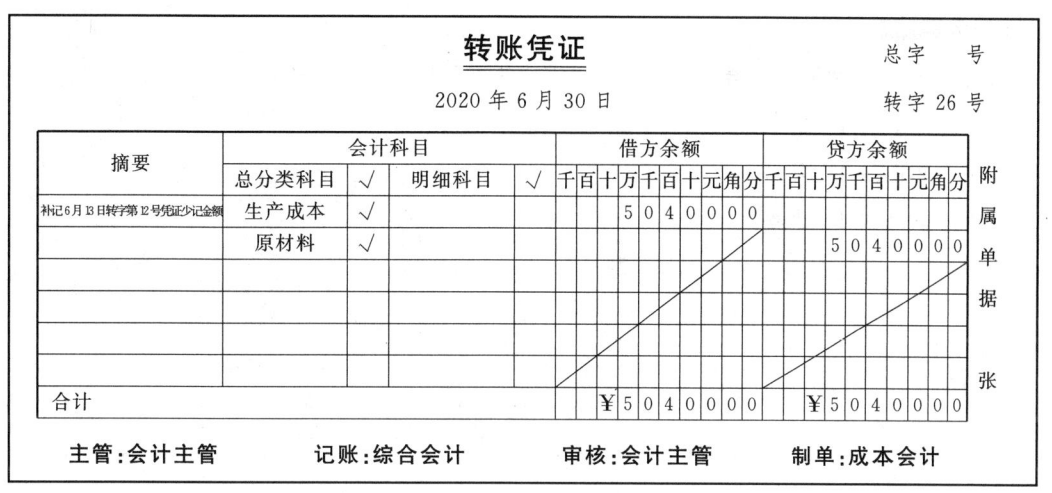

应首先采用划线更正法等方法更正账簿的记录，使之与原记账凭证记录相符，然后再采用这两种方法进行更正。

【任务实操】

请登录理实互动实训教学平台，完成“错账更正”中的实训任务：

1.划线更正法 1—2 题；

2.红字更正法 1—7 题；

3.补充登记法 1—2 题。

任务五 结账

【任务引例】

【任务 6—8】什么是结账?

【任务 6—9】结账的方法有哪些?

【任务准备】

一、结账的概念

结账，是指在本期内所发生的经济业务全部登记入账的基础上，于会计期末按照规定的方法结算账目，包括结出本期发生额和期末余额。

结账是一项将账簿记录定期结算清楚的账务工作。在一定时期结束时(如月末、季末或年末)，为了编制财务报表，需要进行结账，具体包括月结、季结和年结。

结账的内容主要包括两方面:(1)结清各种损益类账户，并据以计算确定本期利润;(2)结出各资产、负债和所有者权益账户的本期发生额合计和期末余额。

二、结账的程序

1.结账前，将本期发生的经济业务全部登记入账，并保证其正确性。若发现漏记、错记，应及时补记、更正。不能把本期发生的经济业务延至下期入账，更不得先编制财务报表后结账。

2.在本期经济业务全部登记入账的基础上，根据权责发生制的要求，调整有关账项，合理确定应计入本期的收入和费用。调整期末账项的内容主要包括:

(1)调整应计收入。调整应计收入是指本期已发生而且符合收入确认条件，应归属本期的收入，但尚未收到款项而未入账的产品销售收入或者劳务收入，应计入本期收入。

(2)调整应计费用，是指本期已发生应归属本期的费用，但未实际支付款项而未入账的成本、费用，应计入本期费用，如应计银行短期借款利息等。

(3)调整分摊收入，是指前期已经收到款项，但由于尚未提供产品或劳务，因而在当时没有确认为收入入账的预收款项，本期按照提供产品或者劳务的情况进行分摊确认为本期收入。

(4)调整分摊费用，是指原来预付的各项费用应确认为本期费用，如各种待摊性质的费用。

(5)调整其他期末账项，如计提固定资产折旧、结转完工产品成本和已售产品成本等。

3.将各损益类账户余额全部转入“本年利润”账户，结平所有损益类账户。

4.结出资产、负债和所有者权益账户的本期发生额和余额，并转入下期。

三、结账的种类和方法

结账按结算时期不同，可以分为月结、季结和年结三种。

(一)月结

月度结账时，应该结出本月借、贷双方的发生额及月末余额，对于有余额的账户应在摘要栏内注明“本月发生额及期末余额”，对于没有余额的损益类等账户应在摘要栏内注明“本月合计”，同时在该行的上下端各划一条通栏红线，表示本月的账簿记录已经结束。如果本月只有一笔记录，结账时，可只在这笔记录下面划一条通栏红线，不用结记本月发生额，表示本月记录到此为止。本月没有发生额的账户，不必进行月结。

对于需要结计本年累计发生额的收入、费用、成本等账户，每月结账时，还应在“本月合计”行下结出自年初起至本月末止的累计数额，登记在月份发生额下面，在摘要栏内注明“本年累计”字样，并在下面再划通栏单红线，与下月记录分开。

(二)季结

季度终了，在本季最后一个月的月结(需按月结出本年累计发生额的，应在“本年累计”)下一行中的摘要栏内填写“第×季度发生额或余额”或“第×季度合计”字样，在“借方”“贷方”“余额”各栏，计算出本季发生额和余额，再在季结下划一道通栏单红线以便与下季度发生额区分清楚。

(三)年结

年度终了，要在第四季度的季结下一行的摘要栏内填写“本年发生额及余额”、“本年合计”或“结转下年”字样，在“借方”“贷方”“余额”各栏，计算出本年发生额及余额，再在年结下划通栏双红线，以表示本年度经济业务记录的结束。对于月结时需要结计本年累计发生额的某些明细账户，12 月末的“本年累计”就是全年累计发生额，在该栏下划通栏双红线即办理了年结。

四、账簿的更换与保管

(一)账簿的更换

会计账簿的更换，是指在会计年度终了时，将上一年度的旧账簿更换为新账簿。会计账簿的更换通常在新会计年度建账时进行。

总账、日记账和多数明细账，应每年更换一次。年初，将旧账簿中的各账户余额直接记入新账簿中有关账户新账页的第一行“余额”栏内；同时，在“摘要”栏内加盖“上年结转”戳记，将旧账页最后一行数字下的空格划一条斜红线注销，在旧账页最后一行“摘要”栏内注明“结转下年”字样。在新旧账户之间转记余额，不需填制凭证。

部分明细账可跨年度使用，不必每年更换新账。但需在“摘要”栏内注明“结转下年”字样，以区分新旧年度之间的记录。如固定资产明细账，因年度内变动不多，年初可不必更换账簿；又如原材料明细账和债权债务明细账，由于材料品种、规格和往来单位较多，更换新账重抄一遍工作量较大，也可不必每年更换新账。

备查账簿，可连续使用。

(二)账簿的保管

账簿作为重要的历史资料和会计档案，各单位应该按照国家会计制度的规定，妥善保管，以供日后检查、分析和审计。账簿的保管应由专人负责，以明确责任。

1.账簿的日常保管

(1)在日常，账簿应由各自分管的记账人员专门保管，比如库存现金、银行存款日记账由出纳人员保管，总账由总账会计人员保管，明细账由各明细账会计人员保管。

(2)账簿未经单位负责人和会计机构负责人(会计主管人员)批准，非经管人员不能随意翻阅、查看、摘抄和复制。

(3)除非特殊需要(如与外单位核对账目)或司法介入，会计账簿一律不允许携带外出。对需要携带外出的账簿，必须经单位负责人和会计机构负责人(会计主管人员)批准，并指定专人负责，不准交给其他人员管理，以保证账簿的安全和防止任意涂改账簿等现象的发生。

2.账簿的归档保管

(1)年度终了，会计人员应对更换下来的活页账、卡片账都装订成册，顺序编号，加具封面封底，连同订本账一起，登记存档保管。采用计算机进行会计核算的单位，应当保存打印出的纸质会计账簿。

(2)当年形成的会计账簿，在会计年度终了后，可暂由会计机构保管一年，期满之后，应当由会计机构编制移交清册，移交本单位档案机构统一保管；未设立档案机构的，应当在会计机构内部指定专人保管，但出纳人员不得兼管会计档案。

(3)账簿应当按照国家统一规定的保管期限保管(保管期限见表6—33)，不得在保管期限未满时销毁账簿。

(4)账簿保管期满，需要销毁时，由本单位档案部门提出销毁意见，会同会计部门共同鉴定，严格审查，编造会计档案销毁清册，报经单位负责人批准后由专人监销，由其在销毁清册上签章并向单位负责人报告。

档案名称	保管年限	备注
一、会计凭证类		
1.原始凭证	15年	
2.记账凭证	15年	
3.汇总凭证	15年	

续表

档案名称	保管年限	备注
二、会计账簿类		
4.总账	15年	包括日记账
5.明细账	15年	
6.日记账	15年	现金和银行存款日记账保管25年
7.固定资产卡片		固定资产报废清理后保管5年
8.辅助账簿	15年	
三、账务报告类		包括各级主管部门汇总账务报告
9.月、季度账务报告	3年	包括文字分析
10.年度财务报告(决算)	永久	包括文字分析
四、其他类		
11.会计移交清册	15年	
12.会计档案保管清册	永久	
13.会计档案销毁清册	永久	
14.银行余额调节表	5年	
15.银行对账单	5年	

表6—33　企业和其他组织会计档案保管期限表

五、会计人员交接规则

记账人员或会计机构负责人(或会计主管人员)调动工作或因故离职时，应办理交接手续，将本人所经管的会计工作全部移交给接替人员。没有办清交接手续的，不得调动或离职。交接时，应在“账簿启用表”交接记录栏内，注明交接日期、接替人员和监交人员姓名，并由交接双方人员签名或盖章。一般会计人员办理交接手续，由会计机构负责人(会计主管人员)监交，而会计机构负责人(会计主管人员)办理交接手续，由单位负责人监交，必要时主管单位可以派人会同监交。

【任务实施】

【任务6—8】结账是指在本期内所发生的经济业务全部登记入账的基础上于会计期末按照规定的方法结算账目，包括结出本期发生额和期末余额。

【任务6—9】结账按结算时期不同，可以分为月结、季结和年结三种。

【任务实操】

请登录理实互动实训教学平台，完成“结账”中的实训任务：

1.账簿月结1—5题；

2.账簿年结1—2题。

项目七 开展财产清查

7

【知识目标】

(1)理解财产清查的概念及种类;

(2)熟练掌握库存现金清查的方法及账务处理;

(3)熟练掌握银行存款清查的方法;

(4)熟练掌握往来款项清查的方法;

(5)熟练掌握存货的清查方法及账务处理。

【能力目标】

(1)能够正确进行现金清查,并编制相关会计分录;

(2)能够正确进行银行存款清查,并编制银行存款余额调节表;

(3)能够正确进行往来款项的清查,并编制往来款项对账单;

(4)能够正确进行存货的清查,并编制相关会计分录。

【素质目标】

(1)培养严格认真、一丝不苟的学习工作态度;

(2)培养廉洁自律、不贪不占的职业素养;

(3)培养客观公正、诚实守信的职业品质和道德情操。

【思维导图】

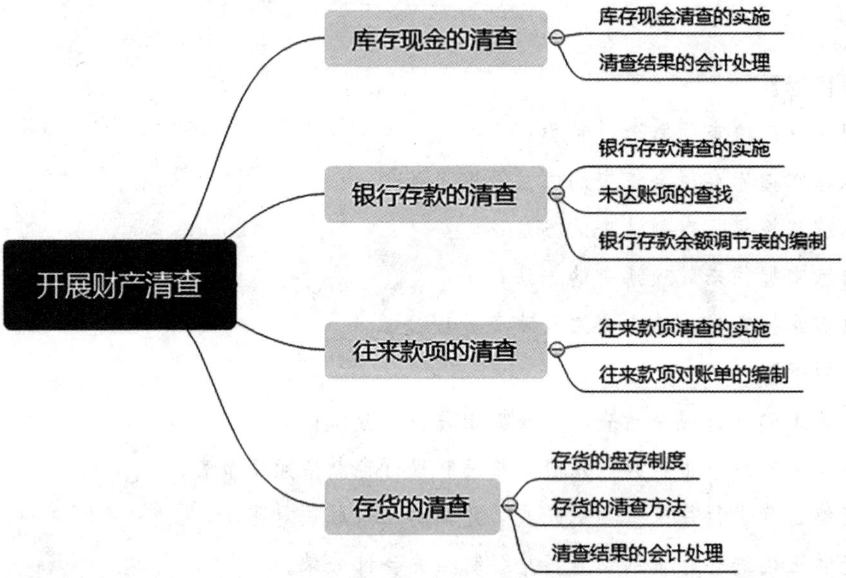
开展财产清查
库存现金的清查
库存现金清查的实施
清查结果的会计处理
银行存款的清查
银行存款清查的实施
未达账项的查找
银行存款余额调节表的编制
往来款项的清查
往来款项清查的实施
往来款项对账单的编制
存货的清查
存货的盘存制度
存货的清查方法
清查结果的会计处理

工作情境

企业为了保证财产物资的安全完整，通常会定期或不定期核对财产物资是否账实相符。在财产清查中，可能会发生各种各样的问题，例如，库存现金的账面余额与实地盘点的余额不符，银行存款的账面余额与银行对账单余额不符，往来款项的金额与对方单位核对不符，多种存货的账面数与实存数不符。假设你是一家公司的会计人员，该如何对上述资产进行清查？当发生资产账实不符的情况时，又该如何进行会计处理？

希望通过本项目的学习，能够帮您解开这些疑问。

任务一　认知财产清查

【任务引例】

【任务 7—1】什么是财产清查？

【任务 7—2】财产清查的种类包括哪些？

【任务准备】

一、财产清查的概念

财产清查是通过对单位的货币资金、实物资产和往来款项的盘点或核对，确定其实存数，查明账存数与实存数是否相符的一种专门方法。各单位应当建立财产清查制度，保证账簿记录与实物、款项相符。

二、财产清查的必要性

在实际工作中，各项财产物资的账存数与实存数往往会产生差异。造成这种情况的主观和客观原因是多方面的，归纳起来一般有以下几种情况：

1.财产物资在收发过程中，由于计量、检验不准确发生的多收多付或少收少付等情况；

2.财产物资在保管过程中发生的自然损耗或升溢；

3.由于管理不善或责任人失职，造成的财产损坏、霉烂、变质，或库存现金和债权债务的短缺等；

4.由于贪污盗窃、营私舞弊等造成的财产损失；

5.由于自然灾害造成的非常损失；

6.结算过程中，由于结算凭证传递不及时形成未达账项而引起的账实不符等。

为了保证会计账簿记录的真实和准确，进一步建立健全财产物资管理制度，确保企业财产的安全完整，就必须运用财产清查这一行之有效的会计核算方法，对各项财产进行定期或不定期的清查，对账存数与实存数不相符的差异，要调整账簿记录，并查明原因和责任，按有关规定做出处理，从而做到账实相符。

三、财产清查的种类

(一)按清查的对象和范围划分，财产清查可分为全面清查和局部清查

1.全面清查

全面清查是指对企业全部资产进行全面的盘点和核对。全面清查的对象既包括所有权属于本企业的各种财产，也包括所有权不属于本企业、只是由本企业代管的各项财产物资。

企业发生下列情况时必须进行全面清查：

(1)年终决算之前；

(2)企业破产，单位撤销、合并或改变隶属关系时；

(3)开展全面的资产评估和清产核资时；

(4)单位主要负责人调离工作岗位时。

2.局部清查

局部清查是指根据经营管理的需要，对企业的一部分财产物资和债权债务进行的盘点和核对。局部清查一般是针对重要财产和流动性较大的财产进行的，如对库存现金、原材料、产成品以及其他贵重物资进行的清查盘点。

企业开展局部清查的内容一般包括：

(1)对于库存现金，应由出纳员在每日业务终了时清点核对；

(2)对于银行存款、短期借款(银行借款)，应每月与银行核对一次对账单；

(3)对于原材料、产成品、在产品及在途材料、贵重物品，应每月清查盘点一次；

(4)对于债权、债务，每年至少要同对方核对一至两次，发现问题及时解决，避免坏账损失；

(5)因遭受自然灾害或发生盗窃事件，以及更换实物保管人时，应对有关财产物资或货币资金进行局部的清查和盘点。

(二)按清查的时间划分，财产清查可分为定期清查和不定期清查

1.定期清查

定期清查是指根据预先安排的时间对财产物资进行的清查。定期清查一般在财产物资管理制度中予以规定，其时间一般在年末、季末、月末结账前进行，以保证账实相符，会计报表资料真实可靠。

定期清查可以是局部清查，也可以是全面清查。一般情况下，年末进行全面清查，季末、月末进行局部清查。季末清查的范围一般要比月末清查大一些。

2.不定期清查

不定期清查是指根据需要对财产物资进行的临时清查。

不定期清查一般是局部清查，也可以是全面清查。不定期清查一般在下列情况下进行：

(1)更换财产物资和现金的经管人员时；

(2)财产物资发生非常灾害或意外损失时；

(3)开展临时性清产核资时；

(4)上级主管部门进行会计检查时；

(5)其他需要临时清查的情况。

(三)按清查的执行单位划分，财产清查可分为内部清查和外部清查

1.内部清查

内部清查是由企业自行组织清查工作小组所进行的财产清查。

2.外部清查

外部清查是指由企业以外的有关部门或人员根据国家法律或制度的规定对企业所进行的财产清查。

【任务实施】

【任务7—1】财产清查是通过对单位的货币资金、实物资产和往来款项的盘点或核对，确定其实存数，查明账存数与实存数是否相符的一种专门方法。各单位应当建立财产清查制度，保证账簿记录与实物、款项相符。

【任务7—2】财产清查的种类可以按多种分类标准进行分类，按清查的对象和范围划分，财产清查可分为全面清查和局部清查；按清查的时间划分，财产清查可分为定期清查和不定期清查；按清查的执行单位划分，财产清查可分为内部清查和外部清查。

四、财产清查的准备

财产清查是一项复杂、细致的工作，涉及面广，工作量较大。为了使这项工作能够顺利进行，必须有组织、有计划、有步骤地做好各项工作。

(一)成立财产清查机构

为了顺利进行财产清查工作，保证财产清查的质量，财产清查时应成立专门的财产清查工作领导小组，并配备数量足够、责任心强、工作认真负责、业务水平高的财产清查人员。财产清查工作领导小组应由单位负责人任组长，负责整个清查工作的组织协调；由总会计师或主管厂长任副组长，负责财产清查工作的具体落实；同时，由财会部门、设备、技术、生产、行

政及各有关部门参加，保证财产清查工作各环节的顺利进行。

(二)下达实物资产清查任务

财产清查领导小组应及时向被清查的各单位下达财产清查任务。单位下达实物资产清查任务一般以财产清查通知的形式进行。财产清查的通知内容一般包括清查的意义、清查的目的、清查的时点及范围、清查方式和时间安排、清查工作要求等。

(三)做好各项业务准备

1.财会部门应在财产清查之前，将所有已发生的经济业务登记入账，并结出有关账户余额，核对清楚。做到账簿记录完整，计算正确，账证相符，账账相符，为财产清查提供正确可靠的依据。

2.财产物资保管部门应将截至财产清查时点前的各项财产物资的收支，办理好凭证手续，全部登记入账，并结出余额。同时，财产物资保管人员应将其所保管的各种财产物资，归类整理，堆放整齐，挂上标签，标明品种、规格和结存数量，以便盘点核对。

3.财产清查小组应组织有关部门准备好各种必要的、精确的度量器具，印制好各种财产清查的登记表册。

五、财产清查结果的账务处理

为了反映和监督企业在财产清查过程中查明的各种财产物资的盘盈、盘亏、毁损及其处理情况，应设置“待处理财产损溢”账户。该账户属于双重性质的资产类账户，下设“待处理流动资产损溢”和“待处理非流动资产损溢”两个明细分类账户进行明细分类核算。

该账户的借方登记财产物资的盘亏、毁损数和批准转销的财产物资盘盈数；贷方登记财产物资的盘盈数和批准转销的财产物资盘亏及毁损数。“待处理财产损溢”账户的结构如图 7－1 所示。

借方　　　　待处理财产损溢　　　　贷方

(1) 待处理的盘亏、毁损数	(1) 待处理的盘盈数
(2) 批准转销的盘盈数	(2) 批准转销的盘亏、毁损数

图 7－1　待处理财产损溢账户的结构

【任务实操】

请登录理实互动教学平台完成“认知财产清查”中的练习题。

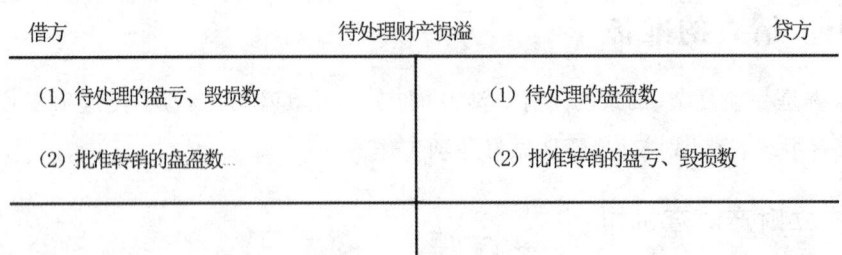

任务二 清查库存现金

【任务引例】

【任务7—3】丹江商道制衣有限公司2020年6月对库存现金进行清查时，发现账实不符，根据“库存现金盘点报告表”所列，库存现金盘盈200元。经查，该款无法查明原因，经领导批准转作营业外收入。

【任务7—4】丹江商道制衣有限公司2020年7月对库存现金进行清查时，发现账实不符，根据“库存现金盘点报告表”所列，库存现金盘亏500元。经查，出纳员失职造成现金短缺300元，由出纳员李娜赔偿，另外200元无法查明原因，经领导批准记入管理费用。

要求：根据上述情况进行账务处理。

【任务准备】

一、库存现金的清查

库存现金的清查，是采用实地盘点法确定库存现金的实存数，然后与库存现金日记账的账面余额相核对，确定账实是否相符。

(一)库存现金清查的范围

库存现金清查的范围包括以下内容：

1.库存现金的实有数额与账面数额是否相符；

2.库存现金是否按《现金管理暂行条例》的规定用途支出；

3.库存现金余额是否超过银行规定的库存现金限额；

4.有无白条抵库的情况；

5.有无违反单位其他现金管理制度的情况。

(二)库存现金清查的种类

企业库存现金的清查，一般包括日常自查和专门清查两种。

日常自查是指每日营业终了，出纳人员应根据当日的收付款凭证登记现金日记账，结出现金账户的账面余额，并将现金账户的期末余额与库存现金的实有数额相互核对，以确定账实是否相符。对于当日自查账实不符的，出纳人员应先自行核对账目，查找原因，并将长短款情况向会计机构负责人或会计主管人员报告。对于由于出纳人员自身原因造成的短款情况，一般应由出纳人员赔偿；对于其他原因造成的长短款情况，应报请企业董事会或厂长经理会议等类似机构批准后进行处理。

专门清查是指由专门的财产清查人员和出纳人员一起对库存现金进行的清查。单位应建立定期和不定期的现金专门清查制度，防止出纳人员的舞弊行为。定期专门清查时间应视企业的不同情况而定，对于以现金收付为主的单位，每月应安排两次以上的专门清查；对于一般单位，至少应于月末结账前对库存现金进行一次专门清查。

(三)库存现金清查的方法

库存现金清查应采用实地盘点法，即出纳人员在清查人员的监督下清点保险柜内的现金，以确定库存现金的实有数，然后与"库存现金日记账"的账面结存余额相核对，以查明账实是否相符以及有无违反《现金管理暂行条例》规定的各种情况。现金清查后，需填制"库存现金盘点报告表"(见表 7—1)，该表是对现金进行账项调整和对比分析的原始凭证，应由清查人员和出纳人员签名或盖章，并由会计机构负责人(会计主管人员)审核后签名或盖章。"库存现金盘点报告表"一般一式两联，一联为"报账联"，作为调整现金账的依据；另一联为"批复联"，作为处理现金盘盈盘亏的依据。

库存现金盘点报告表

单位名称： 年 月 日

实存金额	账存金额	对比结果		备注
		盘盈	盘亏	
现金使用情况	(1)库存现金限额： (2)白条抵库情况： (3)违反规定的现金支出情况： (4)其他违反行为：			
处理决定： 总经理：				

会计机构负责人： 盘点人： 出纳员：

表 7—1 库存现金盘点报告表

二、库存现金清查结果的会计处理

(一)库存现金盘盈的处理

库存现金盘盈时，应及时办理库存现金的入账手续，调整库存现金的账簿记录，即按盘盈的金额借记“库存现金”账户，贷记“待处理财产损溢——待处理流动资产损溢”账户。

对于盘盈的库存现金，应及时查明原因，按管理权限报经批准后，按原记入“待处理财产损溢——待处理流动资产损溢”账户贷方的金额借记“待处理财产损溢——待处理流动资产损溢”账户，按需要支付或退还他人的金额贷记“其他应付款”账户，按无法查明原因的金额贷记“营业外收入”账户。

【任务实施】

【任务 7—3】丹江商道制衣有限公司 2020 年 6 月对库存现金进行清查时，发现以下问题：

库存现金日记账

2020 年		记账凭证号数	摘要	对方科目	借方	贷方	余额
月	日						
6	25		承前页				2 000
	26	略	提取现金	银行存款	20 000		22 000
	28		支付电话费	管理费用		3 500	18 500
	29		报销差旅费	管理费用		8 000	10 500
	30		购买办公用品	管理费用		3 000	7 500

表 7—2　库存现金日记账(简表)

库存现金盘点报告表

单位名称:丹江商道制衣有限公司　　　2020 年 6 月 30 日

实存金额	账存金额	对比结果		备注
		盘盈	盘亏	
7 700	7 500	200		
现金使用情况	(1)库存现金限额:8 000 (2)白条抵库情况:无 (3)违反规定的现金支出情况:无 (4)其他违反行为:无			
处理决定:无法查明原因,批准转作营业外收入。 同意　　　　　　　　总经理:王斌				

批复联

会计机构负责人:宋哲　　　　盘点人:王武　　　　出纳员:李娜

表 7—3　库存现金盘点报告表

在现金清查中发现账实不符，根据“库存现金盘点报告表”所列，库存现金盘盈 200 元。经查，该长款无法查明原因，经领导批准转作营业外收入。

要求:根据上述情况进行账务处理。

(1)批准前，根据“库存现金盘点报告表”中所确定的现金盘盈数，作如下账务处理：

借：库存现金　　　　　　　　　　　　　　200

　　贷：待处理财产损溢——待处理流动资产损溢　　200

(2)按管理权限报经批准后，转作营业外收入，作如下账务处理：

借：待处理财产损溢——待处理流动资产损溢　　200

　　贷：营业外收入　　　　　　　　　　　　　200

(二)库存现金盘亏的处理

库存现金盘亏时，应及时办理盘亏的入账手续，调整库存现金账簿记录，即按盘亏的金额借记“待处理财产损溢——待处理流动资产损溢”账户，贷记“库存现金”账户。

对于盘亏的库存现金，应及时查明原因，按管理权限报经批准后，按可收回的保险赔偿和过失人赔偿的金额借记“其他应收款”账户，按管理不善或无法查明原因造成净损失的金额借记“管理费用”账户，按自然灾害等原因造成净损失的金额借记“营业外支出”账户，按原记入“待处理财产损溢——待处理流动资产损溢”账户借方的金额贷记“待处理财产损溢——待处理流动资产损溢”账户。

【任务7—4】丹江商道制衣有限公司2020年7月对库存现金进行清查，发现以下问题：

库存现金日记账

2020年		记账凭证号数	摘要	对方科目	借方	贷方	余额
月	日						
7	25		承前页				2 200
	26	略	提取现金	银行存款	20 000		22 200
	28		支付电话费	管理费用		3 000	19 200
	29		报销差旅费	管理费用		7 000	12 200
	31		报销业务招待费	管理费用		5 200	7 000

表7—4　库存现金日记账(简表)

库存现金盘点报告表

单位名称：丹江商道制衣有限公司　　　　2020 年 7 月 30 日

实存金额	账存金额	对比结果		备注
		盘盈	盘亏	
6 500	7 000		500	
现金使用情况	(1)库存现金限额：8 000 (2)白条抵库情况：无 (3)违反规定的现金支出情况：无 (4)其他违反行为：无			
处理决定：出纳员失职造成现金短缺 300 元，由出纳员李娜赔偿。 无法查明原因部分，批准记入管理费用。 同意　　　　总经理：王斌				

批复联

会计机构负责人：宋哲　　　　**盘点人：王武**　　　　**出纳员：李娜**

表 7—5　库存现金盘点报告表

在库存现金清查中发现账实不符，根据“库存现金盘点报告表”所列，库存现金盘亏 500 元。经查，出纳员失职造成现金短缺 300 元，由出纳员李娜赔偿，另外 200 元无法查明原因，经领导批准记入管理费用。

要求：根据上述情况进行账务处理。

(1)在批准前，根据“库存现金盘点报告表”中所确定的现金盘亏数，作如下账务处理：

借：待处理财产损溢——待处理流动资产损溢　　500

　　贷：库存现金　　500

(2)按管理权限报经批准后，作如下账务处理：

借：其他应收款——李娜　　300

　　管理费用　　200

　　贷：待处理财产损溢——待处理流动资产损溢　　500

(3)收到上述出纳人员赔偿的现金后，作如下账务处理：

借：库存现金　　300

　　贷：其他应收款——李娜　　300

【任务实操】

请登录理实互动实训教学平台，完成以下任务：

1.完成“库存现金清查”模拟实训任务；

2.完成“库存现金清查”中现金盘亏盘盈的流程题。

任务三 清查银行存款

【任务引例】

【任务 7—5】丹江商道制衣有限公司 2020 年 6 月 30 日基本存款账户(账号为 6222020903512347862)的"银行存款日记账"和本月底银行送来的"银行对账单",如表 7—7 和表 7—8 所示。

1.查找 2020 年 6 月发生的未达账项;

2.编制 2020 年 6 月 30 日的"银行存款余额调节表"。

【任务准备】

一、银行存款的清查

银行存款的清查,是采用与开户银行核对账目的方法进行的,即将本单位银行存款日记账的账簿记录与开户银行转来的对账单逐笔进行核对,以此查明银行存款的实有数额。银行存款的清查一般在月末进行。

(一)核对"银行存款日记账"与"银行对账单"的余额

银行存款清查时应由指定的清查人员与出纳人员共同进行,不得由出纳人员单独对账。在清查前,出纳人员应分别结出各账号的"银行存款日记账"余额,并与取得的各账号"银行对账单"进行核对,每月至少核对一次。核对时,首先应核对两者的余额,如果两者的余额相符,一般表明双方账簿记录正确;如两者余额不符,则存在两种可能:一种为企业或银行至少有一方存在记账错误,另一种为双方在记账过程中存在未达账项。

所谓未达账项是指企业与银行之间由于收、付款的结算凭证在传递、接收时间上的不一致而导致的一方已经入账,另一方因没有接到凭证尚未入账的事项,一般分为以下四种情况:

1.企业已收款记账,而银行尚未收款记账。如企业送存收到的转账支票已入账,而银行尚未记账。

2.企业已付款记账,而银行尚未付款记账。如企业开出转账支票并已记账,而持票人尚未到银行办理转账业务。

3.银行已收款记账,而企业尚未收款记账。如采用委托收款方式进行结算时,银行已代企业收货款,但企业因尚未收到"收账通知"而没有入账。

4.银行已付款记账，而企业尚未付款记账。如银行受企业委托代企业按期支付水电费等，企业因没有收到“付款通知”而没有入账。

上述任何一种未达账项的存在，都会使企业银行存款日记账的余额与银行开出的银行对账单的余额不符。这就要求在清查过程中查找出双方未达账项的金额，并据以编制“银行存款余额调节表”，清除未达账项影响，检验双方结余数额是否相符。

(二)查找未达账项的方法

查找未达账项需要逐笔核对“银行存款日记账”和“银行对账单”的各项记录，不仅要核对双方各项记录的金额，还要注意核对摘要、结算凭证种类与号数、往来单位名称等是否相符。由于未达账项的形成一般是在月末，因此可重点核对月初(上月末的未达账项)和月末记录。具体方法如下：

1.查找“企业记增加银行未记增加、银行记增加企业未记增加”的未达账项

由于“银行存款日记账”和“银行对账单”分别以“借方”和“贷方”登记银行存款增加，因此，查找“本方记增加对方未记增加的未达账项”应逐项核对“银行存款日记账”借方记录与“银行对账单”贷方记录，并将核对相符的各项记录用“√”进行标识。核对完毕后，找出“银行存款日记账”借方未标识“√”的记录，其为“银行记增加企业未记增加”的未达账项；找出“银行对账单”贷方未标识“√”的记录，其为“企业记增加银行未记增加”的未达账项。

2.查找“企业记减少银行未记减少、银行记减少企业未记减少”的未达账项

由于“银行存款日记账”和“银行对账单”分别以“贷方”和“借方”登记银行存款减少，因此，查找“本方记减少对方未记减少的未达账项”应逐项核对“银行存款日记账”贷方记录与“银行对账单”借方记录，并将核对相符的各项记录用“√”进行标识。核对完毕后，找出“银行存款日记账”贷方未标识“√”的记录，其为“银行记减少企业未记减少”的未达账项；找出“银行对账单”借方未标识“√”的记录，其为“企业记减少银行未记减少”的未达账项。

二、银行存款余额调节表的编制

银行存款余额调节表(见表7－6)的编制，是以企业与银行双方的账面余额为基础，各自分别加上对方已收款入账而己方尚未入账的数额，减去对方已付款入账而己方尚未入账的数额。其计算公式如下：

企业银行存款日记账余额＋银行已收企业未收款项－银行已付企业未付款项

＝银行对账单余额＋企业已收银行未收款项－企业已付银行未付款项

银行存款余额调节表

年　月　日　　　　　　　　单位：元

项目	金额	项目	金额
企业银行存款日记账余额 加：银行已收企业未收的款项 减：银行已付企业未付的款项		银行对账单余额 加：企业已收银行未收的款项 减：企业已付银行未付的款项	
调节后的银行存款余额		调节后的银行存款余额	

表 7—6　银行存款余额调节表

如果调节后双方余额相符，就说明企业和银行双方记账基本正确，而且这个调节后的余额就表示企业当时实际可动用的银行存款的数额。如果调节后余额不符，说明双方记账过程中可能存在错误，需进一步核对账目，查找原因，并加以更正。

【任务实施】

【任务 7—5】丹江商道制衣有限公司 2020 年 6 月 30 日基本存款账户（账号为 6222020903512347862）的"银行存款日记账"和本月底银行送来的"银行对账单"，如表 7—7 和表 7—8 所示。

1.查找 2020 年 6 月份发生的未达账项。

银行存款日记账

2020 年		记账凭证号数	摘要	结算凭证		对方科目	借方	贷方	余额
月	日			种类	号数				
6	1		期初余额						500 000
	3	略	销售产品	支票	00411	主营业务收入	300 000		800 000
	5		收到货款	支票	00670	应收账款	120 000		920 000
	10		支付货款	支票	00345	原材料		200 000	720 000
	16		销售产品	支票	00823	主营业务收入	400 000		1 120 000
	20		提取现金	支票	00256	库存现金		20 000	1 100 000
	25		支付货款	支票	00346	应付账款		100 000	1 000 000
	30		销售产品	支票	00108	主营业务收入	200 000		1 200 000

表 7—7　银行存款日记账（简表）

银行对账单

2020年		摘要	结算凭证		借方	贷方	余额
月	日		种类	号数			
6	1	结余					500 000
	3	存入	支票	00411		300 000	800 000
	11	支取	支票	00345	200 000		600 000
	17	存入	支票	00823		400 000	1 000 000
	26	支取	支票	00346	100 000		900 000
	27	存入	支票	00754		50 000	950 000
	30	支取	支票	00347	150 000		800 000

表 7—8　银行对账单(简表)

经逐笔核对，在"银行存款日记账"和"银行对账单"上对未达账项进行了标识，见表7—9、表7—10。

银行存款日记账

2020年		记账凭证号数	摘要	结算凭证		对方科目	借方	贷方	余额
月	日			种类	号数				
6	1		期初余额						500 000
	3	略	销售产品	支票	00411	主营业务收入	300 000√		800 000
	5		收到货款	支票	00670	应收账款	120 000		920 000
	10		支付货款	支票	00345	原材料		200 000√	720 000
	16		销售产品	支票	00823	主营业务收入	400 000√		1 120 000
	20		提取现金	支票	00256	库存现金		20 000	1 100 000
	25		支付货款	支票	00346	应付账款		100 000√	1 000 000
	30		销售产品	支票	00108	主营业务收入	200 000		1 200 000

表 7—9　银行存款日记账(简表)

银行对账单

2020年		摘要	结算凭证		借方	贷方	余额
月	日		种类	号数			
6	1	结余					500 000
	3	存入	支票	00411		300 000√	800 000
	11	支取	支票	00345	200 000√		600 000
	17	存入	支票	00823		400 000√	1 000 000

续表

2020年		摘要	结算凭证		借方	贷方	余额
月	日		种类	号数			
	26	支取	支票	00346	100 000√		900 000
	27	存入	支票	00754		50 000	950 000
	30	支取	支票	00347	150 000		800 000

表 7—10 银行对账单(简表)

企业、银行双方发生未达账项如下：

(1)企业已收、银行未收的款项为 320 000 元(120 000＋200 000)；

(2)企业已付、银行未付的款项为 20 000 元；

(3)银行已收、企业未收的款项为 50 000 元；

(4)银行已付、企业未付的款项为 150 000 元。

2.编制 2020 年 6 月 30 日的“银行存款余额调节表”(见表 7—11)。

银行存款余额调节表

2020 年 6 月 30 日 单位:元

项目	金额	项目	金额
企业银行存款日记账余额	1 200 000	银行对账单余额	800 000
加:银行已收企业未收的款项	50 000	加:企业已收银行未收的款项	320 000
减:银行已付企业未付的款项	150 000	减:企业已付银行未付的款项	20 000
调节后的银行存款余额	1 100 000	调节后的银行存款余额	1 100 000

表 7—11 银行存款余额调节表

从表 7—11 可以看出，在双方记账都不存在错误的前提下，调整后的银行存款余额应该相等，该公司实际可以动用的银行存款数额为 1 100 000 元。

值得注意的是，由于未达账项不是错账、漏账，银行存款余额调节表也不是原始凭证，只起到对账的作用，因此，不能根据银行存款余额调节表做任何账务处理，双方账面仍保持原有的余额；对于未达账项应该在实际收到有关原始凭证之后(即由未达账项变成已达账项)再进行相关的账务处理。

【任务实操】

请登录理实互动实训教学平台，完成以下任务：

1.完成“银行存款清查”中的选择题；

2.完成“银行存款清查”中编制银行存款余额调节表的实训题。

任务四 清查往来款项

【任务引例】

【任务7—6】丹江商道制衣有限公司每季末会对往来款项进行清查核对，2020年6月末，账面记录应收天津市宏达服饰有限公司700 000元，要求编制与天津市宏达服饰有限公司的“往来款项对账单”。

【任务7—7】承【任务7—6】，天津市宏达服饰有限公司与丹江商道制衣有限公司记录核对后，应将上述对账单的下联填列完整并加盖本单位印章后返还，要求编制天津市宏达服饰有限公司返还的“往来款项对账单”回单。

【任务准备】

一、往来款项的清查

往来款项的清查是指对有关应收账款、应付账款、预收账款以及预付账款等进行的清查。为了保证债权债务账簿记录的正确性，促进企业及时结清债权债务，防止长期拖欠，应定期对往来款项进行清查。往来款项的清查一般采用“函证核对法”。

(一)结出往来明细账余额

各单位在清查前，应由往来会计对本企业账簿中所记录的债权债务事项逐项进行核对，自行检查账簿记录是否完整正确，并对发现的差错和未及时入账的事项，按规定更正并及时入账后结出各往来明细账户的余额，以备核对所用。

(二)编制往来款项对账单

为了逐一核对各项往来的实际金额，避免企业人员截留款项挪作他用或未及时入账等情况，应由清查人员根据往来会计所提供的各往来明细账户余额编制“往来款项对账单”，并送交对方单位进行核对。

“往来款项对账单”(见表7—12)的格式一般分为上下两联，上联为与往来单位进行核对的函，注明需核对的公司名称、结账日期、应收应付款金额等，并加盖单位印章后送达往来单位；下联为回单，为往来单位核对后的回复函。如果往来单位核对相符，应由往来单位在回单上注明“核对无误”字样，并盖章退回；如果发现数额不符，往来单位应在回单上注明不符情况，或另将对账单一并退回，作为进一步核对的依据。

【任务实施】

【任务7—6】丹江商道制衣有限公司每季末会对往来款项进行清查核对，2020年6月末，账面记录应收天津市宏达服饰有限公司700 000元，要求编制与天津市宏达服饰有限公司的“往来款项对账单”。

往来款项对账单

天津市宏达服饰有限公司：

根据我单位账簿记录，贵公司与我单位的往来款项如下：

结账日期	欠贵公司	贵公司欠
2020年6月30日止		700 000元

请贵公司核对无误后签章证明，将此信寄回。如有不符，请将情况（包括时间、内容、金额、不符原因）告知。

丹江商道制衣有限公司

单位（签章）
2020年 6月 30日

（注：本函仅作对账用，如结账日期后已付清，仍请函复）

（回函）

××单位：

来函收悉，在来信所述的结账日期，本公司与贵单位的往来账目，经核对 相　符 / 不相符（附清单）

单位（签章）
年　月　日

表7—12　往来款项对账单

【任务7—7】承上例，天津市宏达服饰有限公司与丹江商道制衣有限公司记录核对后，应将上述对账单的下联填列完整并加盖本单位印章后返还，要求编制天津市宏达服饰有限公司返还的“往来款项对账单”回单。

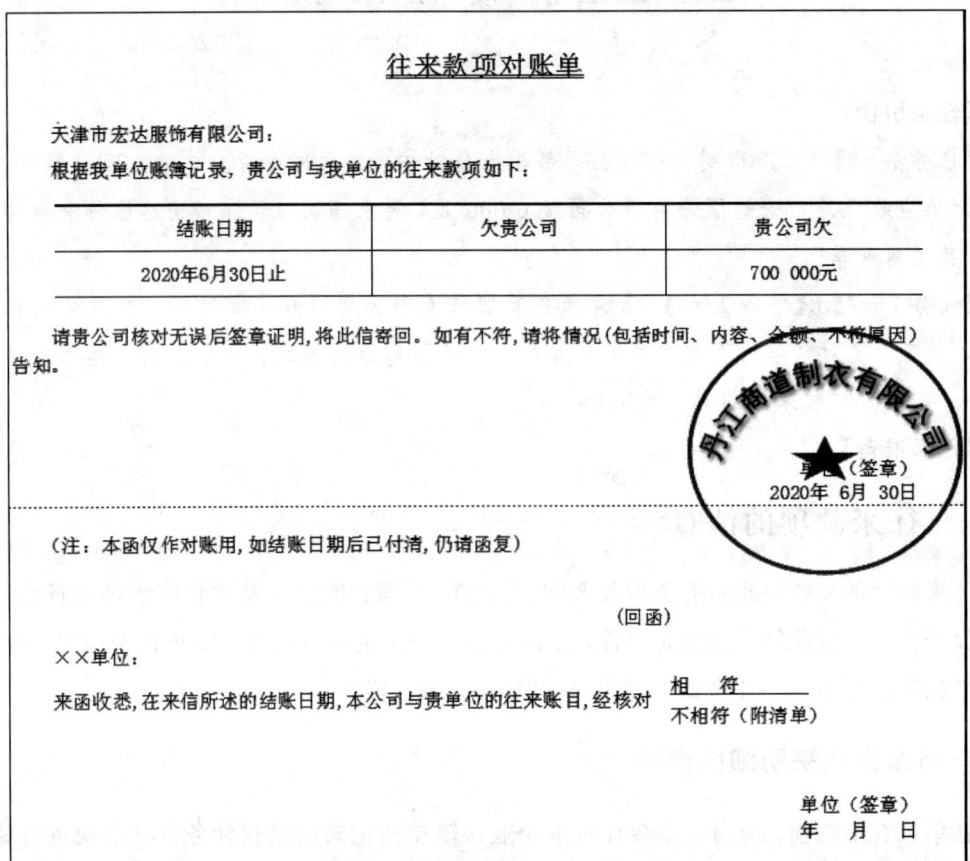

往来款项对账单

（注：本函仅作对账用，如结账日期后已付清，仍请函复）

（回函）

丹江商道制衣有限公司：

来函收悉，在来信所述的结账日期，本公司与贵单位的往来账目，经核对相符

天津市宏达服饰有限公司

单位（签章）

2020年 7月 10日

表 7—13 往来款项对账回单

(三)编制往来款项清查结果报告表

往来款项清查结束后，应根据清查中发现的问题，及时编制“往来款项清查结果报告表”（见表 7—14），报告表中应列明核对相符与不符的金额，并对本单位和对方单位有争议的款项、没有希望收回的款项以及无法支付的款项详细地予以说明，以便及时采取措施，避免相互之间的长期拖欠，减少坏账损失。

往来款项清查结果报告表

年 月 日

总分类账户		明细分类账户		清查结果		核对不符单位及原因				近日到期的票据		
名称	金额	名称	金额	核对相符金额	核对不符金额	核对不符单位	未达账项金额	争执款项金额	无法收回	无法支付	应收票据	应付票据

清查人签章：________ 往来会计签章：________

表 7—14 往来款项清查结果报告表

二、往来款项清查结果的会计处理

往来款项清查的结果经研究后，应按规定和批准意见处理。该收回的款项应积极催收，该归还的款项应及时主动归还；对有争议的账款要共同协商及时处理，不能协商解决的，可以通过法律途径进行调解或裁决；对于确实无法收回或无法支付的款项应进行核销，但应在备查簿中进行记录。

确实无法收回的应收款项，按管理权限报经批准后作为坏账转销时，借记“坏账准备”账户，贷记“应收账款”“其他应收款”等账户。因债权人撤销等原因而无法支付的应付账款，应按其账面余额记入营业外收入，借记“应付账款”账户，贷记“营业外收入”账户。这部分内容会在“财务会计”课程中介绍，此处不再赘述。

【任务实操】

请登录理实互动实训教学平台，完成以下任务：

1.完成“往来款清查”中的选择题；

2.完成“往来款清查”中的实训题。

任务五 清查存货

【任务引例】

丹江商道制衣有限公司 2020 年 6 月末对存货进行清查时，发现以下问题：

【任务 7—8】在存货清查中发现账实不符，根据“账存实存对比表”所列，盘盈原材料印染布 500 米，实际单位成本 17 元，经查，属于材料收发计量方面的错误，经领导批准冲减管理费用；

【任务 7—9】在存货清查中发现账实不符，根据“账存实存对比表”所列，盘亏原材料亚麻布 750 米，实际单位成本 12 元，经查，属于定额内合理损耗，经领导批准记入管理费用；

【任务 7—10】假设经查明，盘亏原材料亚麻布属于保管人李亮的责任，经研究由保管人李亮承担存货盘亏损失的 60%，其余损失由企业承担；

【任务 7—11】假设经查明，盘亏原材料亚麻布是由于仓库失火造成的，由保险公司负责赔偿 4 000 元，其余损失由企业承担。

要求：根据上述情况进行账务处理。

【任务准备】

一、存货的清查

存货清查是指通过对存货的实地盘点，确定存货的实有数量，并与账面结存数核对，从而确定存货实存数与账面结存数是否相符的一种专门方法。

(一)存货的盘存制度

确定财产物资账面结存数量的方法，主要有实地盘存制和永续盘存制两种。

1.实地盘存制

实地盘存制也叫“定期盘存制”或“以存计耗制”，是指通过对期末各项财产物资的实地盘点来确定期末财产物资数量的一种方法。在实地盘存制下，平时在账簿中只登记增加数，不登记减少数，月末首先通过对财产物资的实地盘点来取得账面结存数，然后再倒挤出本期减少(销售或者耗用)的数量和金额。计算公式为：

本期减少数＝期初结存数＋本期增加数－期末结存数(盘点)

采用实地盘存制，可以减化日常核算工作，但由于此法在日常核算中不反映各项财产物资的减少与结存情况，因此很难对财产物资进行控制和管理。同时，采用此法，企业的耗用或销售成本是以倒推的方法推算出来的，这样就会把计量、收发、保管中产生的差错、浪费，以及被盗等各种非销售和领用的损耗，全部计入耗用成本或者销售成本。所以，它影响成本核算的正确性，不利于保护企业财产物资的安全与完整。因此，该方法只适用于财产物资品种多、价值低、收发频繁、损耗大，以及不便于实行永续盘存制的企业。

2.永续盘存制

永续盘存制也叫"账面盘存制"，是根据各项财产物资的收发业务，在账簿中逐日或逐笔地详细登记其增加或减少，并随时结出账面余额的一种方法。采用永续盘存制，需要对每一品种、规格的财产物资开设明细分类账户，对财产物资的收发进行明细分类核算，平时逐日或者逐笔在明细账中登记增加数和减少数，并随时结出结存数。计算公式为：

期末结存数＝期初结存数＋本期增加数－本期减少数

在永续盘存制下，通过账簿记录可以随时反映各项财产物资的增减变动与结存情况，有利于加强财产物资的管理，为正确计算耗用和销售成本提供保证。通过账面结存数量与实地盘点数量的核对，还可以及时发现财产短缺、毁损等问题，有利于保护企业财产物资的安全与完整。但对于财产物资品种繁多、收发业务频繁的企业，若采用这种方法，工作量会比较大。

3.永续盘存制与实地盘存制的比较

(1)永续盘存制与实地盘存制的相同点

①两者均要求对财产物资设置数量金额式明细账；

②对于财产物资的增加都要求根据有关凭证及时入账。

(2)永续盘存制与实地盘存制的不同点

①对于财产物资销售、耗用等减少业务，永续盘存制要求及时登记明细账，实地盘存制则在明细账上不做记录；

②永续盘存制下能够随时结计财产物资的账面结存资料，而实地盘存制下平时没有财产物资的账面结存记录；

③永续盘存制下可以将账存情况与盘点实际结存进行核对，有利于加强对财产物资的核算和管理。实地盘存制期末先盘点实际结存，然后通过以存计耗的方式计算销售或耗用成本，是一种不完善的财产物资核算和管理制度。

(二)存货的清查方法

1.实地盘点法

实地盘点法是对财产物资按其存放地点进行逐一清点，或用计量器具(如磅秤、米尺等)进行实地称量，以确定其实有数量。这种方法适用范围较广，大多数财产物资一般都采用该种方法，缺点是工作量大。

2.技术推算法

技术推算法是对那些大堆、笨重、单位价值较低，但存放有一定规则的财产物资，由于不便于称量，因此可以在抽样盘点的基础上，进行技术推算。它一般通过量方、计尺等方法确定其实存数量，如露天堆放的原煤，可以用单位体积重量乘以体积求得全部结存数量。

3.抽样盘点法

抽样盘点法是对那些单位价值较小，但数量多，重量比较均匀，特别是已经包装好的实物资产，由于一般不便于逐一点数，因此可以通过抽样的方法检查单位实物资产的质量与数量，以确定该项资产的总体质量与数量。

通过对存货的清查，查明是否存在账外资产、盘亏资产，资产实物与资产明细账记载的数量、金额是否一致，账账、账表、账卡是否相符。在存货清查中，为了明确经济责任，各项财产物资的盘点结果，应如实登记在“盘存单”(见表 7—15)上。盘存单至少一式两联，一联由保管部门留存作为调整其数量账的依据，一联传至财会部门作为编制“账存实存对比表”及进行相关账务处理的依据。“盘存单”中“数量”栏，应按清查结果如实填写。“单价”栏中一般按有关明细账记录的单价填写，如果是账外的财产物资，单价可按市价填写。如果该项财产物资是残旧物品或已变质、毁损，则应按质论价，确定单价。“金额”栏中根据数量和单价计算填列。“备注”栏内应注明储备不足或超储积压、呆滞、不配套以及质量等方面的情况。财产清查结束后应由盘点人员和保管人员签章，作为各项财产物资实存数额的书面证明。

单位名称：

盘存单

财产类别：　　　　　　　　　　　　材料编号：

盘点时间：　　　　　　　　　　　　存放地点：

编号	名称	计量单位	数量	单价	金额	备注

盘点人签章：______________　　　　**实物保管人签章：**______________

表 7—15　**盘存单**

盘点结来后，将“盘存单”的实存数与账面结存数进行核对。若发现账实不符，应填制“账存实存对比表(见表 7—16)，用以确定财产物资盘盈或盘亏的数额。“账存实存对比表”一般一式两联，第一联为报账联，作为财会部门调整资产账簿记录的依据；第二联为批复联，作为财会部门处理盘盈盘亏的依据。“账存实存对比表”须由清查人员制表、会计主管人员审核后作为入账依据，其中在第二联“批复联”中，设置了“处理决定”栏，由单位权力机构对资产盘盈盘亏进行批复，作为盘盈盘亏处理的依据。

账存实存对比表

单位名称：　　　　　　　　年　月　日

<table>
<tr><th rowspan="3">编号</th><th rowspan="3">类别及名称</th><th rowspan="3">计量单位</th><th rowspan="3">单价</th><th colspan="2">账存</th><th colspan="2">实存</th><th colspan="4">对比结果</th><th rowspan="3">备注</th></tr>
<tr><th rowspan="2">数量</th><th rowspan="2">金额</th><th rowspan="2">数量</th><th rowspan="2">金额</th><th colspan="2">盘盈</th><th colspan="2">盘亏</th></tr>
<tr><th>数量</th><th>金额</th><th>数量</th><th>金额</th></tr>
<tr><td></td><td></td><td></td><td></td><td></td><td></td><td></td><td></td><td></td><td></td><td></td><td></td><td></td></tr>
<tr><td colspan="13">处理决定：
总经理：</td></tr>
</table>

审核人：______________　　　　**制表人：**______________

表 7—16　**账存实存对比表**

二、存货清查结果的会计账务处理

1.存货盘盈的处理

企业存货发生盘盈时，应借记“原材料”“库存商品”等账户，贷记“待处理财产损溢”账户。按管理权限报经批准后，借记“待处理财产损溢”账户，贷记“管理费用”账户。

【任务实施】

【任务7—8】丹江商道制衣有限公司2020年6月末对存货进行清查时，发现以下问题：

单位名称：丹江商道制衣有限公司

盘存单

财产类别：原材料　　　　材料编号：1001

盘点时间：2020年6月29日　　　　存放地点：1号仓库

编号	名称	计量单位	数量	单价	金额	备注
1001	印染布	米	4 100	17	69 700	

财务部门记账联

盘点人签章：王武　　　　**实物保管人签章：李亮**

表7—17　盘存单

账存实存对比表

单位名称：丹江商道制衣有限公司　　　　2020年6月29日

<table>
<tr><th rowspan="3">编号</th><th rowspan="3">类别及名称</th><th rowspan="3">计量单位</th><th rowspan="3">单价</th><th colspan="2">账存</th><th colspan="2">实存</th><th colspan="4">对比结果</th><th rowspan="3">备注</th></tr>
<tr><th rowspan="2">数量</th><th rowspan="2">金额</th><th rowspan="2">数量</th><th rowspan="2">金额</th><th colspan="2">盘盈</th><th colspan="2">盘亏</th></tr>
<tr><th>数量</th><th>金额</th><th>数量</th><th>金额</th></tr>
<tr><td>1001</td><td>印染布</td><td>米</td><td>17</td><td>3 600</td><td>61 200</td><td>4 100</td><td>69 700</td><td>500</td><td>8 500</td><td></td><td></td><td></td></tr>
<tr><td colspan="13">处理决定：
材料的溢余属于收发计量方面的错误，批准冲减管理费用。
同意　　　　总经理：王斌</td></tr>
</table>

报账联

审核人：宋哲　　　　**制表人：王武**

表7—18　账存实存对比表

在存货清查中发现账实不符，根据“账存实存对比表”所列，盘盈原材料印染布500米，实际单位成本17元，经查，属于材料收发计量方面的错误，经领导批准冲减管理费用。

要求：根据上述情况进行账务处理。

(1)批准前，根据“账存实存对比表”中所确定的存货盘盈数，作如下账务处理：

借：原材料——印染布　　　　8 500

　　贷：待处理财产损溢——待处理流动资产损溢　　　　8 500

(2)按管理权限报经批准后，冲减管理费用，作如下账务处理：

借：待处理财产损溢——待处理流动资产损溢　　8 500

　贷：管理费用　　8 500

2.存货盘亏和损毁的账务处理

企业存货发生盘亏及毁损时，应借记“待处理财产损溢”账户，贷记“原材料”“库存商品”等账户。按管理权限报经批准后，分别按以下几种情况进行账务处理：

(1)属于自然损耗产生的定额内损耗，经批准后借记“管理费用”账户。

(2)属于收发计量差错和管理不善造成的超定额损耗，能确定过失人的应由过失人负责赔偿，借记“其他应收款”账户；属于保险公司赔偿的，应向保险公司索赔，借记“其他应收款”账户；扣除过失人或保险公司赔款后的净损失，经批准后借记“管理费用”账户。

(3)属于自然灾害及意外事故所造成的损失，应将可收回的残料价值，借记“原材料”账户；应向保险公司索赔的款项，借记“其他应收款”账户；扣除残料价值及可以收回的保险赔偿和过失人的赔偿后的净损失作为非常损失，借记“营业外支出——非常损失”账户。

【任务7—9】丹江商道制衣有限公司2020年6月末对存货进行清查时，发现以下问题：

单位名称：丹江商道制衣有限公司

盘存单

财产类别：原材料　　　　材料编号：1002

盘点时间：2020年6月29日　　　　存放地点：2号仓库

编号	名称	计量单位	数量	单价	金额	备注
1002	亚麻布	米	3 750	12	45 000	

财务部门记账联

盘点人签章：王武　　　　**实物保管人签章：李亮**

表7—19　盘存单

账存实存对比表

单位名称：丹江商道制衣有限公司　　2020年6月29日

编号	类别及名称	计量单位	单价	账存		实存		对比结果				备注
								盘盈		盘亏		
				数量	金额	数量	金额	数量	金额	数量	金额	
1002	亚麻布	米	12	4 500	54 000	3 750	45 000			750	9 000	

处理决定：

材料的短缺属于定额内合理损耗，批准记入管理费用。

同意　　　　总经理：王斌

报账联

审核人：宋哲　　　　**制表人：王武**

表7—20　账存实存对比表

在存货清查中发现账实不符，根据“账存实存对比表”所列，盘亏原材料亚麻布750米，实际单位成本 12 元，经查，属于定额内合理损耗，经领导批准记入管理费用。

要求：根据上述情况进行账务处理。

(1)批准前，根据“账存实存对比表”中所确定的存货盘亏数，作如下账务处理：

借：待处理财产损溢——待处理流动资产损溢　　9 000

　　贷：原材料——亚麻布　　9 000

(2)按管理权限报经批准后，记入管理费用，作如下账务处理：

借：管理费用　　9 000

　　贷：待处理财产损溢——待处理流动资产损溢　　9 000

【任务 7—10】假设经查明，盘亏原材料亚麻布属于保管人李亮的责任，经研究由保管人李亮承担存货盘亏损失的 60%，其余损失由企业承担。

(1)批准前，根据“账存实存对比表”中所确定的存货盘亏数，作如下账务处理：

借：待处理财产损溢——待处理流动资产损溢　　9 000

　　贷：原材料——亚麻布　　9 000

(2)按管理权限报经批准后，过失人赔偿部分，记入其他应收款，剩余部分记入管理费用，作如下账务处理：

借：其他应收款——李亮　　5 400(9 000 ×60%)

　　管理费用　　3 600(9 000 × 40%)

　　贷：待处理财产损溢——待处理流动资产损溢　　9 000

【任务 7—11】假设经查明，盘亏原材料亚麻布是由于仓库失火造成的，由保险公司负责赔偿 4 000 元，其余损失由企业承担。

(1)批准前，根据“账存实存对比表”中所确定的存货盘亏数，作如下账务处理：

借：待处理财产损溢——待处理流动资产损溢　　9 000

　　贷：原材料——亚麻布　　9 000

(2)按管理权限报经批准后，保险公司赔偿部分，记入其他应收款，剩余部分记入营业外支出，作如下账务处理：

借：其他应收款——××保险公司　　4 000

　　营业外支出——非常损失　　5 000

　　贷：待处理财产损溢——待处理流动资产损溢　　9 000

【任务实操】

请登录理实互动教学平台，完成以下任务：

1.完成“存货清查”中的选择题；

2.完成“存货清查”中原材料盘亏、盘盈的综合题。

项目八 编制财务报表

8

【知识目标】

(1)了解财务报表的概念及种类；

(2)熟悉财务报表的编制要求；

(3)掌握资产负债表的编制方法；

(4)掌握利润表的编制方法。

【能力目标】

(1)能够根据总账与明细账正确编制资产负债表；

(2)能够根据总账与明细账正确编制利润表；

(3)能够正确报送财务会计报告。

【素质目标】

(1)培养学生认真谨慎的工作态度，对待工作兢兢业业的爱岗敬业精神；

(2)通过财务报表的编制，培养学生有担当、肯负责的社会责任感。

【思维导图】

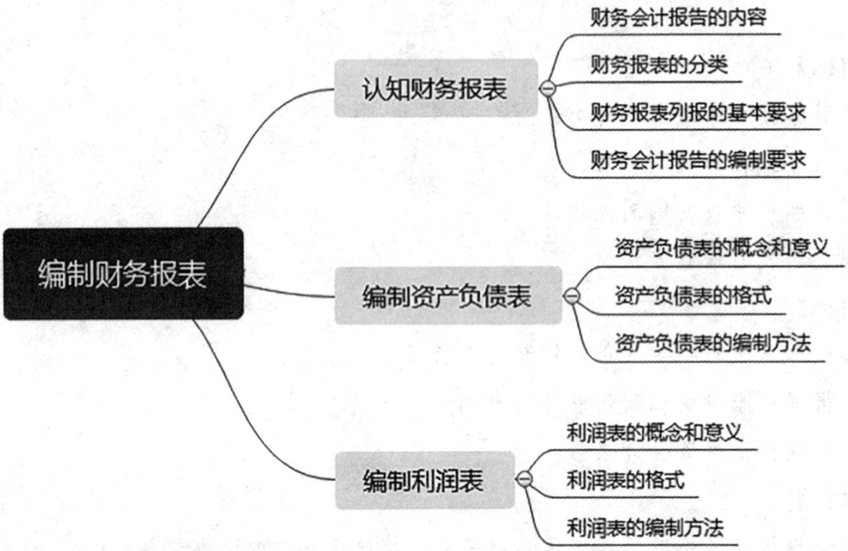
编制财务报表
认知财务报表
财务会计报告的内容
财务报表的分类
财务报表列报的基本要求
财务会计报告的编制要求
编制资产负债表
资产负债表的概念和意义
资产负债表的格式
资产负债表的编制方法
编制利润表
利润表的概念和意义
利润表的格式
利润表的编制方法

工作情境

初涉职场的大学毕业生张楠，成功应聘到企业的财会部门工作。财务主管了解了张楠的实际情况之后，将会计李华找到办公室说："这是新来的大学毕业生张楠，她对会计专业知识学习得还不错，我把她交给你，你能力强，让她跟着你好好学习，培养成为你的得力干将。"李会计很和善地看了看张楠，对张楠的到来表示欢迎。对张楠说："这样吧，2019 年国家对财务报表项目做了新的调整，你呢，先熟悉熟悉报表项目的内容以及编制要求，从熟悉财务报表项目开始，循序渐进好不好？"张楠听了非常高兴，表达了对李会计的谢意之后，便跟随李会计来到办公室，李会计给了张楠一些相关的财务报表资料，让她先仔细学习，有不明白的地方可以随时询问。张楠暗暗下定决心，一定要跟着李会计好好学习。

李会计给张楠布置了一项任务，要求她根据提供的公司 2020 年 6 月的业务资料，编制一张资产负债表和利润表。李会计布置任务之后说："你编完报表后，通过微信发给我，我会发一个大大的红包！"张楠高兴地回答："保证完成任务！"

任务一　认知财务报表

【任务引例】

【任务 8—1】反映丹江商道制衣有限公司 2020 年末财务状况和 2020 年经营成果会计信息的文件包括哪些，这些文件是如何形成的？

【任务 8—2】丹江商道制衣有限公司 2020 年末编制的资产负债表与利润表按分类结果属于什么类型？

【任务准备】

一、财务会计报告的内容

财务会计报告是指企业对外提供的反映企业某特定日期的财务状况和某一会计期间的经营成果、现金流量等会计信息的文件。财务会计报告是企业根据日常会计核算资料整理、加工和汇总形成的，是对会计核算工作的全面总结，是会计确认与计量的最终结果体现。

企业在日常会计核算中，通过系列会计核算方法，将原始凭证提供的原始会计信息，应用记账凭证进行整理，然后再利用设置会计账簿的方法，经过登记账簿反映出企业的财务状况和经营成果。与会计凭证相比，账簿资料所反映的信息更加条理化、系统化，但对于信息使用者而言，这些会计信息资料存在数量较多、不够集中的问题。因此，需要对账簿记录的会计信息资料通过财务报表的手段加以分类调整、汇总、概括，为投资者、债权人、政府及相关机构、单位管理人员、社会公众等财务报告的使用者进行决策提供会计信息。具体表现为：为企业加强和改善经营管理提供重要依据；为国家经济管理部门进行宏观调控和管理提供依据；为投资者和债权人进行决策提供依据；为财政、税务部门实施管理提供依据。

财务会计报告包括财务报表和其他应当在财务会计报告中披露的相关信息和资料。财务报表由会计报表和会计报表附注两部分组成，其中会计报表包括资产负债表、利润表、现金流量表和所有者权益变动表。财务会计报告的构成如图 8－1 所示。

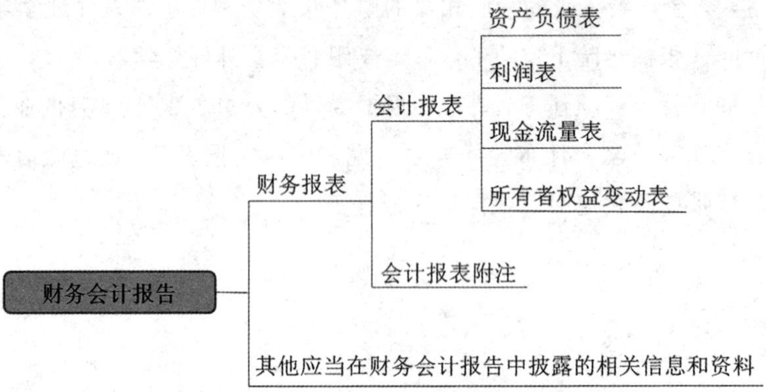

图 8－1　财务会计报告的构成

资产负债表是反映企业在某一特定日期财务状况的财务报表，利润表是反映企业在某一会计期间经营成果的财务报表。资产负债表与利润表的详细内容将在本项目任务二和任务三中进行介绍。

现金流量表是反映企业在一定会计期间的现金和现金等价物流入和流出的财务报表。该表是以现金为基础编制的动态报表。编制现金流量表的主要目的，是为财务报表使用者提供企业在一定会计期间内现金和现金等价物流入和流出情况的信息，以便于财务报表使用者了解和评价企业获取现金和现金等价物的能力，并据以预测企业未来现金流量。现金流量表作为主要财务报表之一，能够提供在资产负债表和利润表中无法提供的一些重要会计信息资料，其作用主要体现在以下几个方面：一是有助于评价企业支付能力、偿债能力和周转能力；二是有助于预测企业未来现金流量；三是有助于分析企业收益质量及影响现金净流量的因素。掌握企业经营活动、投资活动和筹资活动的现金流量，可以从现金流量的角度了解净利润的质量，为分析和判断企业的财务前景提供信息。

所有者权益变动表，是指反映构成所有者权益各组成部分当期增减变动情况的报表。当期损益、直接计入所有者权益的利得和损失、与所有者(或股东，下同)的资本交易导致的所有者权益的变动，应当分别列示。所有者权益变动表全面地反映了企业的股东权益在年度内的变化情况，便于会计信息使用者深入分析企业股东权益的增减变化情况，并进而对企业的资本保值增值情况做出正确判断，从而提供对决策有用的信息。

附注是为便于理解财务报表内容而作的解释，是对财务报表中列示项目所作的进一步说明(包括文字描述或明细资料)，以及对未能在这些报表中列示项目的说明等，以提高财务报表有关信息的易懂性，增强财务报表内有关内容的可比性。附注一般包括下列内容:企业的基本情况、财务报表的编制基础、遵循企业会计准则的声明、重要会计政策和会计估计、会计政策和会计估计变更以及差错更正的说明、报表重要项目的说明、其他需要说明的重要事项。

其他应当在财务会计报告中披露的相关信息和资料是对财务报表进行分析、评价，对单位未来做出估计判断的书面文件，主要说明企业的基本生产经营情况、利润实现和利润分配情况、对企业的生产经营有重大影响的其他事项等。

二、财务报表的分类

财务报表按不同的标准进行分类情况见表 8－1。

<table>
<tr><th>分类标准</th><th>分类结果</th><th colspan="2">基本内容</th></tr>
<tr><td rowspan="2">经济内容</td><td>反映财务状况的报表</td><td colspan="2">综合反映资产、负债和所有者权益的财务报表经济内容</td></tr>
<tr><td>反映经营成果的报表</td><td colspan="2">反映一定时期内资金耗费和资金收回的报表</td></tr>
<tr><td rowspan="2">对象</td><td>静态报表</td><td colspan="2">综合反映资产、负债和所有者权益的财务报表</td></tr>
<tr><td>动态报表</td><td colspan="2">反映一定时期内资金耗费和资金收回的报表，如利润表等</td></tr>
<tr><td rowspan="2">层次</td><td>主表</td><td colspan="2">反映企业经营活动及其成果的主要情况的报表</td></tr>
<tr><td>附表</td><td colspan="2">对主要报表中某一项目或某些项目的经济内容进行具体补充说明的报表</td></tr>
<tr><td rowspan="4">时间</td><td>年报</td><td colspan="2">全面反映企业全年的经营成果、年末的财务状况以及年内现金流量的报告，是年度经济活动的总结性报告，每年年度终了编报一次</td></tr>
<tr><td rowspan="3">中报</td><td>季报</td><td>反映企业一个季度的经营成果与季末财务状况的报表，每季度终了编报一次</td></tr>
<tr><td>半年报</td><td>反映企业半年的经营成果和财务状况的报表</td></tr>
<tr><td>月报</td><td>反映企业本月份经营成果与月末财务状况的报表，每月终了时编报一次</td></tr>
<tr><td rowspan="2">编制单位</td><td>单位会计报表</td><td colspan="2">由企业在自身会计核算的基础上，对账簿记录进行加工而编制的财务报表，它只反映个别单位的经营活动情况</td></tr>
<tr><td>汇总会计报表</td><td colspan="2">由企业主管部门或上级机关，根据所属单位报送的财务报表，连同本单位财务报表汇总编制的综合性财务报表</td></tr>
</table>

续表

分类标准	分类结果	基本内容
会计主体	个别会计报表	以单个的独立法人作为会计主体的财务报表，它是编制合并报表的基础
	合并会计报表	以母公司及其子公司组成会计主体，以控股公司和其子公司单独编制的个别财务报表为基础，由控股公司编制的反映抵销集团内部往来账项后的集团合并财务状况和经营成果的财务报表

表 8—1　财务报表分类

三、财务报表列报的基本要求

(一)以持续经营为基础

财务报表的编报必须以企业的持续经营为前提。根据实际发生的交易和事项，按照《企业会计准则》的规定进行确认和计量，在此基础上编制财务报表。企业不应以附注披露代替确认和计量。在编制报表过程中，企业管理层应当评价企业的持续经营能力，对持续经营能力产生重大怀疑的，应当在附注中披露导致对持续经营能力产生重大怀疑的影响因素。企业正式决定或被迫在当期或将在下一个会计期间进行清算或停止营业的，表明其处于非持续经营状态，应当采用其他基础编制财务报表，并在附注中声明财务报表未以持续经营为基础列报，披露未以持续经营为基础的原因和财务报表的编报基础。

(二)列报的一致性

财务报表项目的列示应当在各个会计期间保持一致，不得随意变更，但下列情况除外：

(1)会计准则要求改变财务报表项目的列报；

(2)企业经营业务的性质发生重大变化后，变更财务报表项目的列报能够提供更可靠、更相关的会计信息。

(三)重要性和项目列报

企业在编制报表的过程中，应当考虑报表项目的重要性。对性质或功能不同的项目，如长期股权投资、固定资产等，应当在财务报表中单独列报，但不具有重要性的项目除外；性质或功能类似的项目，如库存商品、原材料等，应予以合并。

重要性，是指财务报表某项目的省略或错报会影响使用者据此做出经济决策的，该项目具有重要性。判断项目的重要性除根据企业所处环境外，还应从项目的性质和金额大小两方面进行判断。项目的性质是否属于企业日常活动等因素；项目金额大小的重要性应当通过单项金额占资产总额、负债总额、所有者权益总额、营业收入总额、营业成本总额、净利润等直接项目金额的比重加以确定。

(四)财务报表项目金额间不得相互抵销

财务报表中的资产项目和负债项目的金额、收入项目和费用项目的金额不得相互抵销，其他会计准则另有规定的除外。下列情况不属于抵销：

(1)资产项目按扣除减值准备后的净额列示，不属于抵销；

(2)非日常活动产生的损益，以收入扣减费用后的净额列示，不属于抵销。

(五)比较信息的列报

当期财务报表的列报，至少应当提供所有列报项目上一可比会计期间的比较数据，以及与理解当期财务报表相关的说明，其他会计准则另有规定的除外。财务报表项目的列报发生变更的，应当对上期比较数据按照当期的列报要求进行调整，并在附注中披露调整的原因和性质，以及调整的各项目金额。对上期比较数据进行调整不切实可行的，应当在附注中披露不能调整的原因。

不切实可行，是指企业在做出所有合理努力后仍然无法采用某项规定。

(六)财务报表表首的列报要求

财务报表一般分为表首、正表两部分，其中，在表首部分企业应当概括地说明下列基本信息：

(1)编报企业的名称；

(2)资产负债表日或财务报表涵盖的会计期间；

(3)人民币金额单位；

(4)财务报表是合并财务报表的，应当予以标明。

(七)报告期间

企业至少应当按年编制财务报表。年度财务报表涵盖的期间短于一年的，应当披露年度财务报表的涵盖期间，以及短于一年的原因。

(八)根据《企业会计准则第30号——财务报表列报》规定，在财务报表中列报的项目，应当单独列报;其他会计准则规定单独列报的项目，应当增加单独列报项目

四、财务会计报告的编制要求

为了使财务会计报告能够最大限度地满足各有关方面的需要，实现编制财务报表的基本

目的，充分发挥财务报告的作用，企业编制财务报告，应当根据真实的交易、事项以及完整、准确的账簿记录等资料，严格遵循国家会计制度规定的编制基础、编制依据、编制原则和编制方法。其基本要求如下：

(一)真实可靠

财务会计报告是会计信息的载体。会计信息作为会计工作的“产品”，其质量高低，首先取决于可靠与否。真实可靠的会计信息有助于会计信息使用者了解企业的实际情况并做出正确的决策。反之，虚假的会计信息不仅不能满足会计信息使用者决策的需要，甚至会误导其做出错误的决策。因此，单位应当以实际发生的交易和事项为依据进行会计确认、计量和报告，如实反映符合确认和计量要求的各项会计要素及其他信息，并根据核实无误的账簿及相关资料编制财务会计报告，保证会计信息真实可靠。

(二)全面完整

单位财务会计报告应当全面地披露企业的财务状况、经营成果、现金流量和所有者权益变动情况，完整地反映企业的财务活动过程和结果，以满足各有关方面对财务会计信息资料的需要。为了保证财务报表的全面完整，企业在编制财务报表时，应当按照会计法规制度的格式和内容填报，特别对某些重要事项，应当按照要求在财务报表附注中进行说明，不得漏编、漏报。财务会计报告应编报的内容包括：①编报企业的名称；②资产负债表日或财务报表涵盖的会计期间；③人民币金额单位；④财务报表是合并财务报表的，应当予以注明。

(三)编报及时

会计信息具有较强的时效性，高质量的会计信息不仅要求其真实可靠，而且还必须保证时效性，及时将信息提供给使用者使用。特别是在市场经济条件下，市场瞬息万变，企业竞争日趋激烈，各方面对会计信息的及时性要求越来越高。单位对于已经发生的交易和事项，应当及时进行确认、计量和报告。为此，单位应按照规定的时间进行记账、对账和结账，并在规定的期限内编制并对外报送财务会计报告，不得提前或延误。企业财务会计报告对外报送的具体时限要求为：月度财务会计报告在每月终了时编制，应于月份终了后 6 日内报出；季度财务会计报告在每季度终了时编制，应于季度终了后的 15 日内报出；半年度财务会计报告在每半年度终了时编制，应于年度中期结束后 60 天内报出；年度财务会计报告在每年度终了时编制，应于年度终了后 4 个月内对外报出。

(四)便于理解

企业财务报表提供的会计信息应当清晰明了，便于财务报表使用者理解和使用。企业提供会计信息的目的在于信息的使用，高质量的会计信息应便于其不同层次的使用者弄清会计信息的内容，了解会计信息的内涵，否则，就谈不上信息的使用。随着我国经济体制改革的不断深入，会计信息的使用者也越来越广泛，不仅包括企业内部管理部门、国家财税部门等，而且还包括社会公众、企业员工等，这就从客观上对会计信息的简明和通俗易懂提出了较高的要求。清晰明了的会计信息有利于信息使用者准确、完整地把握会计信息所要说明的内容，从而更好地加以利用。

企业在编制年度财务报表前，应当全面清查资产、核实债务，包括结算款项、存货、投资、固定资产、在建工程等。在年度中间，应根据具体情况，对各项财产物资和结算款项进行重点抽查、轮流清查或者定期清查。企业清查、核实后，应当将清查、核实的结果及其处理办法向企业的董事会或者相关机构报告，并根据国家统一会计制度的规定进行相应会计处理。企业在编制财务报告前，除应当全面清查资产、核实债务外，还要做好结账和对账工作，并检查会计核算中可能存在的各种需要调整的情况。

我国《企业财务会计报告条例》规定，企业对外提供的财务报表应当依次编定页数，加具封面，装订成册，加盖公章。封面上应当注明：企业名称、企业统一代码、组织形式、地址、报表所属年度或者月份、报出日期，并由企业负责人和主管会计工作的负责人、会计机构负责人(会计主管人员)签名并盖章；设置总会计师的企业，还应当由总会计师签名并盖章。

【任务实施】

【任务 8—1】丹江商道制衣有限公司编制的 2020 年末资产负债表和 2020 年利润表，分别反映了公司 2020 年末财务状况和 2020 年经营成果。

它们形成的过程分为三步：

(1)对原始凭证提供的原始会计信息、应用记账凭证进行整理；

(2)设置账簿，将整理后的原始会计信息、应用记账凭证进行登记账簿；

(3)根据会计账簿编制财务报表。

【任务 8—2】丹江商道制衣有限公司 2020 年末编制的资产负债表是反映财务状况的静态年报表，2020 年利润表是反映经营成果的动态年报表，两张会计报表均为主表、单位会计报表、个别会计报表。

【任务实操】

请登录理实互动实训平台，完成项目八模块任务一、任务二精品课堂视频学习内容。

任务二 编制资产负债表

【任务引例】

【任务8—3】丹江商道制衣有限公司2020年12月31日总账及明细分类账户余额如表8—2所示。

要求：编制丹江商道制衣有限公司2020年12月31日资产负债表。

特别说明：

(1)坏账准备只针对应收账款，除此之外，该公司未对其他应收款项计提坏账准备。

(2)账户的总分类账余额方向与其所属明细账的余额方向一致。

(3)为说明期末数的编制方法，该业务举例中的年初余额省略。

账户余额表

单位：元

账户名称	期末余额	
	借方	贷方
库存现金	3 000	
银行存款	1 800 000	
其他货币资金	150 000	
应收票据	140 000	
应收账款	900 000	
坏账准备		2 000
预付账款	160 000	
其他应收款	20 000	
在途物资	220 000	
原材料	1 400 000	
低值易耗品	450 000	
库存商品	400 000	
长期股权投资	600 000	
固定资产	11 000 000	

续表

账户名称	期末余额	
	借方	贷方
累计折旧		1 000 000
在建工程	1 300 000	
无形资产	800 000	
短期借款		500 000
应付票据		400 000
应付账款		500 000
其他应付款		5 000
应付职工薪酬		35 000
应交税费		240 000
应付利息		20 000
长期借款		4 000 000
实收资本		10 000 000
资本公积		900 000
盈余公积		1 400 000
本年利润		
利润分配		341 000
合计	19 343 000	19 343 000

表 8—2 账户余额表

【任务准备】

一、资产负债表的概念和意义

(一)资产负债表的概念

资产负债表是反映企业某一特定日期(如月末、季末、年末等)财务状况的财务报表。它是根据“资产＝负债＋所有者权益”这一会计等式，依照一定的分类标准和顺序，将企业在一定日期的全部资产、负债和所有者权益项目进行适当分类、汇总、排列后编制而成的。资产负债表是企业基本财务报表之一，是所有独立核算的企业单位都必须对外报送的财务报表之一。

(二)资产负债表的意义

(1)资产负债表可以反映企业资产、负债和所有者权益的全貌。

(2)通过编制资产负债表，可以反映企业资产的构成及其状况，分析企业在某一日期所拥有的经济资源及其分布情况；可以反映企业某一日期的负债总额及其结构，分析企业目前与未来需要偿付的债务数额；可以反映企业所有者权益的情况，了解企业现有的投资者在企业资产总额中所占的份额。

(3)通过对资产负债表项目金额及其相关比率的分析，可以帮助报表使用者全面了解企业的资产状况、盈利能力，分析企业的债务偿还能力，从而为未来的经济决策提供信息。

二、资产负债表的格式

资产负债表由表头和表身两部分组成。表头部分应列明报表名称、编制单位名称、编制日期、报表编号和计量单位；表身部分反映资产、负债和所有者权益的内容，该部分是资产负债表的主体和核心。

资产负债表的格式主要有账户式和报告式两种。根据我国《企业会计准则》的规定，我国企业的资产负债表采用账户式结构。

账户式资产负债表分左、右两方，左方为资产项目，按资产的流动性强弱排列：流动性强的资产如“货币资金”“交易性金融资产”等排在前面，流动性弱的资产如“债权投资”“固定资产”等则排在后面。右方为负债及所有者权益项目，一般按求偿权先后顺序排列：“短期借款”“交易性金融负债”等需要在一年以内或者短于一年的一个营业周期内偿还的流动负债排在前面，“长期借款”“应付债券”等在一年以上或者长于一年的一个营业周期以上才需偿还的非流动负债排在中间，在企业清算之前不需要偿还的所有者权益项目排在后面。账户式资产负债表中资产各项目的合计等于负债和所有者权益各项目的合计，即资产负债表左方和右方平衡。因此，通过账户式资产负债表，可以反映资产、负债、所有者权益之间的内在关系，即“资产＝负债＋所有者权益”。一般企业财务报表格式(适用于已执行新金融准则、新收入准则和新租赁准则的企业)(财政部2019年4月30日印发财会〔2019〕6号)如表8－3所示。

资产负债表

编制单位： 年 月 日 单位：元

资产	期末余额	年初余额	负债和所有者权益(或股东权益)	期末余额	年初余额
流动资产：			流动负债：		
货币资金			短期借款		
交易性金融资产			交易性金融负债		
衍生金融资产			衍生金融负债		
应收票据			应付票据		
应收账款			应付账款		
应收款项融资			预收款项		

续表

资产	期末余额	年初余额	负债和所有者权益(或股东权益)	期末余额	年初余额
预付款项			合同负债		
其他应收款			应付职工薪酬		
存货			应交税费		
合同资产			其他应付款		
持有待售资产			持有待售负债		
一年内到期的非流动资产			一年内到期的非流动负债		
其他流动资产			其他流动负债		
流动资产合计			流动负债合计		
非流动资产：			非流动负债：		
债权投资			长期借款		
其他债权投资			应付债券		
长期应收款			其中：优先股		
长期股权投资			永续债		
其他权益工具投资			租赁负债		
其他非流动金融资产			长期应付款		
投资性房地产			预计负债		
固定资产			递延收益		
在建工程			递延所得税负债		
生产性生物资产			其他非流动负债		
油气资产			非流动负债合计		
使用权资产			负债合计		
无形资产			所有者权益(股东权益)：		
开发支出			实收资本(或股本)		
商誉			其他权益工具		
长期待摊费用			其中：优先股		
递延所得税资产			永续债		
其他非流动资产			资本公积		
非流动资产合计			减：库存股		
			其他综合收益		
			专项储备		
			盈余公积		

续表

资产	期末余额	年初余额	负债和所有者权益(或股东权益)	期末余额	年初余额
			未分配利润		
			所有者权益(或股东权益)合计		
资产总计			负债和所有者权益 (或股东权益)总计		

表 8—3 资产负债表

《企业财务会计报告条例》规定:年度、半年度财务报表至少应当反映两个年度或者相关两个期间的比较数据。也就是说,企业需要提供比较资产负债表,所以,资产负债表各项目需要分为“年初余额”和“期末余额”两栏分别填列。

三、资产负债表的编制方法

(一)资产负债表编制的基本方法

资产负债表的各项目均需填列“期末余额”和“年初余额”两栏。

资产负债表的“年初余额”栏内各项数字,应根据上年末资产负债表的“期末余额”栏内所列数字填列。如果本年度资产负债表规定的各项目的名称和内容与上年不一致,则应对上年年末资产负债表各项目的名称和数字按照本年度的规定进行调整,填入本表“年初余额”栏内。

资产负债表的“期末余额”栏则根据财务报表编报时间,可为月末、季末或年末的数字。“期末余额”主要是通过对本会计期间的会计核算记录的数据加以归集、整理而成,其资料来源有以下几个方面:

1.根据总账科目余额填列

总分类账户和资产负债表项目形成对应关系,即总分类账簿中有什么账户,资产负债表就有什么项目,就可根据总分类账户余额直接填列资产负债表项目。这些项目有:短期借款、应交税费、实收资本、资本公积、盈余公积等。有些项目需要根据几个总账账户余额计算填列,资产负债表项目包括多个总账账户内容,可将多个总分类账账户余额进行分析计算,将其计算结果进行报表项目填列。根据几个总账账户余额计算填列的项目如“货币资金”项目,应根据“库存现金”“银行存款”“其他货币资金”等总分类账账户的期末余额合计填列。

2.根据有关明细账户余额分析计算填列

结算类账户必须根据其明细账的余额性质进行填列。在编制财务报表时必须严格划分其“应收”、“应付”、“预收”与“预付”的性质,是债权性质的,应作为资产的相关项目填列;是债务性质的,应作为负债的相关项目填列。如资产负债表中以下项目需要根据有关明细账的余额分析计算填列

(1)“应收账款”项目，反映企业因销售商品和提供劳务等而应向购买单位收取的各种款项。本项目应根据“应收账款”和“预收账款”账户所属明细账的期末借方余额合计填列，并减去为该应收款计提的“坏账准备”账户的余额。

(2)“预付账款”项目，反映企业预付给供应单位的款项。本项目应根据“预付账款”和“应付账款”账户所属明细账的期末借方余额合计填列，并减去为该预付款计提的“坏账准备”账户的余额。

(3)“应付账款”项目，反映企业购买原材料和接受劳务供应等应付给供应单位的款项。本项目应根据“应付账款”和“预付账款”账户所属明细账的期末贷方余额合计填列。

(4)“预收账款”项目，反映企业预收购货单位的账款。本项目应根据“预收账款”和“应收账款”账户所属明细账的贷方余额合计填列。

(5)“开发支出”项目，需要根据“研发支出”科目中所属的“资本化支出”明细科目期末余额计算填列。

(6)“应付职工薪酬”项目，需要根据“应付职工薪酬”科目的明细科目期末余额计算填列。

(7)“一年内到期的非流动资产”“一年内到期的非流动负债”项目，需要根据相关非流动资产和非流动负债项目的明细科目余额计算填列。

(8)“未分配利润”项目，需要根据“利润分配”科目中所属的“未分配利润”明细科目期末余额填列。

3.根据总账科目和明细账科目余额分析计算填列

根据会计的重要性信息质量要求，资产负债表中的一些项目将分别根据某项经济业务内容的明细分类账和总账账户余额分析计算填列。如资产负债表以下项目需要根据总账科目和明细账科目余额分析计算填列：

(1)“长期借款”项目，需要根据“长期借款”总账科目余额扣除“长期借款”科目所属的明细科目中将在一年内到期且企业不能自主地将清偿义务展期的长期借款后的金额计算填列；

(2)“其他非流动资产”项目，应根据有关科目的期末余额减去将于一年内(含一年)收回数后的金额计算填列。

(3)“其他非流动负债”项目，应根据有关科目的期末余额减去将于一年内(含一年)到期偿还数后的金额计算填列。

(4)“交易性金融资产”项目和“其他非流动资产”项目，如果在填列资产负债表时，存在自资产负债表日起超过一年到期且预期持有超过一年的以公允价值计量且其变动计入当期损益的非流动金融资产，那么就应将此项交易性金融资产明细账户的期末价值填入资产负债表中的“其他非流动资产”项目，以表示企业非流动资产的实有数额。相应地，资产负债表中的“交易性金融资产”项目，则根据“交易性金融资产”总分类账户余额减去上述填入“其他非流动资产”项目金额填列。同样，资产负债表的“交易性金融负债”和“其他非流动负债”，也同样需要进行类似的分析进行填列。

4.根据有关科目余额减去其备抵科目余额后的净额填列

如资产负债表中以下项目需要根据有关科目余额减去其备抵科目余额后的净额填列：

(1)“应收票据”“应收账款”“长期股权投资”“在建工程”等项目，应当根据“应收票据”“应收账款”“长期股权投资”“在建工程”等科目的期末余额减去“坏账准备”“长期股权投资减值准备”“在建工程减值准备”等备抵科目余额后的净额填列。

(2)“投资性房地产”(采用成本模式计量)、“固定资产”项目，应当根据“投资性房地产”“固定资产”科目的期末余额，减去“投资性房地产累计折旧”“投资性房地产减值准备”“累计折旧固定资产减值准备”等备抵科目的期末余额，以及“固定资产清理”科目期末余额后的净额填列。

(3)“无形资产”项目，应当根据“无形资产”科目的期末余额，减去“累计摊销”“无形资产减值准备”等备抵科目余额后的净额填列。

5.综合运用上述填列方法分析填列

如资产负债表中的“存货”项目，需要根据“原材料”“库存商品”“委托加工物资”“周转材料”“材料采购”“在途物资”“发出商品”“材料成本差异”等总账科目期末余额的分析汇总数，再减去“存货跌价准备”科目余额后的净额填列。

(二)资产负债表主要项目的填列方法

根据《企业会计准则》，资产负债表中主要项目的填列方法如下：

1.资产项目的填列方法

(1)“货币资金”项目，反映企业库存现金、银行结算户存款、外埠存款、银行汇票存款、银行本票存款、银行卡存款、信用证保证金存款等的合计数。本项目应根据“库存现金”“银行存款”“其他货币资金”账户期末余额的合计数填列。

(2)“应收票据”项目，反映资产负债表日以摊余成本计量的、企业因销售商品、提供服务等收到的商业汇票，包括银行承兑汇票和商业承兑汇票。该项目应根据“应收票据”科目的期末余额，减去“坏账准备”科目中相关坏账准备期末余额后的金额分析填列。已向银行贴现和已背书转让的应收票据，不包括在本项目内，其中已贴现的商业承兑汇票，应在财务报表附注中单独披露。

(3)“应收账款”项目，反映资产负债表日以摊余成本计量的、企业因销售商品、提供服务等经营活动应收取的款项。该项目应根据“应收账款”科目的期末余额，减去“坏账准备”科目中相关坏账准备期末余额后的金额分析填列。

(4)“应收款项融资”项目，反映资产负债表日以公允价值计量且其变动计入其他综合收益的应收票据和应收账款等。

(5)“其他应收款”项目，应根据“应收利息”、“应收股利”和“其他应收款”科目的期末余额合计数，减去“坏账准备”科目中相关坏账准备期末余额后的金额填列。其中的“应收利息”仅反映相关金融工具已到期可收取但于资产负债表日尚未收到的利息。基于实际利率法计提的金融工具的利息应包含在相应金融工具的账面余额中。

(6)“存货”项目，反映企业期末在库、在途和在加工中的各种存货的可变现净值。存货包括各种材料、商品、在产品、半成品、包装物、低值易耗品、发出商品、委托代销商品、受托代销商品等。本项目应根据“在途物资”“原材料”“自制半成品”“库存商品”“周转材料”“发出商品”“委托加工物资”“委托代销商品”“生产成本”等账户的期末余额合计，减去“代销商品款”“存货跌价准备”账户期末余额后的金额填列。材料采用计划成本核算，以及库存商品采用计划成本核算或售价核算的企业，还应按照加或减材料成本差异、商品进销差价后的金额填列。

(7)“交易性金融资产”项目，反映资产负债表日企业分类为以公允价值计量且其变动计入当期损益的金融资产，以及企业持有的指定为以公允价值计量且其变动计入当期损益的金融资产的期末账面价值。该项目应根据“交易性金融资产”科目的相关明细科目的期末余额分析填列。自资产负债表日起超过一年到期且预期持有超过一年的以公允价值计量且其变动计入当期损益的非流动金融资产的期末账面价值，在“其他非流动金融资产”项目反映。

(8)“长期应收款”项目，反映企业的长期应收款项，包括融资租赁产生的应收款项、采用递延方式具有融资性质的销售商品和提供劳务等产生的应收款项等。本项目应根据“长期应收款”账户的期末余额减去相应的“未实现融资收益”账户和“坏账准备”账户所属相关明细账户期末余额后的金额填列。

(9)“持有待售资产”项目，反映资产负债表日划分为持有待售类别的非流动资产及划分为持有待售类别的处置组中的流动资产和非流动资产的期末账面价值。该项目应根据“持有待售资产”科目的期末余额，减去“持有待售资产减值准备”科目的期末余额后的金额填列。

(10)“债权投资”项目，反映资产负债表日企业以摊余成本计量的长期债权投资的期末账面价值。该项目应根据“债权投资”科目的相关明细科目期末余额，减去“债权投资减值准备”科目中相关减值准备的期末余额后的金额分析填列。自资产负债表日起一年内到期的长期债权投资的期末账面价值，在“一年内到期的非流动资产”项目反映。企业购入的以摊余成本计量的一年内到期的债权投资的期末账面价值，在“其他流动资产”项目反映。

(11)“长期股权投资”项目，反映企业不准备在一年内(含一年)变现的各种股权性质的投资的可收回金额。本项目应根据“长期股权投资”账户的期末余额减去“长期股权投资减值准备”账户的期末余额后的金额填列。

企业超过一年到期的委托贷款，其本金和利息减去已计提的损失准备后的净额，也在本项目反映。

(12)“固定资产”项目，反映资产负债表日企业固定资产的期末账面价值和企业尚未清理完毕的固定资产清理净损益。该项目应根据“固定资产”科目的期末余额，减去“累计折旧”和“固定资产减值准备”科目的期末余额后的金额，以及“固定资产清理”科目的期末余额填列。

(13)“在建工程”项目，反映资产负债表日企业尚未达到预定可使用状态的在建工程的期末账面价值和企业为在建工程准备的各种物资的期末账面价值。该项目应根据“在建工程”科目的期末余额，减去“在建工程减值准备”科目的期末余额后的金额，以及“工程物资”科目的期末余额，减去“工程物资减值准备”科目的期末余额后的金额填列。

(14)“使用权资产”项目，反映资产负债表日承租人企业持有的使用权资产的期末账面价值。该项目应根据“使用权资产”科目的期末余额，减去“使用权资产累计折旧”和“使用权资产减值准备”科目的期末余额后的金额填列。

(15)“无形资产”项目，反映企业各项无形资产的期末可收回金额。本项目应根据“无形资产”账户的期末余额减去“无形资产累计摊销”“无形资产减值准备”账户期末余额后的金额填列。

(16)“商誉”项目，反映企业合并中形成的商誉价值。该项目根据“商誉”账户期末余额填列;商誉发生减值的，应根据“商誉”账户期末余额减去“商誉减值准备”账户期末余额后的金额填列。

(17)“长期待摊费用”项目，反映企业已经发生但应由本期和以后各期分摊的，分摊期限在一年以上的各种费用。本项目应根据“长期待摊费用”账户的期末余额减去将于一年内(含一年)摊销的数额后的金额填列。

(18)“一年内到期的非流动资产”项目，通常反映预计自资产负债表日起一年内变现的非流动资产。对于按照相关会计准则采用折旧(或摊销、折耗)方法进行后续计量的固定资产、使用权资产、无形资产和长期待摊费用等非流动资产，折旧(或摊销、折耗)年限(或期限)只剩一年或不足一年的，或预计在一年内(含一年)进行折旧(或摊销、折耗)的部分，不得归类为流动资产，仍在各非流动资产项目中填列，不转入“一年内到期的非流动资产”项目。

2.负债项目的填列方法

(1)“短期借款”项目，反映企业借入尚未归还的一年期以下(含一年)的借款。本项目应根据“短期借款”账户的期末余额填列。

(2)“交易性金融负债”项目，反映资产负债表日企业承担的交易性金融负债，以及企业持有的指定为以公允价值计量且其变动计入当期损益的金融负债的期末账面价值。该项目应根据“交易性金融负债”科目的相关明细科目的期末余额填列。

(3)“应付票据”项目，反映资产负债表日以摊余成本计量的、企业因购买材料、商品和接受服务等开出、承兑的商业汇票，包括银行承兑汇票和商业承兑汇票。该项目应根据“应付票据”科目的期末余额填列。

(4)“应付账款”项目，反映资产负债表日以摊余成本计量的、企业因购买材料、商品和接受服务等经营活动应支付的款项。该项目应根据“应付账款”和“预付账款”科目所属的相关明细科目的期末贷方余额合计数填列。

(5)“应付职工薪酬”项目，反映企业应付未付的各种职工薪酬，包括工资、职工福利、社会保险费、住房公积金、工会经费、职工教育经费、非货币性福利、辞退福利、股份支付等。按规定从净利润中提取的职工奖励和福利基金也在本项目反映。本项目应根据“应付职工薪酬”账户所属各明细账户的期末贷方余额合计数填列。

(6)“应交税费”项目，反映企业期末未交、多交或未抵扣的各种税费。具体包括增值税、消费税、所得税、资源税、土地增值税、城市维护建设税、房产税、土地使用税、教育费附加、矿产资源补偿费等。本项目应根据“应交税费”账户所属明细账户的期末贷方余额合计数填列。如果“应交税费”账户期末为借方余额，应以“－”号填列。

(7)“其他应付款”项目，应根据“应付利息”、“应付股利”和“其他应付款”科目的期末余额合计数填列。其中的“应付利息”仅反映相关金融工具已到期应支付但于资产负债表日尚未支付的利息。基于实际利率法计提的金融工具的利息应包含在相应金融工具的账面余额中。

(8)“持有待售负债”项目，反映资产负债表日处置组中与划分为持有待售类别的资产直接相关的负债的期末账面价值。该项目应根据“持有待售负债”科目的期末余额填列。

(9)“一年内到期的非流动负债”项目，反映非流动负债各项目中将于一年内(含一年)到期的长期负债，包括一年内到期的长期借款、长期应付款和应付债券。本项目应根据上述账户分析计算后填列。

(10)“长期借款”项目，反映企业借入尚未归还的一年期以上(不含一年)的借款本息。本项目应根据“长期借款”账户的期末余额填列。

(11)“应付债券”项目，反映企业发行的尚未偿还的各种长期债券的本息。本项目应根据“应付债券”账户的期末余额填列。

(12)“长期应付款”项目，反映资产负债表日企业除长期借款和应付债券以外的其他各种长期应付款项的期末账面价值。该项目应根据“长期应付款”科目的期末余额，减去相关的“未确认融资费用”科目的期末余额后的金额，以及“专项应付款”科目的期末余额填列。

3.所有者权益项目的填列方法

(1)“实收资本(或股本)”项目，反映企业各投资者实际投入的资本(或股本)总额。本项目应根据“实收资本”(或“股本”)账户的期末余额填列。

(2)“资本公积”项目，反映企业资本公积的期末余额。本项目应根据“资本公积”账户的期末余额填列。

(3)“盈余公积”项目，反映企业盈余公积的期末余额。本项目应根据“盈余公积”账户的期末余额填列。

(4)“未分配利润”项目，反映企业尚未分配的利润。本项目应根据“本年利润”账户和“利润分配”账户的余额计算填列。未弥补的亏损，在本项目内以“－”号填列。

【任务实施】

【任务 8—3】根据表 8—2，编制丹江商道制衣有限公司 2020 年 12 月 31 日资产负债表，如表 8—4 所示。

资产负债表

编制单位： 2020 年 12 月 31 日 单位：元

资产	期末余额	年初余额	负债和所有者权益(或股东权益)	期末余额	年初余额
流动资产：			流动负债：		
货币资金	1 953 000		短期借款	500 000	
交易性金融资产			交易性金融负债		
衍生金融资产			衍生金融负债		
应收票据	140 000		应付票据	400 000	
应收账款	898 000		应付账款	500 000	
应收款项融资			预收款项		
预付款项	160 000		合同负债		
其他应收款	20 000		应付职工薪酬	35 000	
存货	2 470 000		应交税费	240 000	
合同资产			其他应付款	25 000	
持有待售资产			持有待售负债		
一年内到期的非流动资产			一年内到期的非流动负债		
其他流动资产			其他流动负债		
流动资产合计	5 541 000		流动负债合计	1 700 000	
非流动资产：			非流动负债：		
债权投资			长期借款	4 000 000	
其他债权投资			应付债券		
长期应收款			其中：优先股		
长期股权投资	600 000		永续债		
其他权益工具投资			租赁负债		
其他非流动金融资产			长期应付款		
投资性房地产			预计负债		
固定资产	10 000 000		递延收益		
在建工程	1 300 000		递延所得税负债		
生产性生物资产			其他非流动负债		
油气资产			非流动负债合计	4 000 000	
使用权资产			负债合计	5 700 000	
无形资产	800 000		所有者权益(股东权益)：		
开发支出			实收资本(或股本)	10 000 000	

续表

资产	期末余额	年初余额	负债和所有者权益(或股东权益)	期末余额	年初余额
商誉			其他权益工具		
长期待摊费用			其中:优先股		
递延所得税资产			永续债		
其他非流动资产			资本公积	900 000	
非流动资产合计	12 700 000		减:库存股		
			其他综合收益		
			专项储备		
			盈余公积	1 400 000	
			未分配利润	341 000	
			所有者权益(或股东权益)合计	12 641 000	
资产总计	18 341 000		负债和所有者权益(或股东权益)总计	18 341 000	

表 8—4　资产负债表

【任务实操】

请登录理实互动实训平台，完成项目八中模块任务二的模拟实训任务。

任务三 编制利润表

【任务引例】

【任务8—4】根据丹江商道制衣有限公司2020年7月的有关账户发生额（见表8—5），编制利润表。

账户发生额

单位：元

账户名称	借方	贷方
主营业务收入		60 000 000
主营业务成本	43 000 000	
税金及附加	1 000 000	
销售费用	5 400 000	
管理费用	3 000 000	
财务费用	500 000	
投资收益		300 000
营业外收入		700 000
营业外支出	300 000	
所得税费用	1 950 000	

表8—5 账户发生额

【任务准备】

一、利润表的概念和意义

（一）利润表的概念

利润表又称损益表，是反映企业在一定会计期间经营成果的报表。利润表是根据会计核算的配比原则，把一定时期内的收入和相对应的成本费用配比，从而计算出企业一定时期的各项利润指标。

(二)利润表的意义

通过利润表可以从总体上了解企业收入、成本和费用及净利润(或亏损)的实现及构成情况;同时，通过利润表提供的不同时期的比较数字(本期金额、上期金额)，可以分析企业的获利能力及利润的未来发展趋势，了解投资者投入资本的保值增值情况。由于利润既是企业经营业绩的综合体现，又是企业进行利润分配的主要依据，因此，利润表是财务报表中的一张基本报表。

二、利润表的格式

利润表由表头和表身两部分组成。表头部分应列明报表名称、编制单位名称、编制期间、报表编号和计量单位;表身部分反映利润的构成内容，该部分为利润表的主体和核心。

利润表的格式主要有多步式利润表和单步式利润表两种。按照我国《企业会计准则》的规定，我国企业的利润表采用多步式。多步式利润表的主要编制步骤和内容如下:

第一步，以营业收入为基础，减去营业成本、税金及附加、销售费用、管理费用、研发费用、财务费用、信用减值损失、资产减值损失，加上其他收益、投资收益、公允价值变动收益、资产处置收益算出营业利润。

第二步，以营业利润为基础，加上营业外收入，减去营业外支出计算出利润总额。

第三步，以利润总额为基础，减去所得税费用，计算出净利润(或亏损)。

第四步，单独列示其他综合收益。

第五步，根据第三步和第四步计算出综合收益总额。

第六步，单独列示每股收益，包括基本每股收益和稀释每股收益。

因此，多步式利润表反映出了营业利润、利润总额、净利润的各项要素的情况，有助于使用者从不同利润类别中了解企业经营成果的不同来源，便于对企业生产经营情况进行分析，有利于不同企业之间进行比较，更重要的是利用多步式利润表有利于预测企业今后的盈利能力。一般企业利润表的基本格式如表 8－6 所示。

利润表

会企 02 表

编制单位： 年 月 单位：元

项目	本期金额	上期金额
一、营业收入		
减：营业成本		
税金及附加		
销售费用		
管理费用		
研发费用		
财务费用		
其中：利息费用		
利息收入		
加：其他收益		
投资收益(损失以“－”号填列)		
其中:对联营企业和合营企业的投资收益		
以摊余成本计量的金融资产终止确认收益(损失以“－”号填列)		
净敞口套期收益(损失以“－”号填列)		
公允价值变动收益(损失以“－”号填列)		
信用减值损失(损失以“－”号填列)		
资产减值损失(损失以“－”号填列)		
资产处置收益(损失以“－”号填列)		
二、营业利润(亏损以“－”号填列)		
加:营业外收入		
减:营业外支出		
三、利润总额(亏损总额以“－”号填列)		
减:所得税费用		
四、净利润(净亏损以“－”号填列)		
(一)持续经营净利润(净亏损以“－”号填列)		
(二)终止经营净利润(净亏损以“－”号填列)		
五、其他综合收益的税后净额		
(一)不能重分类进损益的其他综合收益		
1.重新计量设定受益计划净负债或净资产的变动		

续表

项目	本期金额	上期金额
2.权益法下在被投资单位不能重分类进损益的其他综合收益中享有的份额		
3.其他权益工具投资公允价值变动		
4.企业自身信用风险公允价值变动		
……		
(二)将重分类进损益的其他综合收益		
1.权益法下在被投资单位以后将重分类进损益的其他综合收益中享有的份额		
2.其他债权投资公允价值变动损益		
3.金融资产重分类转入损益的累计利得或损失		
4.现金流量套期损益的有效部分		
5.外币财务报表折算差额		
……		
六、综合收益总额		
七、每股收益		
(一)基本每股收益		
(二)稀释每股收益		

表 8—6 利润表

三、利润表的编制方法

(一)本期金额栏和上期金额栏的填列方法

"本期金额"栏反映各项目本期实际发生额，各项金额一般应根据损益类账户的发生额分析填列。"上期金额"栏应根据上年该期间利润表"本期金额"栏相应数字填列。如果上年度该期利润表的有关项目名称和内容与本期利润表不相一致，应对上年度该期报表相应项目的名称和数字按本期规定进行调整，填入本表的"上期金额"栏内。

(二)利润表各项目"本期金额"栏的填列方法

1.根据相应账户的发生额分析填列

如"营业收入""营业成本""税金及附加""销售费用""管理费用""财务费用""投资收益""营业外收入""营业外支出""所得税费用"等。

2.根据计算公式计算填列

"营业利润""利润总额""净利润"应根据表中的计算公式计算填列，若亏损应以"－"号填列。“每股收益”应根据有关公式和表中数据计算填列。

3.利润表中各项目的具体填列方法

(1)“营业收入”项目=“主营业务收入”账户贷方发生额净额+“其他业务收入”账户贷方发生额净额。

(2)“营业成本”项目=“主营业务成本”账户借方发生额净额+“其他业务成本”账户借方发生额净额。

(3)“税金及附加”项目=“税金及附加”账户借方发生额净额。

(4)“销售费用”项目=“销售费用”账户借方发生额净额。

(5)“管理费用”项目，反映企业该行政管理部门为组织和管理生产经营活动而发生的各项费用，该项目应根据“管理费用”账户发生额分析填列。

(6)“研发费用”项目，反映企业进行研究与开发过程中发生的费用化支出，以及计入管理费用的自行开发无形资产的摊销。该项目应根据“管理费用”科目下的“研究费用”明细科目的发生额，以及“管理费用”科目下的“无形资产摊销”明细科目的发生额分析填列。

(7)“财务费用”项目=“财务费用”(收益以“－”号填列)账户借方发生额净额。“财务费用”项目下的“利息费用”项目，反映企业为筹集生产经营所需资金等而发生的应予费用化的利息支出。该项目应根据“财务费用”科目的相关明细科目的发生额分析填列。该项目作为“财务费用”项目的其中一项，以正数填列。

“财务费用”项目下的“利息收入”项目，反映企业按照相关会计准则确认的应冲减财务费用的利息收入。该项目应根据“财务费用”科目的相关明细科目的发生额分析填列。该项目作为“财务费用”项目的其中一项，以正数填列。

(8)“投资收益”项目，反映企业以各种方式对外投资所得的收益。本项目应根据“投资收益”科目的发生额分析填列。

(9)“其他收益”项目，反映计入其他收益的政府补助，以及其他与日常活动相关且计入其他收益的项目。该项目应根据“其他收益”科目的发生额分析填列。企业作为个人所得税的扣缴义务人，根据《中华人民共和国个人所得税法》收到的扣缴税款手续费，应作为其他与日常活动相关的收益在该项目中填列。

(10)“公允价值变动净收益”项目=“公允价值变动损益”(净损失以“－”号填列)账户发生额净额。

(11)“信用减值损失”项目，反映企业按照《企业会计准则第22号——金融工具确认和计量》(财会〔2017〕7号)的要求计提的各项金融工具信用减值准备所确认的信用损失。该项目应根据“信用减值损失”科目的发生额分析填列。

(12)“资产减值损失”项目，反映企业各项资产发生的资产减值损失。本项目应根据“资产减值损失”账户的发生额分析填列。

(13)“资产处置收益”项目，反映企业出售划分为持有待售的非流动资产(金融工具、长期股权投资和投资性房地产除外）或处置组（子公司和业务除外）时确认的处置利得或损失，以及处置未划分为持有待售的固定资产、在建工程、生产性生物资产及无形资产而产生的处置利得或损失。债务重组中因处置非流动资产（金融工具、长期股权投资和投资性房地产除外）产生的利得或损失和非货币性资产交换中换出非流动资产（金融工具、长期股权投资和投资性房地产除外）产生的利得或损失也包括在本项目内。该项目应根据“资产处置损益”科目的发生额分析填列；如为处置损失，以“－”号填列。

（14）“营业利润”项目＝营业收入－营业成本－税金及附加－销售费用－管理费用－研发费用－财务费用±其他收益±净敞口套期收益±公允价值变动收益－信用减值损失－信用减值损失±资产处置收益。

（15）“营业外收入”项目，反映企业发生的除营业利润以外的收益，主要包括与企业日常活动无关的政府补助、盘盈利得、捐赠利得（企业接受股东或股东的子公司直接或间接的捐赠，经济实质属于股东对企业的资本性投入的除外）等。该项目应根据“营业外收入”科目的发生额分析填列。

（16）“营业外支出”项目，反映企业发生的除营业利润以外的支出，主要包括公益性捐赠支出、非常损失、盘亏损失、非流动资产毁损报废损失等。该项目应根据“营业外支出”科目的发生额分析填列。“非流动资产毁损报废损失”通常包括因自然灾害发生毁损、已丧失使用功能等原因而报废清理产生的损失。企业在不同交易中形成的非流动资产毁损报废利得和损失不得相互抵销，应分别在“营业外收入”项目和“营业外支出”项目进行填列。

（17）“利润总额”项目＝营业利润＋营业外收入－营业外支出。

（18）“所得税费用”项目＝“所得税费用”账户借方发生额净额。

（19）“净利润”项目＝利润总额－所得税费用。

（20）“其他综合收益的税后净额”项目＝未在损益中确认的各项利得和损失扣除所得税影响后的净额。

（21）综合收益总额＝净利润＋其他综合收益。

（22）“每股收益”项目＝“归属于普通股股东的当期净利润”÷“当期发行在外普通股的加权平均数”。

【任务实施】

【任务 8－4】根据表 8－5，编制丹江商道制衣有限公司 2020 年 7 月利润表，如表 8－7 所示。

利润表

编制单位：　　　　　　　　2020 年 7 月　　　　　　　　单位：元

项目	本期金额	上期金额
一、营业收入	60 000 000	
减：营业成本	43 000 000	
税金及附加	1 000 000	
销售费用	5 400 000	
管理费用	3 000 000	
研发费用		
财务费用	500 000	
其中：利息费用		
利息收入		
加：其他收益		
投资收益(损失以“-”号填列)	300 000	
其中:对联营企业和合营企业的投资收益		
以摊余成本计量的金融资产终止确认收益(损失以“-”号填列)		
净敞口套期收益(损失以“-”号填列)		
公允价值变动收益(损失以“-”号填列)		
信用减值损失(损失以“-”号填列)		
资产减值损失(损失以“-”号填列)		
资产处置收益(损失以“-”号填列)		
二、营业利润(亏损以“-”号填列)	7 400 000	
加:营业外收入	700 000	
减:营业外支出	300 000	
三、利润总额(亏损总额以“-”号填列)	7 800 000	
减:所得税费用	1 950 000	
四、净利润(净亏损以“-”号填列)	5 850 000	
(一)持续经营净利润(净亏损以“-”号填列)		
(二)终止经营净利润(净亏损以“-”号填列)		
五、其他综合收益的税后净额		
(一)不能重分类进损益的其他综合收益		
1.重新计量设定受益计划净负债或净资产的变动		

续表

项目	本期金额	上期金额
2.权益法下在被投资单位不能重分类进损益的其他综合收益中享有的份额		
3.其他权益工具投资公允价值变动		
4.企业自身信用风险公允价值变动		
……		
(二)将重分类进损益的其他综合收益		
1.权益法下在被投资单位以后将重分类进损益的其他综合收益中享有的份额		
2.其他债权投资公允价值变动损益		
3.金融资产重分类转入损益的累计利得或损失		
4.现金流量套期损益的有效部分		
5.外币财务报表折算差额		
……		
六、综合收益总额		
七、每股收益		
(一)基本每股收益		
(二)稀释每股收益		

表 8—7　利润表

【任务实操】

请登录理实互动实训平台，完成项目八中模块任务三的模拟实训任务。

项目九　运用账务处理程序

9

【知识目标】

(1)掌握不同账务处理程序的主要区别；

(2)掌握记账凭证账务处理程序；

(3)掌握科目汇总表账务处理程序；

(4)熟悉科目汇总表的编制方法。

【能力目标】

(1)能够采用记账凭证账务处理程序，完成从会计凭证到账簿登记以及编制报表的记账程序操作任务；

(2)能够采用科目汇总表账务处理程序，完成从会计凭证到科目汇总表、账簿登记以及编制报表的记账程序操作任务；

(3)能够准确区别各种账务处理程序的适用范围，并能够根据企业特点做出正确选择。

【素质目标】

(1)利用“1＋X”职业技能等级证书训练平台，培养学生认真仔细的职业习惯；

(2)在完成操作任务过程中不断利用案例向学生宣传会计职业道德的重要性，树立会计职业道德至上的观念。

【思维导图】

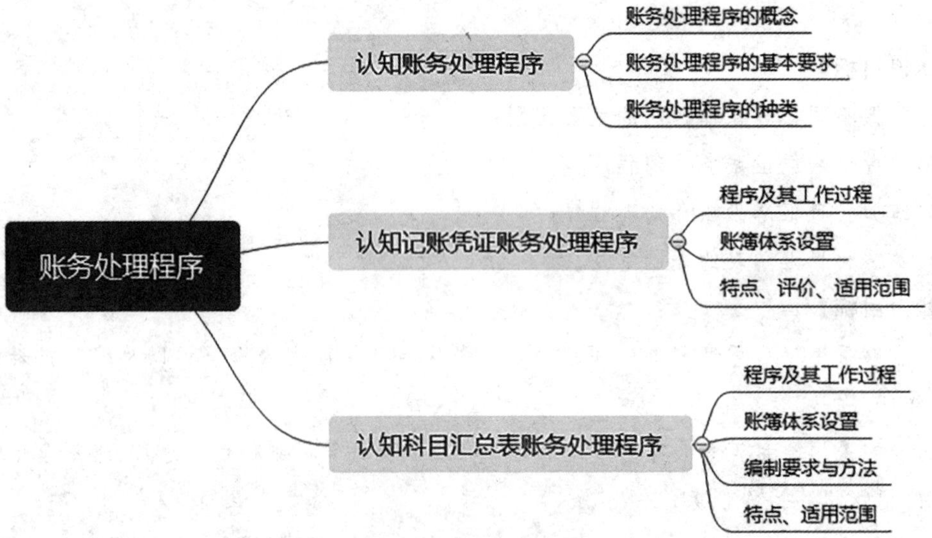
账务处理程序
认知账务处理程序
账务处理程序的概念
账务处理程序的基本要求
账务处理程序的种类
认知记账凭证账务处理程序
程序及其工作过程
账簿体系设置
特点、评价、适用范围
认知科目汇总表账务处理程序
程序及其工作过程
账簿体系设置
编制要求与方法
特点、适用范围

工作情境

一个阳光灿烂的日子，刚刚大学毕业的张楠应聘到丹江商道制衣有限公司财务部，财务主管问她："你在学校是学习会计专业的，如果我让你用一句话来概括财务工作的内容都包括什么，你会怎么表述?"张楠回答："如果让我用一个词来表述财务核算工作的内容，我选择的是'账务处理程序'，账务处理程序包括了从业务发生时取得或填制原始凭证，到填制和审核记账凭证，再到登记账簿并编制报表的全过程任务。"财务主管很欣慰地笑了笑说："不错，概括得很到位。这样吧，你刚刚来到公司，先给你三天时间熟悉公司环境，了解财务核算流程，结合我们公司业务核算的特点、公司现行核算手段，整理一下公司适合采用哪一种账务处理程序，并分析各种账务处理程序的优缺点。"张楠很高兴地接受了任务，并向财务主管表示，一定会认真学习，努力工作，成为一名合格的财务人员。

任务一　认知记账凭证账务处理程序

【任务引例】

【任务9—1】丹江商道制衣有限公司会计核算采用记账凭证账务处理程序，根据提供的相关资料完成财务核算任务。

1.丹江商道制衣有限公司7月期初余额见表9—1

账户初期余额表

2020年7月1日　　　　金额：元

总账科目	二级科目	三级科目	期初余额	
			借方余额	贷方余额
一、资产类				
库存现金			23 987	
银行存款	工商银行丹江支行		6 043 876.65	
其他货币资金				
	存出投资款		459 864.76	
应收票据				
	龙江劳动用品销售公司		117 000	

续表

总账科目	二级科目	三级科目	期初余额	
			借方余额	贷方余额
	庆江宏达有限公司		54 000	
	龙江劳保用品中心		60 087.96	
应收账款				
	庆江大通实业公司			149 136.24
	龙江煤电公司		126 755	
	庆江华伟实业公司		56 432	
	庆江红盛实业公司		256 652	
	庆江百成实业公司		658 762	
预付账款				
	庆江锦团实业公司		237 654.64	
	庆江惠达纺织品公司		65 432.96	
	尚佳纺织设备公司			1 263 241.60
其他应收款				
	行政部		6 598	
	王洁		5 000	
原材料				
	预料及主要材料		106 841.40	
	辅助材料		103 297.03	
	修理用备品备件		4 330	
库存商品				
	西服套装		155 261.40	
	便服套装		58 502.16	
长期股权投资				
	庆江普通实业公司	投资成本	4 000 000	
		损益调整	329 876	
固定资产				
	房屋建筑物		4 717 977.09	
	生产设备		2 770 000	
	运输设备		1 256 000	
	管理设备		588 950	

续表

总账科目	二级科目	三级科目	期初余额	
			借方余额	贷方余额
累计折旧				1 409 973.60
在建工程				
	1#楼		8 840 763.48	
	2#楼		3 872 666.48	
无形资产				
	专利权		360 000	
	土地使用权		4 500 000	
累计摊销				
	专利权			144 000
	土地使用权			300 000
二、负债类				
应付票据				
	广东双美纺织品公司			1 355 440
	浙江依泰实业公司			1 148 944
应付账款				
	自来水公司			
	庆江供电分公司			
	庆江双双纺织用品公司			535 950
	尚佳理尚实业公司		93 500	
	劳保用品公司			363 000
预收账款				
	东盛实业公司			100 000
	君华实业公司			336 548
	际宇实业公司		76 854	
	新华实业公司		67 540	
应交税费	应交增值税		133.12	
长期借款	专项借款	丹江支行		5 000 000
长期应付款				916 744.80
三、所有者权益类				
实收资本				20 000 000

续表

总账科目	二级科目	三级科目	期初余额	
			借方余额	贷方余额
资本公积				
	资本溢价			181 303.27
	其他资本公积			
盈余公积				
	法定盈余公积			89 860
本年利润				6 806 543.87
利润分配	未分配利润		26 090.25	
四、成本类	西服套装			
	便服套装			
制造费用				
合计			40 100 685.38	40 100 685.38

表 9—1　账户期初余额表

注:期初库存商品的数量为西服套装 1 000 套、便服套装 400 套,企业发出库存商品计价采用全月一次加权平均法。

2.丹江商道制衣有限公司 2020 年 7 月业务

(1)7 月 1 日,接受股东投入机器设备,增值税专用发票列示设备金额为 52 000 元,增值税为 6 760 元,企业至工商局办理注册资本增资 58 760 元。(原始凭证:增值税专用发票的发票联、验资证明、固定资产交接单)

(2)7 月 2 日,企业从宏光公司采购原材料,增值税专用发票列示,印染布金额为 234 000 元,亚麻布金额为 286 000 元,增值税进项税额为 67 600 元,货款及税款未付,材料已验收入库。(原始凭证:增值税专用发票的发票联、材料入库单)

(3)7 月 3 日,企业采购反光条,增值税专用发票金额为 21 840 元,增值税额为 2 839.2 元,上述款项已用银行存款支付,材料已验收入库。(原始凭证:增值税专用发票的发票联、支票存根、入库单)

(4)7 月 7 日,产品完工入库。其中,西服套装 1 000 套,便服套装 1 100 套。(原始凭证:产品入库单)(提示:由于本企业发出库存商品采用全月一次加权平均法,因此本业务只在明细账中记录产品数量,不编制会计分录)

(5)7 月 8 日,用现金报销采购人员差旅费 8 120 元。(原始凭证:差旅费报销单)

(6)7 月 8 日,销售商品收到银行存款,增值税专用发票列示,销售商品西服套装 1 600 套,金额为 544 000 元,销售便服套装 1 200 套,金额为 384 000 元,增值税总额为 120 640 元,上述款项均收到存入银行。(原始凭证:增值税专用发票记账联、进账单、商品出库单)

(7)7 月 9 日，用银行存款支付销售上述商品的运费，增值税专用发票列示，运费金额 10 500 元，进项税额为 945 元。(原始凭证:货运增值税专用发票的发票联、支票存根)

(8)7 月 16 日，用银行存款支付办公费 4 408 元。(原始凭证:办公用品采购普通发票、支票存根)

(9)7 月 18 日，用银行存款支付固定资产修理费，增值税专用发票列示修理费金额为 6 400 元，增值税进项税额为 832 元。(原始凭证:增值税专用发票的发票联、支票存根)

(10)7 月 21 日，用现金支付管理人员报销的业务招待费 8 772 元。(原始凭证:费用支出报销单)

(11)7 月 23 日，收到工商银行丹江支行发来的银行利息支付通知，支付本月利息费用 25 000 元。(原始凭证:支付利息通知单)

(12)7 月 23 日，收到工商银行丹江支行利息收入通知，收到利息两笔，分别为 2 500 元与 2 620 元。(原始凭证:收取利息通知单)

(13)7 月 27 日，产品完工入库。其中，西服套装 2 000 套，便服套装 2 500 套。(原始凭证:产品入库单)(提示:由于本企业发出库存商品采用全月一次加权平均法，因此本业务只在明细账中记录产品数量，不编制会计分录)

(14)7 月 28 日，销售商品款项尚未收到，增值税专用发票列示，销售商品西服套装 2 000 套，金额为 680 000 元，销售便服套装 1 600 套，金额为 512 000 元，增值税总额为 154 960 元。用银行存款支付代垫运费 10 400 元。(原始凭证:增值税专用发票记账联、代垫运费单据、支票存根)

(15)7 月 28 日，用银行存款向企业职工发放职工福利费，发放情况如下:西服套装生产工人为 6 000 元，便服套装生产工人为 7 200 元，车间管理人员为 1 500 元，行政部门管理人员为 13 500 元。(原始凭证:职工福利发放表、企业发放职工福利会议通知)

(16)7 月 31 日，分配上述职工福利费。(原始凭证:职工福利费分配表)

(17)7 月 31 日，分配企业职工薪酬，其中工资 596 000 元、社会保险费 153 768 元、住房公积金 59 600 元、工会经费 11 920 元、职工教育费 14 900 元，按照企业成本核算制度分配后，各产品或部门应负担的薪酬费用为:西服套装生产工人 171 972.5 元，便服套装生产工人 206 367 元，车间管理人员 19 455.90 元，行政部门管理人员 438 392.6 元。(原始凭证:职工薪酬分配表)

(18)7 月 31 日，收到上述应收账款 2 690 760 元。(原始凭证:进账单)

(19)7 月 31 日，计提固定资产折旧，其中行政部门的折旧费为 60 686.4 元，车间固定资产的折旧费为 27 377.19 元。(原始凭证:固定资产折旧计算表)

(20)7 月 31 日，用银行存款支付自来水公司水费，增值税专用发票列示水费金额 3 328 元，进项税额为 299.52 元，按照各部门耗用水量进行分配，其中生产车间应负担 2 572 元，行政管理部门应负担 756 元。(原始凭证:增值税专用发票的发票联、支票存根、水费分配表)

(21)7 月 31 日，用银行存款支付供电局电费，增值税专用发票列示电费金额 10 984 元，进项税额为 1 427.92 元，按照各部门耗用电量进行分配，其中生产车间应负担 9 704 元，行政管理部门应负担 1 280 元。(原始凭证:增值税专用发票的发票联、支票存根、电费分配表)

(22)7 月 31 日，汇总本月发出材料成本，本月发出原材料及主要材料 475 433.82 元，辅助材料 72 116 元，修理用备品 840 元。按本单位材料分配标准进行分配后，各产品应负担的材料成本为:西服套装 257 228.10 元，便服套装 289 521.72 元，车间应负担的一般材料消耗费 840 元，行政管理部门的一般材料消耗费 800 元。(原始凭证:发出材料汇总表及其所附领料单)

(23)7 月 31 日，分配本月制造费用 61 449.09 元，各产品应负担的制造费用金额为:西服套装 28 120.77 元，便服套装 33 328.32 元。(原始凭证:制造费用分配表)

(24)7 月 31 日，结转完工产品成本，各产品的完工总成本与数量为:西服套装 463 321.37 元，3 000 套;便服套装 536 417.04 元，3 600 套。月末无在产品。(原始凭证:西服套装、便服套装产品成本计算单)

(25)7 月 31 日，结转已销产品成本。各产品的销售成本为:西服套装 556 722.77 元，便服套装 416 443.20 元。(原始凭证:产品销售成本计算单)

(26)7 月 31 日，结转本月未交增值税 194 763.24 元。(原始凭证:未交增值税计算表)

(27)7 月 31 日，假设企业除增值税外无其他流转税，计提当月城建税 13 633.43 元，教育费附加 5 842.89 元。(原始凭证:税金及附加费计算表)

(28)7 月 31 日，结转当月损益。

3.丹江商道制衣有限公司账簿体系设置

(1)记账凭证:专用记账凭证。

(2)账簿设置(见表 9—2)。

提示:丹江商道制衣有限公司发出库存商品采用全月一次加权平均法计价，销售商品成本＝库存商品账户期初余额＋本月发生额－全月一次加权平均单价×期末结存数量。

账簿分类		账页格式
库存现金日记账		三栏式
银行存款日记账		三栏式
总分类账		三栏式
明细分类账	应收、应付等往来明细账,实收资本等资本类明细账	三栏式
	原材料、库存商品等存货明细账	数量金额式
	收入、成本、费用等明细账	多栏式
	其余明细账	略

表 9—2　账簿设置

(3)财务报表,包括资产负债表、利润表、现金流量表、所有者权益变动表。

【任务准备】

一、账务处理程序的概念

账务处理程序又称会计核算组织形式，是账簿体系、记账程序和记账方法相互结合的方式。其中，账簿体系是凭证、账簿、报表的种类、格式和相互之间的关系，包括账簿的种类、格式和各种账簿之间的相互关系，会计凭证的种类、格式，各凭证间、凭证与账簿之间的关系，会计凭证、会计账簿与财务报表之间的关系。记账程序是指从填制和审核会计凭证开始，到登记账簿以及编制财务报表为止的工作顺序和过程。记账方法是指账簿的登记所采用的技术方法，如逐笔登记总账、汇总登记总账等。不同的账簿体系、记账程序和记账方法构成不同的账务处理程序。

二、账务处理程序的基本要求

由于各企业的规模大小、业务性质及经济业务繁杂程度各有不同，核算要求也不相同，因而企业所选择的账务处理程序也不尽相同。各企业应根据会计准则要求，结合本单位的实际情况和具体条件，选择适合企业的账务处理程序。具体要求包括：

(一)根据信息使用者的具体要求，设计所需的账簿体系和核算形式，保证正确、及时、完整地提供会计信息

企业在选择账务处理程序时，应在结合自身特点及管理要求的同时，考虑会计信息使用者的要求，并尽可能地按照他们的要求选用所需的凭证、账簿、报表以及记账程序，以便通过合适的账务处理程序，正确、及时、完整地提供相应的核算资料。

(二)与本企业的经济业务性质、繁简程度、规模大小和管理要求相适应

采用何种账务处理程序，首先要考虑国家制定的会计准则和公认的会计原则，并以之为指南。与此同时，还要紧密结合各企业的实际情况，如规模大小、业务繁杂程度、管理要求及特点，甚至企业会计人员素质的高低等，这样才能选择适合企业的账务处理程序。

(三)将内部控制制度融于其中，从账证、账账、账实的相互联系中加强牵制和稽核

在某种意义上，账务处理程序选择的目的也在于保证会计核算资料的正确性。因此，通过账簿、凭证种类及格式的选取，正确、合理地将账证、账账、账实的内在联系贯穿于内部控制制度之中，有利于保证会计核算资料的真实性和正确性。

(四)使会计核算程序所涉及的各项内容达到有机结合，协调一致

从账务处理程序的概念可以看出，账务处理程序由各个部分组合而成。其中，账簿资

料是编制报表的依据，但反过来，财务报表的编制要求又制约和影响着会计账簿的种类、格式及其内容；会计凭证是登记账簿的依据，但反之，账簿的种类、格式及内容对会计凭证的种类、格式和内容也有所要求。因此，选择账务处理程序时，应考虑各项内容之间互相联系、互相制约，以保证企业会计工作的正常进行。

（五）在保证及时、正确、完整地提供会计信息的前提下，尽可能提高会计工作效率，节约费用

会计核算工作，除应考虑如实、及时地反映企业经济活动的情况，正确、完整地提供相关的会计信息之外，还要遵循简化、简便的原则，减少重复劳动，提高工作效率，节约核算成本。因此在实际选择账务处理程序时，既不应片面强调繁杂，也不应过分追求简化，做到科学组织会计核算工作。

三、账务处理程序的种类

按照登记总账的方法不同，账务处理程序可以分为逐笔登记总账账务处理程序和汇总登记总账账务处理程序。

按照登记总账的依据不同可分为记账凭证账务处理程序、科目汇总表账务处理程序、汇总记账凭证账务处理程序、日记总账账务处理程序和多栏式日记账账务处理程序等几种方法。具体分类如图 9－1。

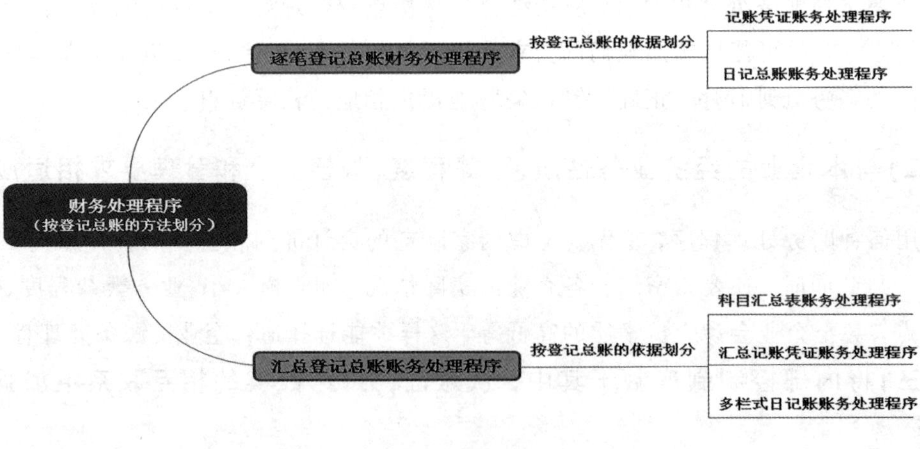

图 9－1　账务处理程序分类

四、记账凭证账务处理的程序及其工作过程

记账凭证账务处理程序是指对发生的经济业务，先以原始凭证或原始凭证汇总表编制记账凭证，然后根据记账凭证逐笔登记总分类账户的一种账务处理程序。记账凭证账务处理的程序如图 9－2 所示。

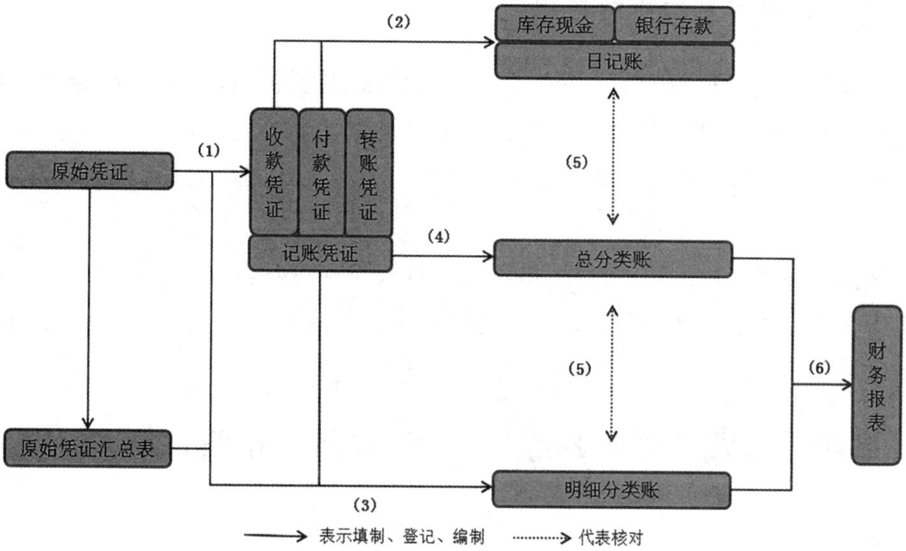

图 9—2　记账凭证账务处理程序

根据图 9—2 所示记账凭证账务处理流程，该账务处理程序的工作过程如下：

1.制单会计根据原始凭证或原始凭证汇总表，编制收款凭证、付款凭证和转账凭证或通用的记账凭证；

2.出纳根据审核后的收款凭证、付款凭证及所附原始凭证或通用的记账凭证，逐笔顺序登记库存现金日记账和银行存款日记账；

3.会计人员根据审核后的原始凭证或原始凭证汇总表及所编制的记账凭证(或收款凭证、付款凭证、转账凭证)逐笔登记明细分类账；

4.会计主管根据审核后的收款凭证、付款凭证和转账凭证或通用的记账凭证逐笔登记总分类账；

5.按照对账的要求，会计主管与出纳和会计人员定期将总分类账与日记账、总分类账与明细分类账核对；

6.月末，会计主管根据分类账和其他有关资料按要求和一定方法编制财务报表。

五、记账凭证账务处理程序下账簿体系设置

(一)记账凭证的设置

在记账凭证账务处理程序下，记账凭证的格式可选择专用记账凭证，即将记账凭证分为收款凭证、付款凭证和转账凭证；也可选择通用记账凭证，即不分收、付、转，业务选用统一格式的记账凭证。一般情况下，对于收付款业务较多的企业，应选择专用记账凭证格式；对于收付款业务较少的企业，应选择通用记账凭证格式。

(二)账簿的设置及相应账页格式

在记账凭证账务处理程序下，应按照国家法律法规的规定设置库存现金日记账、银行存款日记账、总分类账和明细分类账。各种账页的格式具体为：

1.库存现金日记账和银行存款日记账一般采用三栏式账页格式(格式见项目六的有关内容)。

2.总分类账采用三栏式账页格式(格式见项目六的有关内容)。

3.明细分类账应根据管理需要，按不同的经济业务采用三栏式、数量金额式或多栏式等账页格式。

六、记账凭证账务处理程序的特点、评价及适用范围

(一)特点

记账凭证账务处理程序的主要特点是，该账务处理程序直接根据记账凭证逐笔登记总分类账。记账凭证账务处理程序是其他各账务处理程序的基础。

(二)评价及适用范围

采用记账凭证账务处理程序，形式简单，易于理解；总分类账直接根据记账凭证进行登记，能详细地反映经济业务的发生情况，以及账户的对应关系和经济业务的来龙去脉，便于理解企业经济业务的动态和核对账目。但其不足之处在于，如果企业的规模较大，经济业务数量较多，对应关系较复杂，记账凭证的数量较多时，登记总账的工作量也会很大。因此，这种账务处理程序一般适用于规模较小，且经济业务较少的单位。

【任务实施】

【任务 9—1】根据表 9—1 及 7 月份业务资料，采用记账凭证账务处理程序编制记账凭证及登记账簿，编制财务报表。

1.会计制单人员根据岗位分工编制并审核全月记账凭证(见表 9—3 至表 9—32)

表 9—3　**转账凭证**

转账凭证

总字 1 号

2020 年 7 月 1 日　　转字　号

摘要	会计科目				借方余额										贷方余额									
	总分类科目	√	明细科目	√	千	百	十	万	千	百	十	元	角	分	千	百	十	万	千	百	十	元	角	分
接受投资	固定资产	√	生产设备	√				5	2	0	0	0	0	0										
	应交税费	√	应交增值税（进项税）	√					6	7	6	0	0	0										
	实收资本	√	法人投资	√														5	8	7	6	0	0	0
合计							¥	5	8	7	6	0	0	0			¥	5	8	7	6	0	0	0

附属单据 3 张

主管:会计主管　　记账:综合会计　　审核:会计主管　　制单:综合会计

表 9—4　**转账凭证**

转账凭证

总字 2 号

2020 年 7 月 2 日　　转字　号

摘要	会计科目				借方余额										贷方余额									
	总分类科目	√	明细科目	√	千	百	十	万	千	百	十	元	角	分	千	百	十	万	千	百	十	元	角	分
采购原材料	原材料	√	原材料及主要材料——印染布	√			2	3	4	0	0	0	0	0										
	原材料	√	原材料及主要材料——亚麻布	√			2	8	6	0	0	0	0	0										
	应交税费	√	应交增值税（进项税）	√				6	7	6	0	0	0	0										
	应付账款	√	宏光公司	√													5	8	7	6	0	0	0	0
合计						¥	5	8	7	6	0	0	0	0		¥	5	8	7	6	0	0	0	0

附属单据 2 张

主管:会计主管　　记账:综合会计　　审核:会计主管　　制单:综合会计

表 9—5　**付款凭证**

付款凭证

总字 3 号

贷方科目:银行存款——工商银行丹江支行2020 年 7 月 3 日　　付字　号

摘要	借方科目				金额									
	总分类科目	√	明细科目	√	千	百	十	万	千	百	十	元	角	分
采购反光条	原材料	√	原料及主要材料——反光条	√				2	1	8	4	0	0	0
	应交税费	√	应交增值税(进项税额)	√					2	8	3	9	2	0
合计(人民币大写)贰万肆仟陆佰柒拾玖元贰角整							¥	2	4	6	7	9	2	0

附属单据 3 张

主管:会计主管　记账:综合会计　出纳:出纳员　审核:会计主管　制单:综合会计

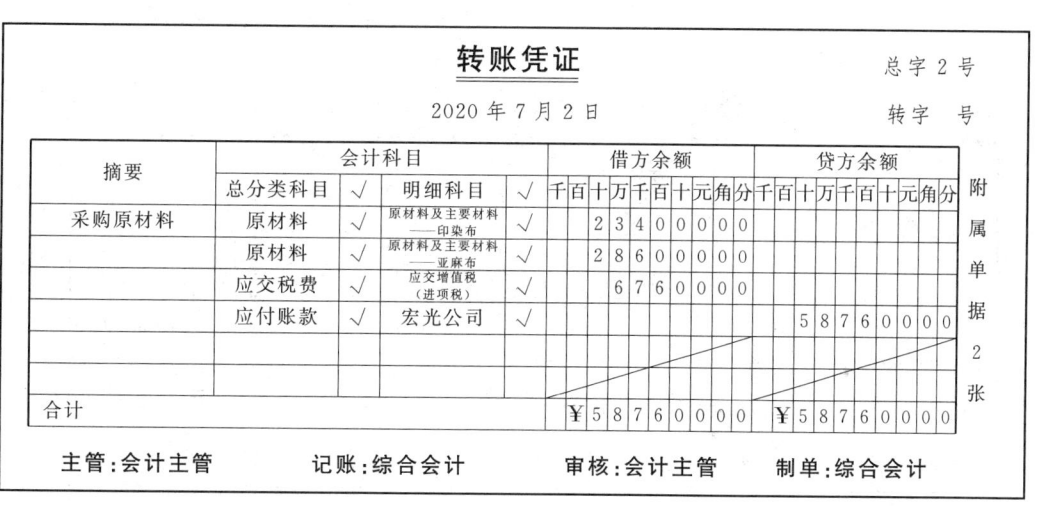

表 9—6　付款凭证

付款凭证

总字 4 号

贷方科目:库存现金　　2020 年 7 月 8 日　　付字　号

摘要	借方科目				金额									
	总分类科目	√	明细科目	√	千	百	十	万	千	百	十	元	角	分
报销差旅费	管理费用	√	差旅费	√					8	1	2	0	0	0
合计(人民币大写)捌仟壹佰贰拾元整								¥	8	1	2	0	0	0

附属单据 1 张

主管:会计主管　记账:综合会计　出纳:出纳员　审核:会计主管　制单:综合会计

表 9—7　收款凭证

收款凭证

总字 5 号

借方科目:银行存款——工商银行丹江支行 2020 年 7 月 8 日　　收字　号

摘要	会计科目				贷方余额									
	总分类科目	√	明细科目	√	千	百	十	万	千	百	十	元	角	分
销售商品	主营业收入	√	西服套装	√			5	4	4	0	0	0	0	0
	主营业收入	√	便服套装	√			3	8	4	0	0	0	0	0
	应交税费	√	应交增值税(销项税额)	√			1	2	0	6	4	0	0	0
合计(人民币大写)壹佰零肆万捌仟陆佰肆拾元整					¥	1	0	4	8	6	4	0	0	0

附属单据 3 张

主管:财务部长　记账:综合会计　出纳:出纳员　审核:财务部长　制单:综合会计

表 9—8　付款凭证

付款凭证

总字 6 号

贷方科目:银行存款——工商银行丹江支行 2020 年 7 月 9 日　　付字　号

摘要	借方科目				金额									
	总分类科目	√	明细科目	√	千	百	十	万	千	百	十	元	角	分
支付销售费用	销售费用	√		√				1	0	5	0	0	0	0
	应交税费	√	应交增值税(进项税额)	√						9	4	5	0	0
合计(人民币大写)壹万壹仟肆佰肆拾伍元整							¥	1	1	4	4	5	0	0

附属单据 2 张

主管:会计主管　记账:综合会计　出纳:出纳员　审核:会计主管　制单:综合会计

表 9—9　付款凭证

付款凭证

总字 7 号

贷方科目:银行存款——工商银行丹江支行　2020 年 7 月 16 日　付字　号

摘要	借方科目				金额									
	总分类科目	√	明细科目	√	千	百	十	万	千	百	十	元	角	分
支付办公费	管理费用	√	办公费	√					4	4	0	8	0	0
合计(人民币大写)肆仟肆佰零捌元整								¥	4	4	0	8	0	0

附属单据 2 张

主管:会计主管　记账:综合会计　出纳:出纳员　审核:会计主管　制单:综合会计

表 9—10　付款凭证

付款凭证

总字 8 号

贷方科目:银行存款——工商银行丹江支行　2020 年 7 月 18 日　付字　号

摘要	借方科目				金额									
	总分类科目	√	明细科目	√	千	百	十	万	千	百	十	元	角	分
固定资产修理费	管理费用	√	修理费	√					6	4	0	0	0	0
	应交税费	√	应交增值税(进项税额)	√						8	3	2	0	0
合计(人民币大写)柒仟贰佰叁拾贰元整								¥	7	2	3	2	0	0

附属单据 2 张

主管:会计主管　记账:综合会计　出纳:出纳员　审核:会计主管　制单:综合会计

表 9—11　付款凭证

付款凭证

总字 9 号

贷方科目:库存现金　2020 年 7 月 21 日　付字　号

摘要	借方科目				金额									
	总分类科目	√	明细科目	√	千	百	十	万	千	百	十	元	角	分
业务招待费	管理费用	√	业务招待费	√					8	7	7	2	0	0
合计(人民币大写)捌仟柒佰柒拾贰元整								¥	8	7	7	2	0	0

附属单据 1 张

主管:会计主管　记账:综合会计　出纳:出纳员　审核:会计主管　制单:综合会计

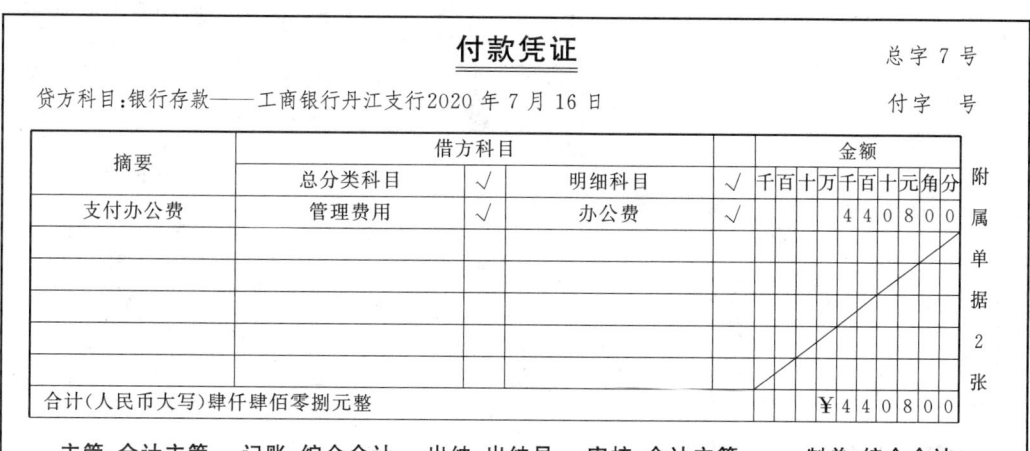

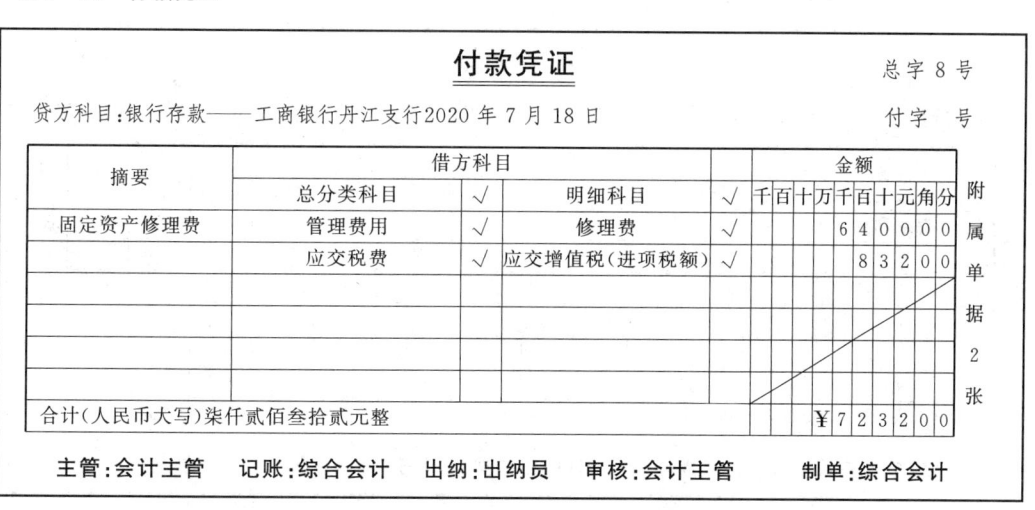

表 9—12 付款凭证

付款凭证

总字 10 号

贷方科目:银行存款——工商银行丹江支行2020 年 7 月 23 日　　付字　号

摘要	借方科目				金额									
	总分类科目	√	明细科目	√	千	百	十	万	千	百	十	元	角	分
支付借款利息	财务费用	√	利息支出	√				2	5	0	0	0	0	0
合计(人民币大写)贰万伍仟元整							¥	2	5	0	0	0	0	0

附属单据1张

主管:会计主管　记账:综合会计　出纳:出纳员　审核:会计主管　制单:综合会计

表 9—13 收款凭证

收款凭证

总字 11 号

借方科目:银行存款——工商银行丹江支行2020 年 7 月 23 日　　收字　号

摘要	会计科目				贷方余额									
	总分类科目	√	明细科目	√	千	百	十	万	千	百	十	元	角	分
收到存款利息收入	财务费用	√		√					2	6	2	0	0	0
合计(人民币大写)贰仟陆佰贰拾元整								¥	2	6	2	0	0	0

附属单据1张

主管:会计主管　记账:综合会计　出纳:出纳员　审核:会计主管　制单:综合会计

表 9—14 收款凭证

收款凭证

总字 12 号

借方科目:银行存款——工商银行丹江支行2020 年 7 月 23 日　　收字　号

摘要	会计科目				贷方余额									
	总分类科目	√	明细科目	√	千	百	十	万	千	百	十	元	角	分
收到存款利息收入	财务费用	√		√					2	5	0	0	0	0
合计(人民币大写)贰仟伍佰元整								¥	2	5	0	0	0	0

附属单据1张

主管:会计主管　记账:综合会计　出纳:出纳员　审核:会计主管　制单:综合会计

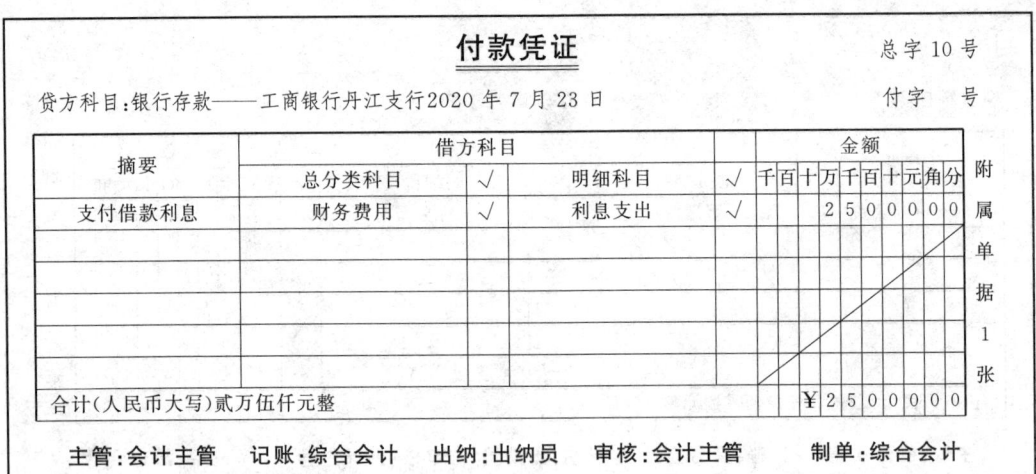

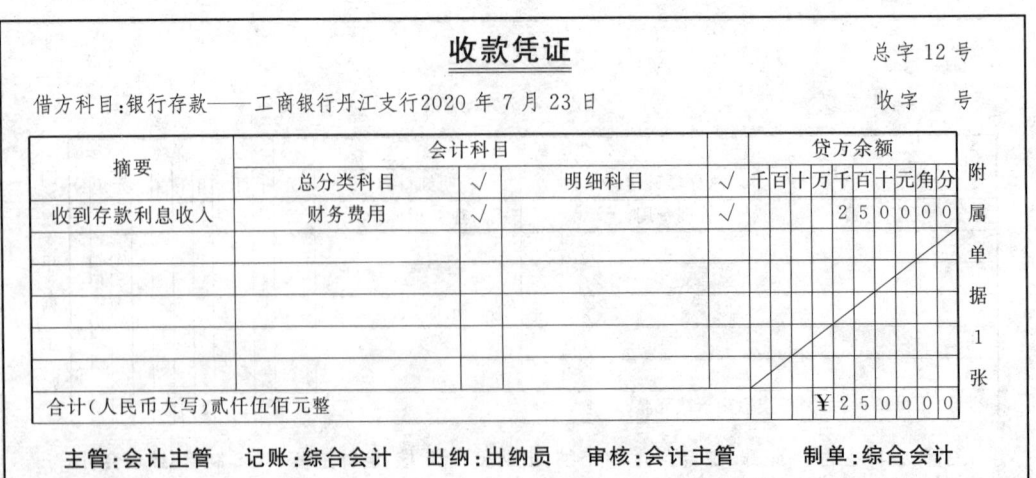

表 9—15　**转账凭证**

转账凭证

总字 13 号

2020 年 7 月 28 日　　　　转字　　号

摘要	会计科目				借方余额										贷方余额									
	总分类科目	√	明细科目	√	千	百	十	万	千	百	十	元	角	分	千	百	十	万	千	百	十	元	角	分
销售商品	应收账款	√	尚佳劳保用品公司	√		1	3	4	6	9	6	0	0	0										
	主营业务收入	√	西服套装	√													6	8	0	0	0	0	0	0
	主营业务收入	√	便服套装	√													5	1	2	0	0	0	0	0
	应交税费	√	应交增值税（销项税）	√													1	5	4	9	6	0	0	0
合计					¥	1	3	4	6	9	6	0	0	0	¥	1	3	4	6	9	6	0	0	0

附属单据 1 张

主管:会计主管　　记账:综合会计　　审核:会计主管　　制单:综合会计

表 9—16　**付款凭证**

付款凭证

总字 14 号

贷方科目:银行存款——工商银行丹江支行2020 年 7 月 28 日　　　　付字　　号

摘要	借方科目				金额									
	总分类科目	√	明细科目	√	千	百	十	万	千	百	十	元	角	分
代垫运费	应收账款	√	尚佳劳保用品公司	√				1	0	4	0	0	0	0
合计(人民币大写)壹万零肆佰元整							¥	1	0	4	0	0	0	0

附属单据 2 张

主管:会计主管　记账:综合会计　出纳:出纳员　审核:会计主管　制单:综合会计

表 9—17　**付款凭证**

付款凭证

总字 15 号

贷方科目:银行存款——工商银行丹江支行2020 年 7 月 28 日　　　　付字　　号

摘要	借方科目				金额									
	总分类科目	√	明细科目	√	千	百	十	万	千	百	十	元	角	分
支付职工福利费	应付职工薪酬	√	短期薪酬——福利费	√				2	8	2	0	0	0	0
合计(人民币大写)贰万捌仟贰佰元整							¥	2	8	2	0	0	0	0

附属单据 1 张

主管:会计主管　记账:综合会计　出纳:出纳员　审核:会计主管　制单:综合会计

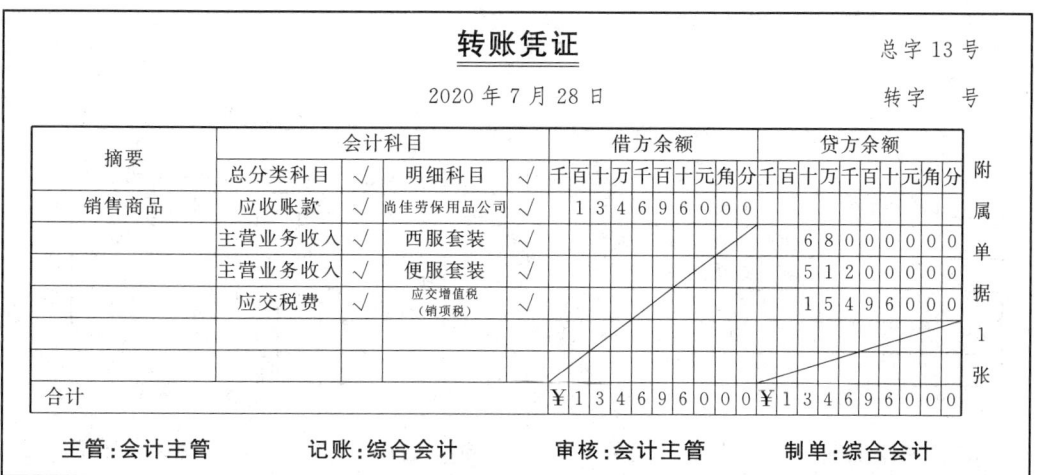

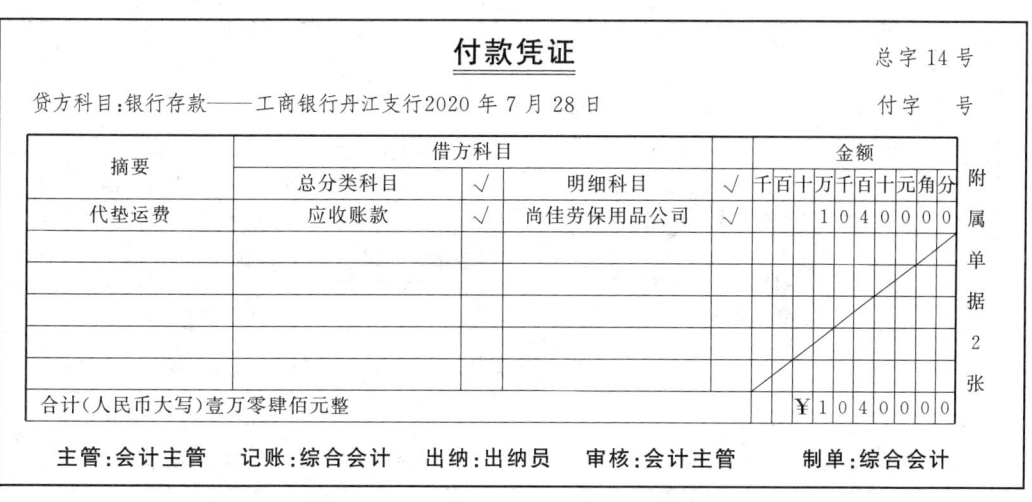

表 9—18　转账凭证

转账凭证

总字 16 号

2020 年 7 月 31 日　　　　转字　　号

摘要	会计科目				借方余额										贷方余额									
	总分类科目	√	明细科目	√	千	百	十	万	千	百	十	元	角	分	千	百	十	万	千	百	十	元	角	分
分配职工福利费	生产成本	√	西服套装	√					6	0	0	0	0	0										
	生产成本	√	便服套装	√					7	2	0	0	0	0										
	制造费用	√							1	5	0	0	0	0										
	管理费用	√	职工薪酬	√				1	3	5	0	0	0	0										
	应付职工薪酬	√	短期薪酬——福利费	√														2	8	2	0	0	0	0
合计							¥	2	8	2	0	0	0	0			¥	2	8	2	0	0	0	0

附属单据 2 张

主管:会计主管　　记账:成本会计　　审核:会计主管　　制单:成本会计

表 9—19　转账凭证

转账凭证

总字 17 1/2 号

2020 年 7 月 31 日　　　　转字　　号

摘要	会计科目				借方余额										贷方余额									
	总分类科目	√	明细科目	√	千	百	十	万	千	百	十	元	角	分	千	百	十	万	千	百	十	元	角	分
分配职工福利费	生产成本	√	西服套装	√			1	7	1	9	7	2	5	0										
	生产成本	√	便服套装	√			2	0	6	3	6	7	0	0										
	制造费用	√						1	9	4	5	5	9	0										
	管理费用	√	职工薪酬	√			4	3	8	3	9	2	6	0										
	应付职工薪酬	√	短期薪酬——福利费	√													5	9	6	0	0	0	0	0
合计						¥	8	3	6	1	8	8	0	0		¥	5	9	6	0	0	0	0	0

附属单据 1 张

主管:会计主管　　记账:成本会计　　审核:会计主管　　制单:成本会计

表 9—20　转账凭证

转账凭证

总字 17 2/2 号

2020 年 7 月 31 日　　　　转字　　号

摘要	会计科目				借方余额										贷方余额									
	总分类科目	√	明细科目	√	千	百	十	万	千	百	十	元	角	分	千	百	十	万	千	百	十	元	角	分
分配职工薪酬	应付职工薪酬	√	短期薪酬——社会保险费	√													1	5	3	7	6	8	0	0
	应付职工薪酬	√	短期薪酬——住房公积金	√														5	9	6	0	0	0	0
	应付职工薪酬	√	短期薪酬——工会经费	√														1	1	9	2	0	0	0
	应付职工薪酬	√	短期薪酬——职工教育经费	√														1	4	9	0	0	0	0
合计						¥	8	3	6	1	8	8	0	0		¥	8	3	6	1	8	8	0	0

附属单据 1 张

主管:会计主管　　记账:成本会计　　审核:会计主管　　制单:成本会计

表 9—21　收款凭证

收款凭证

总字 18 号

借方科目:银行存款——工商银行丹江支行2020 年 7 月 31 日　　收字　号

摘要	会计科目				贷方余额									
	总分类科目	√	明细科目	√	千	百	十	万	千	百	十	元	角	分
收回贷款	应收账款	√	尚佳劳保用品公司			2	6	9	0	7	6	0	0	0
合计(人民币大写)贰佰陆拾玖万零柒佰陆拾元整					¥	2	6	9	0	7	6	0	0	0

附属单据 1 张

主管:财务部长　记账:综合会计　出纳:出纳员　审核:财务部长　制单:综合会计

表 9—22　转账凭证

转账凭证

总字 19 号

2020 年 7 月 31 日　　转字　号

摘要	会计科目				借方余额										贷方余额									
	总分类科目	√	明细科目	√	千	百	十	万	千	百	十	元	角	分	千	百	十	万	千	百	十	元	角	分
计提折旧	管理费用	√	折旧费	√				6	0	6	8	6	4	0										
	制造费用	√	折旧费	√				2	7	3	7	7	1	9										
	累计折旧	√																8	8	0	6	3	5	9
合计							¥	8	8	0	6	3	5	9			¥	8	8	0	6	3	5	9

附属单据 1 张

主管:会计主管　记账:成本会计　审核:会计主管　制单:成本会计

表 9—23　付款凭证

付款凭证

总字 20 号

贷方科目:银行存款——工商银行丹江支行2020 年 7 月 31 日　　付字　号

摘要	借方科目				金额									
	总分类科目	√	明细科目	√	千	百	十	万	千	百	十	元	角	分
分配及支付水费	制造费用	√	水费	√					2	5	7	2	0	0
	管理费用	√	水费	√						7	5	6	0	0
	应交税费	√	应交增值税(进项税额)	√						2	9	9	5	2
合计(人民币大写)叁仟陆佰贰拾柒元伍角贰分								¥	3	6	2	7	5	2

附属单据 3 张

主管:会计主管　记账:成本会计　出纳:出纳员　审核:会计主管　制单:成本会计

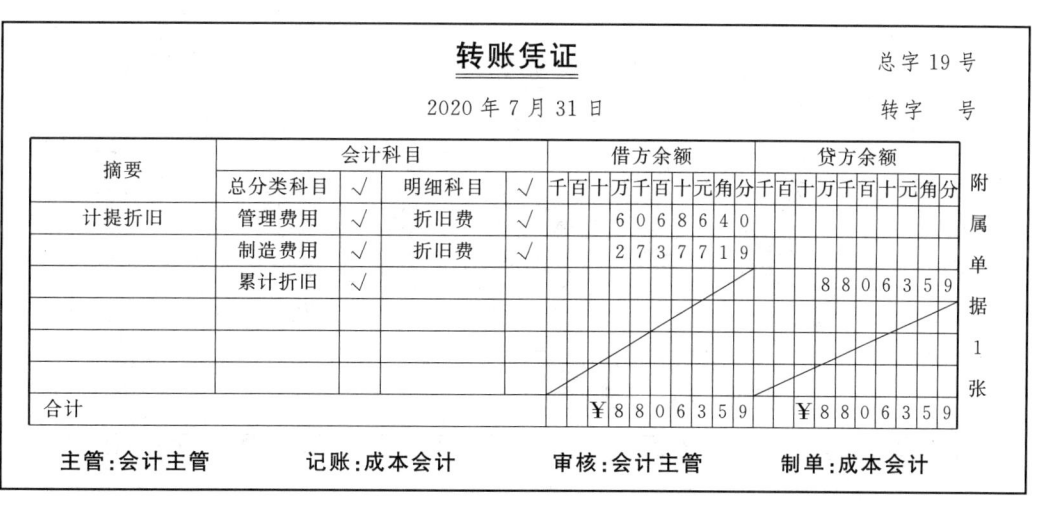

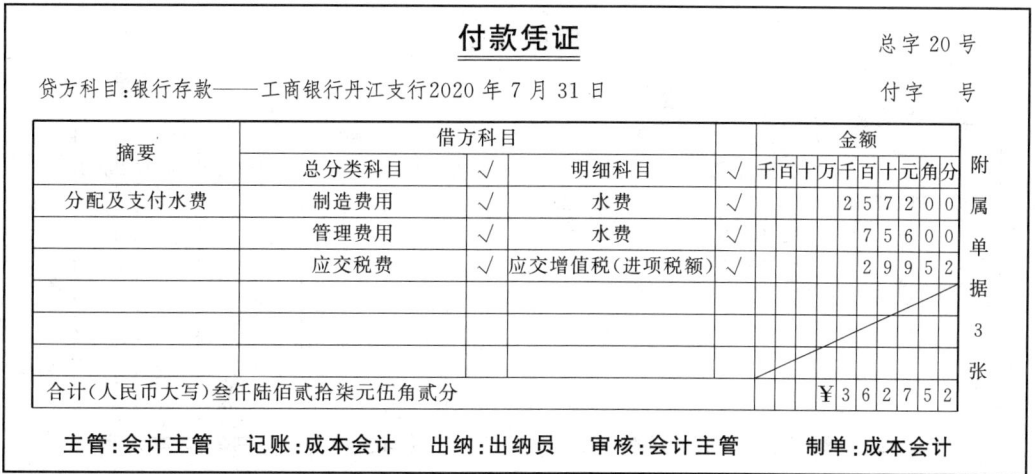

表 9—24 付款凭证

付款凭证

总字 21 号

贷方科目:银行存款——工商银行丹江支行 2020 年 7 月 31 日　　付字　号

摘要	借方科目				金额									
	总分类科目	√	明细科目	√	千	百	十	万	千	百	十	元	角	分
分配及支付水费	制造费用	√	电费	√					9	7	0	4	0	0
	管理费用	√	电费	√					1	2	8	0	0	0
	应交税费	√	应交增值税(进项税额)	√					1	4	2	7	9	2
合计(人民币大写)壹万贰仟肆佰壹拾壹元玖角贰分							¥	1	2	4	1	1	9	2

附属单据 3 张

主管:会计主管　记账:成本会计　出纳:出纳员　审核:会计主管　制单:成本会计

表 9—25 转账凭证

转账凭证

总字 22 号

2020 年 7 月 31 日　　转字　号

摘要	会计科目				借方余额										贷方余额									
	总分类科目	√	明细科目	√	千	百	十	万	千	百	十	元	角	分	千	百	十	万	千	百	十	元	角	分
结转发出原材料成本	生产成本	√	西服套装	√			2	5	7	2	2	8	1	0										
	生产成本	√	便服套装	√			2	8	9	5	2	1	7	2										
	制造费用	√	材料费	√						8	4	0	0	0										
	管理费用	√	物料消耗	√						8	0	0	0	0										
	原材料	√	原材料及主要材料	√													4	7	5	4	3	3	8	2
	原材料	√	辅助材料	√														7	2	1	1	6	0	0
	原材料	√	修理用备品	√																8	4	0	0	0
合计						¥	5	4	8	3	8	9	8	2		¥	5	4	8	3	8	9	8	2

附属单据 1 张

主管:会计主管　记账:成本会计　审核:会计主管　制单:成本会计

表 9—26 转账凭证

转账凭证

总字 23 号

2020 年 7 月 31 日　　转字　号

摘要	会计科目				借方余额										贷方余额									
	总分类科目	√	明细科目	√	千	百	十	万	千	百	十	元	角	分	千	百	十	万	千	百	十	元	角	分
分配制造费用	生产成本	√	西服套装	√				2	8	1	2	0	7	7										
	生产成本	√	便服套装	√				3	3	3	2	8	3	2										
	制造费用	√																6	1	4	4	9	0	9
合计							¥	6	1	4	4	9	0	9			¥	6	1	4	4	9	0	9

附属单据 1 张

主管:会计主管　记账:成本会计　审核:会计主管　制单:成本会计

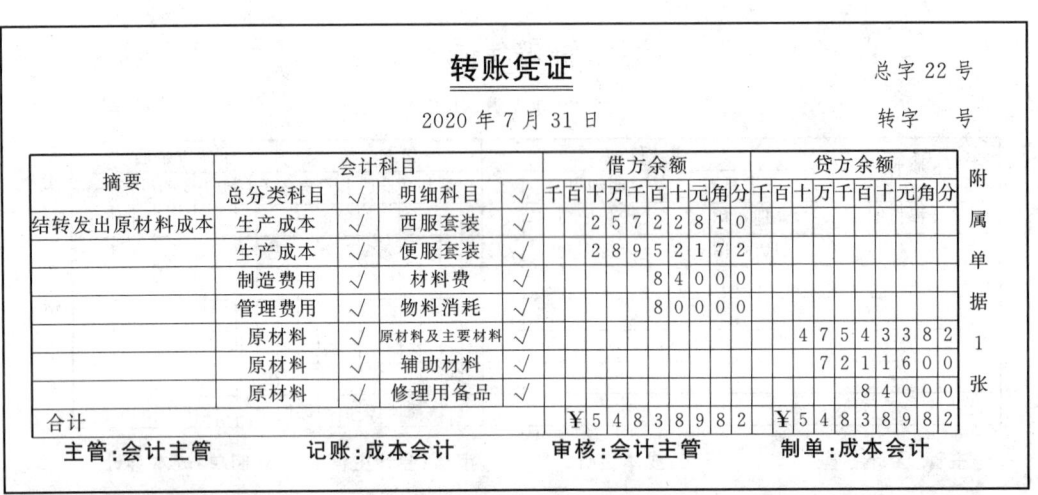

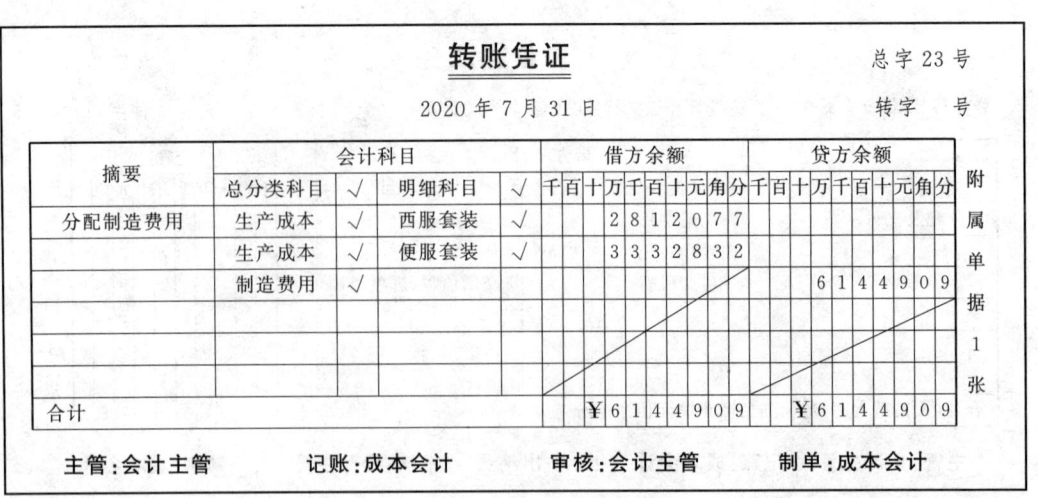

表 9—27　**转账凭证**

转账凭证

总字 24 号

2020 年 7 月 31 日　　　转字　　号

摘要	会计科目				借方余额										贷方余额										附属单据2张
	总分类科目	√	明细科目	√	千	百	十	万	千	百	十	元	角	分	千	百	十	万	千	百	十	元	角	分	
结转完工产品成本	库存商品	√	西服套装	√			4	6	3	3	2	1	3	7											
	库存商品	√	便服套装	√			5	3	6	4	1	7	0	4											
	生产成本	√	西服套装	√													4	6	3	3	2	1	3	7	
	生产成本	√	便服套装	√													5	3	6	4	1	7	0	4	
合计						¥	9	9	9	7	3	8	4	1		¥	9	9	9	7	3	8	4	1	

主管:会计主管　　记账:成本会计　　审核:会计主管　　制单:成本会计

表 9—28　**转账凭证**

转账凭证

总字 25 号

2020 年 7 月 31 日　　　转字　　号

摘要	会计科目				借方余额										贷方余额										附属单据1张
	总分类科目	√	明细科目	√	千	百	十	万	千	百	十	元	角	分	千	百	十	万	千	百	十	元	角	分	
结转已销产品成本	主营业务成本	√	西服套装	√			5	5	6	7	2	2	7	7											
	主营业务成本	√	便服套装	√			4	1	6	4	4	3	2	0											
	库存商品	√	西服套装	√													5	5	6	7	2	2	7	7	
	库存商品	√	便服套装	√													4	1	6	4	4	3	2	0	
合计						¥	9	7	3	1	6	5	9	7		¥	9	7	3	1	6	5	9	7	

主管:会计主管　　记账:成本会计　　审核:会计主管　　制单:成本会计

表 9—29　**转账凭证**

转账凭证

总字 26 号

2020 年 7 月 31 日　　　转字　　号

摘要	会计科目				借方余额										贷方余额										附属单据1张
	总分类科目	√	明细科目	√	千	百	十	万	千	百	十	元	角	分	千	百	十	万	千	百	十	元	角	分	
转出未交增值税	应交税费	√	应交增值税（转出未交增值税）	√			1	9	4	7	6	3	2	4											
	应交税费	√	未交增值税	√													1	9	4	7	6	3	2	4	
合计						¥	1	9	4	7	6	3	2	4		¥	1	9	4	7	6	3	2	4	

主管:会计主管　　记账:综合会计　　审核:会计主管　　制单:综合会计

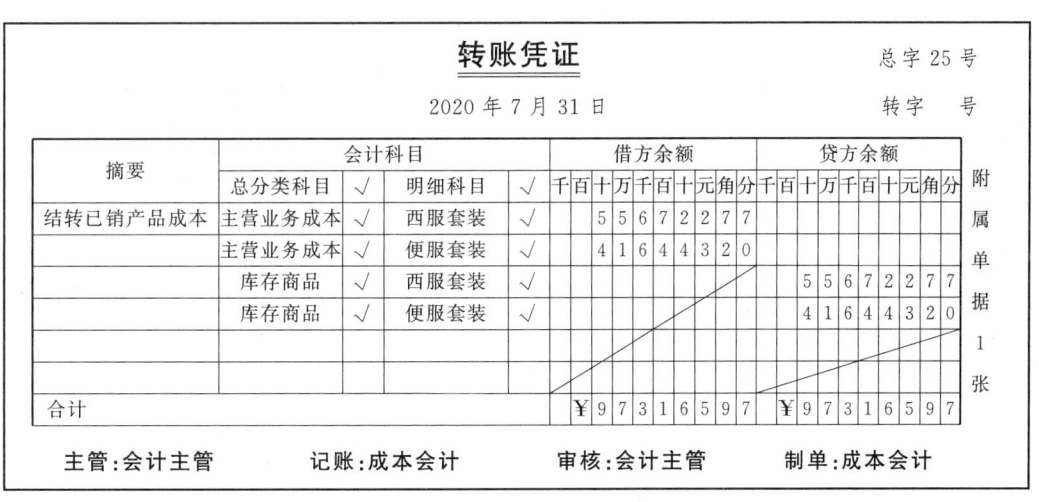

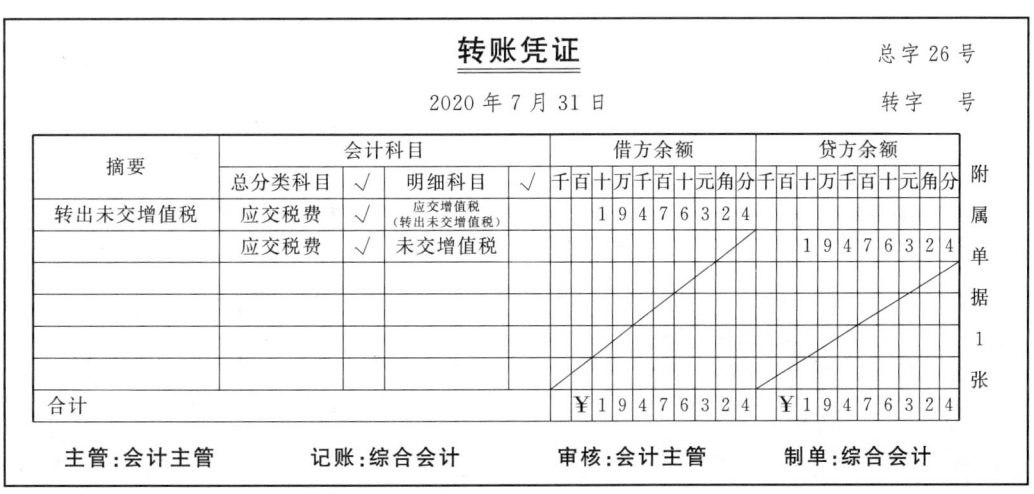

表 9—30　转账凭证

转账凭证

总字 27 号

2020 年 7 月 31 日　　　　转字　　号

摘要	会计科目				借方余额										贷方余额									
	总分类科目	√	明细科目	√	千	百	十	万	千	百	十	元	角	分	千	百	十	万	千	百	十	元	角	分
计提当月税费	税金及附加	√	城建税	√				1	3	6	3	3	4	3										
	税金及附加	√	教育费附加	√					5	8	4	2	8	9										
	应交税费	√	城建税	√														1	3	6	3	3	4	3
	应交税费	√	教育费附加	√															5	8	4	2	8	9
合计							¥	1	9	4	7	6	3	2			¥	1	9	4	7	6	3	2

附属单据 1 张

主管:会计主管　　记账:综合会计　　审核:会计主管　　制单:综合会计

表 9—31　转账凭证

转账凭证

总字 28 号

2020 年 7 月 31 日　　　　转字　　号

摘要	会计科目				借方余额										贷方余额									
	总分类科目	√	明细科目	√	千	百	十	万	千	百	十	元	角	分	千	百	十	万	千	百	十	元	角	分
结转主营业务收入	主营业务收入	√				2	1	2	0	0	0	0	0	0										
	本年利润	√														2	1	2	0	0	0	0	0	0
合计					¥	2	1	2	0	0	0	0	0	0	¥	2	1	2	0	0	0	0	0	0

附属单据　张

主管:会计主管　　记账:综合会计　　审核:会计主管　　制单:综合会计

表 9—32　转账凭证

转账凭证

总字 29 号

2020 年 7 月 31 日　　　　转字　　号

摘要	会计科目				借方余额										贷方余额									
	总分类科目	√	明细科目	√	千	百	十	万	千	百	十	元	角	分	千	百	十	万	千	百	十	元	角	分
结转损益费用支出	本年利润	√				1	5	6	6	1	3	7	2	9										
	主营业务成本	√															9	7	3	1	6	5	9	7
	税金及附加	√																1	9	4	7	6	3	2
	管理费用																5	4	3	1	1	5	0	0
	销售费用	√																1	0	5	0	0	0	0
	财务费用	√																1	9	8	8	0	0	0
合计					¥	1	5	6	6	1	3	7	2	9	¥	1	5	6	6	1	3	7	2	9

附属单据　张

主管:会计主管　　记账:综合会计　　审核:会计主管　　制单:综合会计

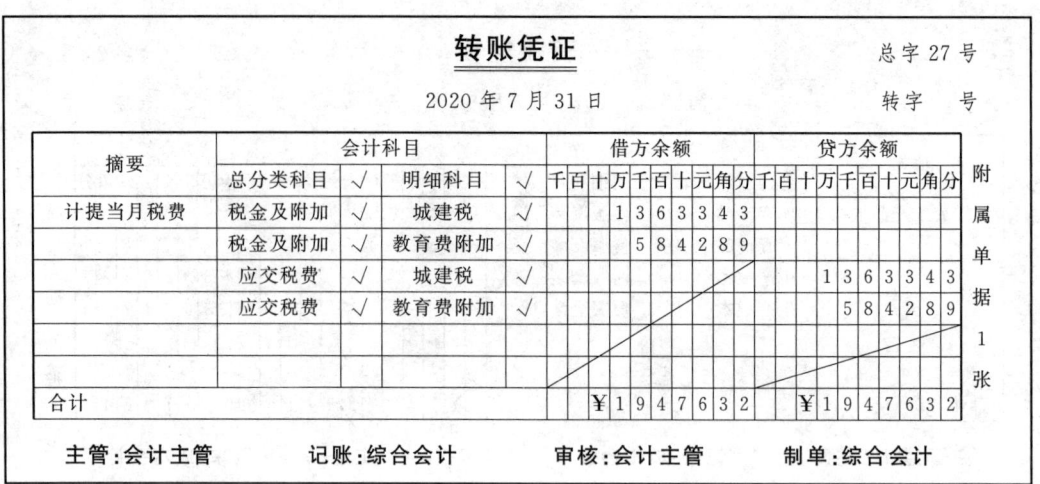

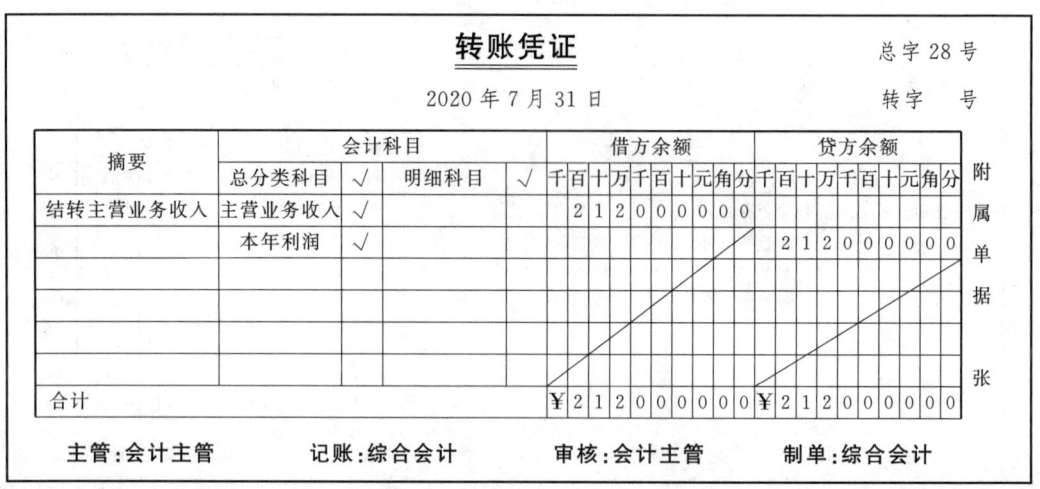

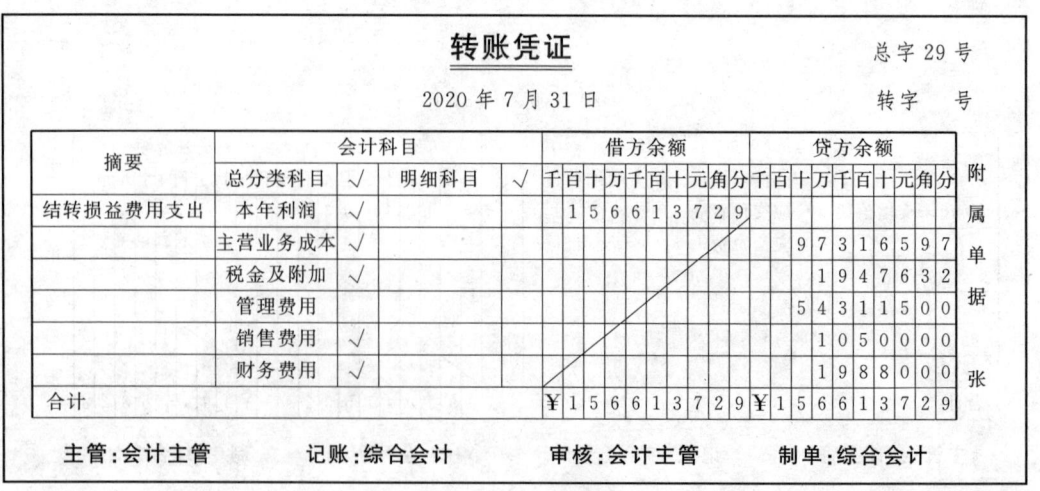

2.出纳根据审核后的会计凭证，逐笔顺序登记库存现金日记账和银行存款日记账（见表 9—33 和表 9—34）

表 9—33　库存现金日记账

库存现金日记账

2020 年		凭证编号		摘要	对方科目	收入（借方）金额										√	付出（贷方）金额										√	结余金额									
月	日	类	号			千	百	十	万	千	百	十	元	角	分		千	百	十	万	千	百	十	元	角	分		千	百	十	万	千	百	十	元	角	分
7	1			期初余额																							借				2	3	9	8	7	0	0
	8	总	4	报销差旅费	管理费用																8	1	2	0	0	0	借				1	5	8	6	7	0	0
	21	总	9	业务招待费	管理费用																8	7	7	2	0	0	借					7	0	9	5	0	0
	31			本月发生额及余额																1	6	8	9	2	0	0	借					7	0	9	5	0	0

表 9—34　银行存款——工商银行丹江支行

银行存款日记账

开户行名称：工商银行丹江支行　　　　银行账户：12036289

2020 年		凭证编号		摘要	结算凭证		借方										√	贷方										√	余额									
月	日	类	号		类	号	千	百	十	万	千	百	十	元	角	分		千	百	十	万	千	百	十	元	角	分		千	百	十	万	千	百	十	元	角	分
7	1			期初余额																								借		6	0	4	3	8	7	6	6	5
	3	总	3	采购材料																	2	4	6	7	9	2	0	借		6	0	1	9	1	9	7	4	5
	8	总	5	销售商品				1	0	4	8	6	4	0	0	0												借		7	0	6	7	8	3	7	4	5
	9	总	6	支付运费																	1	1	4	4	5	0	0	借		7	0	5	6	3	9	2	4	5
	16	总	7	支付办公费																		4	4	0	8	0	0	借		7	0	5	1	9	8	4	4	5
	18	总	8	固定资产修理费																		7	2	3	2	0	0	借		7	0	4	4	7	5	2	4	5
	23	总	10	支付利息																	2	5	0	0	0	0	0	借		7	0	1	9	7	5	2	4	5
	23	总	11	收到利息							2	6	2	0	0	0												借		7	0	2	2	3	7	2	4	5
	23	总	12	收到利息							2	5	0	0	0	0												借		7	0	2	4	8	7	2	4	5
	28	总	14	代垫运费																	1	0	4	0	0	0	0	借		7	0	1	4	4	7	2	4	5
	28	总	15	支付职工福利费																	2	8	2	0	0	0	0	借		6	9	8	6	2	7	2	4	5
	28	总	18	收到货款				1	3	5	7	3	6	0	0	0												借		8	3	4	3	6	3	2	4	5
	31	总	20	支付水费																		3	6	2	7	5	2	借		8	3	4	0	0	0	4	9	3
	31	总	21	支付电费																	1	2	4	1	1	9	2	借		8	3	2	7	5	9	3	0	1
	31			本月发生额及余额				2	4	1	1	1	2	0	0	0				1	2	7	4	0	3	6	4	借		8	3	2	7	5	9	3	0	1

3.综合会计根据审核后的会计凭证，逐笔登记明细分类账（为简化，此处只列示个别典型账户登记情况，见表 9—35 至表 9—38，其余的以简账形式列示，见表 9—39）

表 9—35　应收账款明细账

应收账款明细账

科目：尚佳劳保用品公司

2020年 月	日	记账凭证号数	摘要	对方科目	借方（千百十万千百十元角分）	贷方（千百十万千百十元角分）	借或贷	余额（千百十万千百十元角分）
7	28	13	销售商品	主营业务收入	1346960.00		借	1346960.00
	28	14	代垫运费	银行存款	10400.00		借	10400.00
	31	18	收到货款及运费	银行存款		1357360.00	平	0

表 9—36　库存商品——西服套装明细账

库存商品明细账

本账页数	
本户页数	

最高储备量____________

最低储备量____________

编号______　规格______　　　　于目　　　　名称：西服套装

2020年 月	日	凭证 种类	号数	摘要	借方 数量	借方 单价	借方 金额（十万千百十元角分）	贷方 数量	贷方 单价	贷方 金额（十万千百十元角分）	结存 数量	结存 单价	结存 金额（十万千百十元角分）
7	1			期初余额							1 000	155.26	155261.40
	7			库存商品入库	1 000						2 000		
	8			销售商品出库				1 600			400		
	27			库存商品入库	2 000						2 400		
	28			销售商品出库				2 000			400		
	31			本月发生额及余额	3 000	154.44	463321.37	3 600		556722.77	400		61860.00

表 9—37　库存商品——便服套装明细账

库存商品明细账

本账页数	
本户页数	

最高储备量____________

最低储备量____________

编号______　规格______　　　　于目　　　　名称：便服套装

2020年 月	日	凭证 种类	号数	摘要	借方 数量	借方 单价	借方 金额（十万千百十元角分）	贷方 数量	贷方 单价	贷方 金额（十万千百十元角分）	结存 数量	结存 单价	结存 金额（十万千百十元角分）
7	1			期初余额							400	146.26	58502.16
	7			库存商品入库	1 100						1 500		
	8			销售商品出库				1 200			300		
	27			库存商品入库	2 500						2 800		
	28			销售商品出库				1 600			1 200		
	31			本月发生额及余额	3 600	149	536417.04	2 800	148.73	416443.20	1 200	148.73	178476.00

表 9—38　管理费用明细账

管理费用明细账

子目：________

2020年 月	日	凭证号	摘要	借方	贷方	借或贷	余额	折旧费	职工薪酬	业务招待费	修理	水电费	差旅费	办公费	其他
7	8	4	支付差旅费	812000		借	812000								
	16	7	支付办公费	440800		借	1252800								
	18	8	固定资产修理费	640000		借	1892800				640000				
	21	9	业务招待费	877200		借	2770000			877200					
	31	16	发放职工福利	1350000		借	4120000		1350000						
	31	17	发放职工薪酬	43839260		借	47959260		43839260						
	31	19	固定资产折旧费	6068640		借	54027900	6068640							
	31	20	支付水费	75600		借	54103500					75600			
	31	21	支付电费	128000		借	54231500					128000			
	31	22	汇总发出材料	80000		借	54311500								80000
	31	29	结转损益		54311500	平	0	6068640	45189260	877200	640000	203600	812000	440800	80000

(注意:表 9—38 中最后一行"结转损益"的金额为红字)

表 9—39　明细账账户发生额及余额表(简账)

2020 年 7 月

总账科目	二级科目	三级科目	期初余额		本期发生额			期末余额	
			借方余额	贷方余额	日期	借方	贷方	借方	贷方
库存现金			23 987.00						
					7.8		8 120.00		
					7.21		8 772.00		
					发生额及余额		16 892.00	7 095.00	
银行存款	工行丹江支行		6 043 876.65		7.3		24 679.20		
					7.8	1 048 640.00			
					7.9		11 445.00		
					7.16		4 408.00		
					7.18		7 232.00		
					7.23	2 620.00			
					7.23		25 000.00		
					7.23	2 500.00			

续表

总账科目	二级科目	三级科目	期初余额		本期发生额			期末余额	
			借方余额	贷方余额	日期	借方	贷方	借方	贷方
					7.28		10 400.00		
					7.28		28 200.00		
					7.31	1 357 360.00			
					7.31		3 627.52		
					7.31		12 411.92		
					发生额及余额	2 411 120.00	127 403.64	8 327 593.01	
其他货币资金									
	存出投资款		459 864.76					459 864.76	
应收票据									
	龙江劳动用品销售公司		117 000.00					117 000.00	
	庆江宏达有限公司		54 000.00					54 000.00	
	龙江劳保用品中心		60 087.96					60 087.96	
应收账款									
	庆江大通实业			149 136.24					149 136.24
	龙江煤电公司		126 755.00					126 755.00	
	庆江华伟实业		56 432.00					56 432.00	
	庆江红盛实业		256 652.00					256 652.00	
	庆江百成实业		658 762.00					658 762.00	
	尚佳劳保公司				7.28	10 400.00			
					7.31	1 346 960.00	1 357 360.00		
					发生额及余额	1 357 360.00	1 357 360.00		
预付账款									
	庆江锦团实业		237 654.64					237 654.64	
	庆江惠达纺织品		65 432.96					65 432.96	
	尚佳纺织设备			1 263 241.60					1 263 241.60
其他应收款									
	行政部		6 598.00					6 598.00	
	王洁		5 000.00					5 000.00	
原材料									
	原料及主要材料		106 841.40						
					7.2	520 000.00			

续表

总账科目	二级科目	三级科目	期初余额		本期发生额			期末余额	
			借方余额	贷方余额	日期	借方	贷方	借方	贷方
					7.3	21 840.00			
					7.31		475 433.82		
					发生额及余额	541 840.00	475 433.82	173 247.58	
	辅助材料		103 297.03						
					7.31		72 116.00	31 181.03	
	修理用备品备件		4 330.00						
					7.31		840.00	3 490.00	
库存商品									
	西服套装		155 261.40		7.31	463 321.37			
					7.31		556 722.77		
					发生额及余额	463 321.37	556 722.77	61 860.00	
	便服套装		58 502.16		7.31	536 417.04			
					7.31		416 443.20		
					发生额及余额	536 417.04	416 443.20	178 476.00	
长期股权投资									
	庆江普通实业	投资成本	4 000 000.00					4 000 000.00	
		损益调整	329 876.00					329 876.00	
固定资产									
	房屋建筑物		4 717 977.09					4 717 977.09	
	生产设备		2 770 000.00						
					7.1	52 000.00		2 822 000.00	
	运输设备		1 256 000.00					1 256 000.00	
	管理设备		588 950.00					588 950.00	
累计折旧				1 409 973.60					
					7.31		88 063.59		1 498 037.19
在建工程									
	1#楼		8 840 763.48					8 840 763.48	
	2#楼		3 872 666.48					3 872 666.48	
无形资产									
	专利权		360 000.00					360 000.00	
	土地使用权		4 500 000.00					4 500 000.00	

续表

总账科目	二级科目	三级科目	期初余额		本期发生额			期末余额	
			借方余额	贷方余额	日期	借方	贷方	借方	贷方
累计摊销									
	专利权			144 000.00					144 000.00
	土地使用权			300 000.00					300 000.00
短期借款									
应付票据									
	广东双美纺织品公司			1 355 440.00					1 355 440.00
	浙江依泰实业公司			1 148 944.00					1 148 944.00
应付账款									
	自来水公司								—
	庆江供电分公司								—
	庆江双纺织用品			535 950.00					535 950.00
	尚佳理尚实业		93 500.00					93 500.00	—
	美达可劳保用品			363 000.00					363 000.00
	**公司								—
	宏光公司				7.2		587 600.00		587 600.00
预收账款									
	东盛实业公司			100 000.00					100 000.00
	君华实业公司			336 548.00					336 548.00
	际宇实业公司		76 854.00					76 854.00	
	新华实业公司		67 540.00					67 540.00	
应付职工薪酬	短期薪酬	工资			7.31		596 000.00		
		职工福利费			7.28	28 200.00			
					7.31		28 200.00		
		社会保险费			7.31		153 768.00		
		住房公积金			7.31		59 600.00		
		工会经费			7.31		11 920.00		
		职工教育经费			7.31		14 900.00		
					发生额及余额	28 200.00	864 388.00		836 188.00
应交税费	未交增值税				7.31		194 763.24		194 763.24
	应交增值税		133.12						
					7.1	6 760.00			

续表

总账科目	二级科目	三级科目	期初余额		本期发生额			期末余额	
			借方余额	贷方余额	日期	借方	贷方	借方	贷方
					7.2	67 600.00			
					7.3	2 839.20			
					7.8		120 640.00		
					7.9	945.00			
					7.18	832.00			
					7.28		154 960.00		
					7.31	299.52			
					7.31	1 427.92			
					7.31	194 763.24			
					发生额及余额	275 466.88	275 600.00		—
	应交城建税				7.31		13 633.43		13 633.43
	教育费附加				7.31		5 842.89		5 842.89
长期借款	专项借款	丹江支行		5 000 000.00					5 000 000.00
长期应付款				916 744.80					916 744.80
实收资本				20 000 000.00					
					7.1		58 760.00		20 058 760.00
资本公积									
	资本溢价			181 303.27					181 303.27
	其他资本公积								
盈余公积									
	法定盈余公积			89 860.00					89 860.00
本年利润				6 806 543.87	7.31		2 120 000.00		
					7.31	1 566 137.29			
					发生额及余额	1 566 137.29	2 120 000.00		7 360 406.58
利润分配	未分配利润		26 090.25					26 090.25	
生产成本	西服套装				7.31	6 000.00			
					7.31	171 972.50			
					7.31	257 228.10			
					7.31	28 120.77			
					7.31		463 321.37		
					发生额及余额	463 321.37	463 321.37		

续表

总账科目	二级科目	三级科目	期初余额		本期发生额			期末余额	
			借方余额	贷方余额	日期	借方	贷方	借方	贷方
	便服套装				7.31	7 200.00			
					7.31	206 367.00			
					7.31	289 521.72			
					7.31	33 328.32			
					7.31		536 417.04		
					发生额及余额	536 417.04	536 417.04		
制造费用					7.31	1 500.00			
					7.31	19 455.90			
					7.31	27 377.19			
					7.31	2 572.00			
					7.31	9 704.00			
					7.31	840.00			
					7.31		61 449.09		
					发生额及余额	61 449.09	61 449.09		
主营业务收入	西服套装				7.8		544 000.00		
					7.28		680 000.00		
					7.31	1 224 000.00			
	便服套装				7.8		384 000.00		
					7.28		512 000.00		
					7.31	896 000.00			
					发生额及余额	2 120 000.00	2 120 000.00		
主营业务成本	西服套装				7.31	556 722.77	556 722.77		
	便服套装				7.31	416 443.20	416 443.20		
					发生额及余额	973 165.97	973 165.97		
管理费用									
	差旅费				7.8	8 120.00			
	办公费				7.16	4 408.00			
	修理费				7.18	6 400.00			
	业务招待费				7.21	8 772.00			
	职工薪酬				7.31	13 500.00			
	职工薪酬				7.31	438 392.60			

续表

总账科目	二级科目	三级科目	期初余额		本期发生额			期末余额	
			借方余额	贷方余额	日期	借方	贷方	借方	贷方
	折旧费				7.31	60 686.40			
	水费				7.31	756.00			
	电费				7.31	1 280.00			
	材料费				7.31	800.00			
					7.31		543 115.00		
财务费用	利息				7.23	25 000.00			
					7.23		2 620.00		
					7.23		2 500.00		
					7.31		19 880.00		
销售费用					7.9	10 500.00			
					7.31		10 500.00		
税金及附加	城建税				7.31	13 633.43			
	教育费附加				7.31	5 842.89			
					7.31		19 476.32		—
合计			40 100 685.38	40 100 685.38		11 984 307.37	11 984 307.37	42 439 399.24	42 439 399.24

4.会计主管根据审核无误的记账凭证逐笔登记总分类账(为简化，此处只列示个别典型账户登记情况，见表 9—40 和表 9—41，其余的以简易账簿形式列示，见表 9—42)

表 9－40　银行存款总账

总分类账

科目:银行存款

2020年 月	日	凭证号数	摘要	页数	借方（千百十万千百十元角分）	贷方（千百十万千百十元角分）	借或贷	余额（千百十万千百十元角分）
7	1		期初余额				借	640387665
	3	3	采购材料			2467920	借	601919745
	8	5	销售商品		104864000		借	706783745
	9	6	支付运费			1144500	借	705639245
	16	7	支付办公费			440800	借	705198445
	18	8	固定资产修理费			723200	借	704475245
	23	10	支付利息			2500000	借	701975245
	23	11	收到利息		262000		借	702237245
	23	12	收到利息		250000		借	702487245
	28	14	代垫运费			1040000	借	701447245
	28	15	支付职工福利费			2820000	借	698627245
	28	18	收到货款		135736000		借	834363245
	31	20	支付水费			362752	借	834000493
	31	21	支付电费			1241192	借	832759301
	31		本月发生额及余额		241112000	12740364	借	832759301

表 9－41　库存商品总账

总分类账

科目:库存商品

2020年 月	日	凭证号数	摘要	页数	借方（千百十万千百十元角分）	贷方（千百十万千百十元角分）	借或贷	余额（千百十万千百十元角分）
7	1		期初余额				借	21376356
	31	24	结转完工产品成本		99973841		借	121350197
	31	25	结转销售成本			97316597	借	24033600
	31		本月发生额及余额		99973841	97316597	借	24033600

表 9—42　总账账户发生额及余额表(简账)

2020 年 7 月

总账科目	期初余额		本期发生额			期末余额	
	借方余额	贷方余额	日期	借方	贷方	借方	贷方
库存现金	23 987.00						
			7.8		8 120.00		
			7.21		8 772.00		
			发生额及余额		16 892.00	7 095.00	
银行存款	6 043 876.65		7.3		24 679.20		
			7.8	1 048 640.00			
			7.9		11 445.00		
			7.16		4 408.00		
			7.18		7 232.00		
			7.23	2 620.00			
			7.23		25 000.00		
			7.23	2 500.00			
			7.28		10 400.00		
			7.28		28 200.00		
			7.31	1 357 360.00			
			7.31		3 627.52		
			7.31		12 411.92		
			发生额及余额	2 411 120.00	127 403.64	8 327 593.01	
其他货币资金	459 864.76					459 864.76	
应收票据	231 087.96					231 087.96	
应收账款	949 464.76						
			7.28	10 400.00			
			7.31	1 346 960.00	1 357 360.00		
			发生额及余额	1 357 360.00	1 357 360.00	949 464.76	
预付账款		960 154.00					960 154.00
其他应收款	11 598.00					11 598.00	
原材料	214 468.43						
			7.2	520 000.00			
			7.3	21 840.00			

续表

总账科目	期初余额		本期发生额			期末余额	
	借方余额	贷方余额	日期	借方	贷方	借方	贷方
			7.31		475 433.82		
			7.31		72 116.00		
			7.31		840.00		
			发生额及余额	541 840.00	548 389.82	207 918.61	
库存商品	213 763.56						
			7.31	463 321.37			
			7.31		556 722.77		
			7.31	536 417.04			
			7.31		416 443.20		
			发生额及余额	999 738.41	973 165.97	240 336.00	
长期股权投资	4 329 876.00					4 329 876.00	
固定资产	9 332 927.09						
			7.1	52 000.00		9 384 927.09	
累计折旧		1 409 973.60					
			7.31		88 063.59		1 498 037.19
在建工程	12 713 429.96					12 713 429.96	
无形资产	4 860 000.00					4 860 000.00	
累计摊销		444 000.00					444 000.00
应付票据		2 504 384.00					2 504 384.00
应付账款		805 450.00					
			7.2		587 600.00		1 393 050.00
预收账款		292 154.00					292 154.00
应付职工薪酬			7.31		596 000.00		
			7.28	28 200.00			
			7.31		28 200.00		
			7.31		153 768.00		
			7.31		59 600.00		
			7.31		11 920.00		
			7.31		14 900.00		
			发生额及余额	28 200.00	864 388.00		836 188.00

续表

总账科目	期初余额		本期发生额			期末余额	
	借方余额	贷方余额	日期	借方	贷方	借方	贷方
应交税费	133.12						
			7.1	6 760.00			
			7.2	67 600.00			
			7.3	2 839.20			
			7.8		120 640.00		
			7.9	945.00			
			7.18	832.00			
			7.28		154 960.00		
			7.31	299.52			
			7.31	1 427.92			
			7.31	194 763.24			
			7.31		194 763.24		
			7.31		13 633.43		
			7.31		5 842.89		
			发生额及余额	275 466.88	489 839.56		214 239.56
长期借款		5 000 000.00					5 000 000.00
长期应付款		916 744.80					916 744.80
实收资本		20 000 000.00					
			7.1		58 760.00		20 058 760
资本公积		181 303.27					181 303.27
盈余公积		89 860.00					89 860.00
本年利润		6 806 543.87					
			7.31		2 120 000.00		
			7.31	1 566 137.29			7 360 406.58
利润分配	26 090.25					26 090.25	
生产成本			7.31	6 000.00			
			7.31	171 972.50			
			7.31	257 228.10			
			7.31	28 120.77			
			7.31		463 321.37		

续表

总账科目	期初余额		本期发生额			期末余额	
	借方余额	贷方余额	日期	借方	贷方	借方	贷方
			7.31	7 200.00			
			7.31	206 367.00			
			7.31	289 521.72			
			7.31	33 328.32			
			7.31		536 417.04		
			发生额及余额	999 738.41	999 738.41		
制造费用			7.31	1 500.00			
			7.31	19 455.90			
			7.31	27 377.19			
			7.31	2 572.00			
			7.31	9 704.00			
			7.31	840.00			
			7.31		61 449.09		
			发生额及余额	61 449.09	61 449.09		
主营业务收入			7.8		544 000.00		
			7.28		680 000.00		
			7.31	1 224 000.00			
			7.8		384 000.00		
			7.28		512 000.00		
			7.31	896 000.00			
			发生额及余额	2 120 000.00	2 120 000.00		
主营业务成本			7.31	556 722.77	556 722.77		
			7.31	416 443.20	416 443.20		
			发生额及余额	973 165.97	973 165.97		
管理费用			7.8	8 120.00			
			7.16	4 408.00			
			7.18	6 400.00			
			7.21	8 772.00			
			7.31	13 500.00			
			7.31	438 392.60			

续表

总账科目	期初余额		本期发生额			期末余额	
	借方余额	贷方余额	日期	借方	贷方	借方	贷方
			7.31	60 686.40			
			7.31	756.00			
			7.31	1 280.00			
			7.31	800.00			
			7.31		543 115.00		
			发生额及余额	543 115.00	543 115.00		
财务费用			7.23	25 000.00			
			7.23		2 620.00		
			7.23		2 500.00		
			7.31		19 880.00		
			发生额及余额	25 000.00	25 000.00		
销售费用			7.9	10 500.00			
			7.31		10 500.00		
税金及附加			7.31	13 633.43			
			7.31	5 842.89			
			7.31		19 476.32		—
			发生额及余额	19 476.32	19 476.32		
合计	39 410 567.54	39 410 567.54		11 984 307.37	11 984 307.37	41 749 281.40	41 749 281.40

5.结账及对账

(1)编制试算平衡表，进行总账账户的核对(见表 9—43)

表 9—43　试算平衡表

2020 年 7 月

总账科目	期初余额		本期发生额		期末余额	
	借方余额	贷方余额	借方	贷方	借方	贷方
库存现金	23 987.00			16 892.00	7 095.00	
银行存款	6 043 876.65		2 411 120.00	127 403.64	8 327 593.01	
其他货币资金	459 864.76				459 864.76	
应收票据	231 087.96				231 087.96	
应收账款	949 464.76		1 357 360.00	1 357 360.00	949 464.76	
预付账款		960 154.00				960 154.00

续表

总账科目	期初余额		本期发生额		期末余额	
	借方余额	贷方余额	借方	贷方	借方	贷方
其他应收款	11 598.00				11 598.00	
原材料	214 468.43		541 840.00	548 389.82	207 918.61	
库存商品	213 763.56		999 738.41	973 165.97	240 336.00	
长期股权投资	4 329 876.00				4 329 876.00	
固定资产	9 332 927.09		52 000.00		9 384 927.09	
累计折旧		1 409 973.60		88 063.59		1 498 037.19
在建工程	12 713 429.96				12 713 429.96	
无形资产	4 860 000.00				4 860 000.00	
累计摊销		444 000.00				444 000.00
应付票据		2 504 384.00				2 504 384.00
应付账款		805 450.00		587 600.00		1 393 050.00
预收账款		292 154.00				292 154.00
应付职工薪酬			28 200.00	864 388.00		836 188.00
应交税费	133.12		275 466.88	489 839.56		214 239.56
长期借款		5 000 000.00				5 000 000.00
长期应付款		916 744.80				916 744.80
实收资本		20 000 000.00		58 760.00		20 058 760.00
资本公积		181 303.27				181 303.27
盈余公积		89 860.00				89 860.00
本年利润		6 806 543.87	1 566 137.29	2 120 000.00		7 360 406.58
利润分配	26 090.25				26 090.25	
生产成本			999 738.41	999 738.41		
制造费用			61 449.09	61 449.09		
主营业务收入			2 120 000.00	2 120 000.00		
主营业务成本			973 165.97	973 165.97		
管理费用			543 115.00	543 115.00		
财务费用			25 000.00	25 000.00		
销售费用			10 500.00	10 500.00		
税金及附加			19 476.32	19 476.32		
合计	39 410 567.54	39 410 567.54	11 984 307.37	11 984 307.37	41 749 281.40	41 749 281.40

通过编制试算平衡表，说明丹江商道制衣有限公司 7 月总分类账户之间的钩稽关系正确，总账与总账核对相符。

(2)编制总账与明细账平衡表，核对总分类账与所属明细分类账

根据本月的账簿记录，编制本月总账与明细分类账试算平衡表(略)。

通过编制总账与明细账试算平衡表，可以看出丹江商道制衣有限公司 7 月总分类账户与明细分类账户之间的钩稽关系正确，总账与所属明细账核对相符。

(3)核对银行存款日记账、库存现金日记账与银行存款总账、库存现金总账

通过上述账簿记录，可以看出丹江商道制衣有限公司 7 月库存现金总账、银行存款总账与相应日记账之间的钩稽关系正确，总账与日记账核对相符。

(4)核对会计账簿与其余部门相关账簿记录(略)

6.编制财务报表

根据月初余额表及本月账簿记录，编制资产负债表(见表 9－44)和利润表(见表 9－45)。假设本企业至 7 月 31 日没有一年内到期的非流动资产和一年内到期的非流动负债。

表 9－44　资产负债表

资产负债表

编制单位：丹江商道制衣有限公司　　2020 年 7 月 31 日

资产	期末余额	年初余额	负债和所有者权益（或股东权益）	期末余额	年初余额
流动资产：			流动负债：		
货币资金	8 794 552.77	6 527 728.41	短期借款		
交易性金融资产			交易性金融负债		
衍生金融资产			衍生金融负债		
应收票据	231 087.96	231 088.96	应付票据	2 504 384.00	2 504 384.00
应收账款	1 242 995.00	1 242 995.00	应付账款	2 749 791.60	2 162 192.60
应收款项融资			预收款项	585 684.24	585 684.24
预付款项	396 587.60	396 587.60	合同负债		
其他应收款	11 598.00	11 598.00	应付职工薪酬	836 188.00	
存货	448 254.61	428 231.99	应交税费	214 239.56	－133.12
合同资产			其他应付款		
持有待售资产			持有待售负债		
一年内到期的非流动资产			一年内到期的非流动负债		
其他流动资产			其他流动负债		
流动资产合计	11 125 075.94	8 838 229.96	流动负债合计	6 890 287.40	5 252 127.72

续表

资产	期末余额	年初余额	负债和所有者权益（或股东权益）	期末余额	年初余额
非流动资产：			非流动负债：		
债权投资			长期借款	5 000 000.00	5 000 000.00
其他债权投资			应付债券		
长期应收款			其中：优先股		
长期股权投资	4 329 876.00	4 329 876.00	永续债		
其他权益工具投资			租赁负债		
其他非流动金融资产			长期应付款	916 744.80	916 744.80
投资性房地产			预计负债		
固定资产	7 886 889.90	7 922 953.49	递延收益		
在建工程	12 713 429.96	12 713 429.96	递延所得税负债		
生产性生物资产			其他非流动负债		
油气资产			非流动负债合计	5 916 744.80	5 916 744.80
使用权资产			负债合计	12 807 032.20	11 168 872.52
无形资产	4 416 000.00	4 416 000.00	所有者权益(或股东权益)：		
开发支出			实收资本(或股本)	20 058 760.00	20 000 000.00
商誉			其他权益工具		
长期待摊费用			其中：优先股		
递延所得税资产			永续债		
其他非流动资产			资本公积	181 303.27	181 303.27
非流动资产合计	29 346 195.86	29 382 259.45	减：库存股		
			其他综合收益		
			专项储备		
			盈余公积	89 860.00	89 860.00
			未分配利润	7 334 316.33	6 780 453.62
			所有者权益(或股东权益)合计	27 664 239.60	27 051 616.89
资产总计	40 471 271.80	38 220 489.41	负债和所有者权益(或股东权益)总计	40 471 271.80	38 220 489.41

表 9—45　**利润表**

利润表

企业 02 表

编制单位：丹江商道制衣有限公司　　　　2020 年 7 月　　　　单位：元

项目	本期金额	上期金额
一、营业收入	2 120 000.00	
减：营业成本	973 165.97	
税金及附加	19 476.32	
销售费用	10 500.00	
管理费用	543 115.00	
研发费用		
财务费用	19 880.00	
其中：利息费用	25 000.00	
利息收入	5 120.00	
加：其他收益		
投资收益(损失以“—”号填列)		
其中：对联营企业和合营企业的投资收益		
以摊余成本计量的金融资产终止确认收益(损失以“—”号填列)		
净敞口套期收益(损失以“—”号填列)		
公允价值变动收益(损失以“—”号填列)		
信用减值损失(损失以“—”号填列)		
资产减值损失(损失以“—”号填列)		
资产处置收益(损失以“—”号填列)		
二、营业利润(亏损以“—”号填列)	553,862.71	
加：营业外收入		
减：营业外支出		
三、利润总额(亏损总额以“—”号填列)	553,862.71	
减：所得税费用		
四、净利润(净亏损以“—”号填列)		
(一)持续经营净利润(净亏损以“—”号填列)		
(二)终止经营净利润(净亏损以“—”号填列)		
五、其他综合收益的税后净额		
(一)不能重分类进损益的其他综合收益		

续表

项目	本期金额	上期金额
1.重新计量设定受益计划净负债或净资产的变动		
2.权益法下在被投资单位不能重分类进损益的其他综合收益中享有的份额		
3.其他权益工具投资公允价值变动		
4.企业自身信用风险公允价值变动		
……		
(二)将重分类进损益的其他综合收益		
1.权益法下在被投资单位以后将重分类进损益的其他综合收益中享有的份额		
2.其他债权投资公允价值变动损益		
3.金融资产重分类转入损益的累计利得或损失		
5.现金流量套期损益的有效部分		
6.外币财务报表折算差额		
……		
六、综合收益总额		
七、每股收益		
(一)基本每股收益		
(二)稀释每股收益		

【任务实操】

请登录理实互动实训平台，完成岗位实训中商业企业岗位实训内容的训练任务。

任务二 认知科目汇总表账务处理程序

【任务引例】

【任务9—2】承例【任务9—1】资料，假设丹江商道制衣有限公司采用科目汇总表账务处理程序，以其会计核算过程为例说明科目汇总表账务处理程序的应用。

【任务准备】

一、账务处理程序的概念

科目汇总表账务处理程序是指对发生的经济业务，首先根据原始凭证或原始凭证汇总表编制记账凭证，然后根据记账凭证定期编制科目汇总表，并据此登记总分类账的一种账务处理程序。科目汇总表账务处理程序及其工作流程见图9—3。

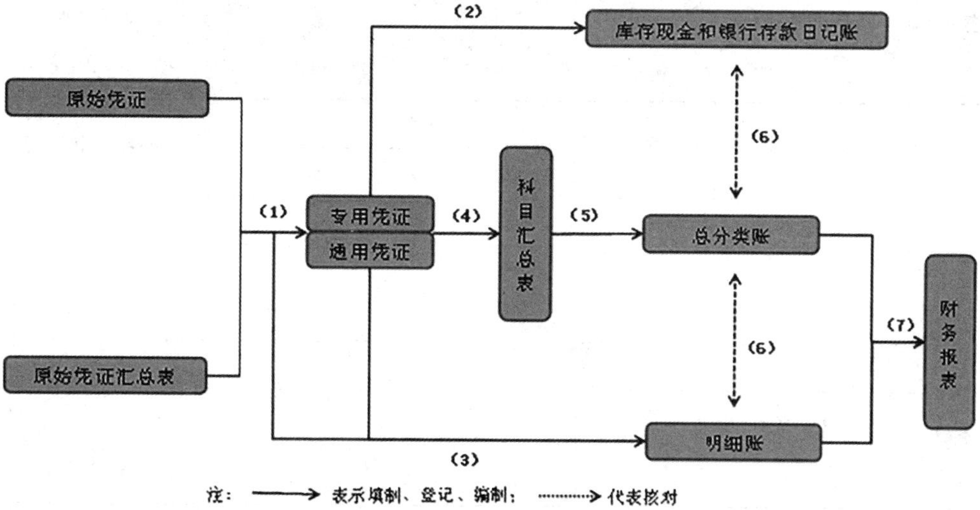

图9—3　科目汇总表账务处理的程序及工作流程

1.制单会计根据原始凭证或原始凭证汇总表，编制收款凭证、付款凭证和转账凭证或通用的记账凭证；

2.出纳根据审核后的收款凭证、付款凭证及所附原始凭证或通用的记账凭证，逐笔顺序登记库存现金日记账和银行存款日记账；

3.会计人员根据审核后的原始凭证或原始凭证汇总表及所编制的记账凭证(或收款凭证、付款凭证、转账凭证)逐笔登记明细分类账；

4.会计人员根据审核后的收款凭证、付款凭证和转账凭证或通用记账凭证定期编制“科目汇总表”；

5.会计主管根据审核后的“科目汇总表”登记总分类账；

6.按照对账的要求，定期将总分类账与日记账、明细分类账相核对(与记账凭证账务处理程序相同)；

7.月末，会计主管根据分类账和其他有关资料按要求和一定方法编制财务报表。

二、科目汇总表账务处理程序账簿体系设置

(一)记账凭证的设置

科目汇总表账务处理程序下，需设置记账凭证和科目汇总表的格式。

1.科目汇总表格式

科目汇总表，亦称“记账凭证汇总表”，是通过定期对全部记账凭证进行汇总，按各个会计科目列示其借方发生额和贷方发生额的一种汇总凭证。根据借贷记账法“有借必有贷，借贷必相等”的记账规则，科目汇总表中各个会计科目的借方发生额合计与贷方发生额合计应该相等，因此，科目汇总表具有试算平衡的作用。科目汇总表格式见表9－46和表9－47。

表9－46　科目汇总表(格式一)

年　月　　　　　　　　　　　　　　　　第　号

会计科目	总账页	本期发生额		账凭证起止号
		借方	贷方	

表9－47　科目汇总表(格式二)

第　号

会计科目	1日—10日		11日—20日		21日—30日		合计		总账页数
	借方	贷方	借方	贷方	借方	贷方	借方	贷方	
记账凭证起止数									

表 9－46 所示科目汇总表(格式一)适用于定期汇总的企业，其按照汇总的时间不同，一个月需编制若干张；表 9－47 所示科目汇总表(格式二)适用于按旬汇总的企业，每月编制一张。

2.记账凭证格式

由于科目汇总表是按科目归类汇总编制，记账凭证的选择理论上应选用单式凭证。但由于单式凭证存在着编制工作量较大、数量多以及不便于管理等问题，在实际选择凭证时，仍然采用复式凭证。因此，科目汇总表账务处理程序下的记账凭证格式可以采用专用记账凭证，也可以采用通用记账凭证。

(二)账簿的设置

在科目汇总表账务处理程序下，需设置库存现金日记账、银行存款日记账、总分类账和明细分类账。具体应为：

1.库存现金日记账、银行存款日记账一般采用三栏式(同记账凭证账务处理程序)；

2.总分类账采用三栏式(同记账凭证账务处理程序)；

3.明细分类账应根据管理需要，按不同的经济业务采用三栏式、数量金额式或多栏式和横线登记式(同记账凭证账务处理程序)。

三、科目汇总表的编制要求与方法

(一)填写汇总时间

科目汇总表的汇总时间可根据单位业务的多少由企业进行选择。对于业务较少的单位，可于月末对本月所有的记账凭证进行一次汇总，每月编制一张科目汇总表；对于业务较多的企业，可分 5 天、10 天、半个月等定期汇总编制，每月编制多张科目汇总表。编制科目汇总表时，应根据汇总时间的不同如实进行填写，具体格式应为“×年×月×日至×日”，以反映汇总的“时间段”。如分 5 天进行汇总编制的科目汇总表，当月第一次编制时间应为“×年×月 1 日至 5 日”。

(二)填写所汇总记账凭证的编号

科目汇总表应填写所汇总记账凭证的编号，以作为编制科目汇总表的依据。在装订凭证时，科目汇总表应与其所汇总的记账凭证装订在一起。

(三)汇总科目发生额

第一步，根据一定时期内的全部记账凭证，采用”T”形账户方式汇总每一会计科目相应期间的借方发生额和贷方发生额。

第二步，将发生额填入科目汇总表的相应栏目(本期发生额栏)内。

第三步，将所有科目的借方发生额加总与所有科目的贷方发生额合计数进行核对，以起到试算平衡的作用。如果科目汇总表“借方发生额合计数”与“贷方发生额合计数”相等，说明记账凭证和科目汇总表的编制基本正确，可作为登记总分类账户的依据。如果不相等，说明科目汇总表编制存在错误，需进一步查找错误，进行更正。

四、科目汇总表账务处理程序的特点及适用范围

(一)特点

科目汇总表账务处理程序的特点是，以科目汇总表为依据汇总登记总分类账簿。

(二)评价及适用范围

与记账凭证账务处理程序相比，科目汇总表账务处理程序的主要优点是:根据科目汇总表登记总分类账，大大简化了登记总分类账的工作量;同时，通过科目汇总表的编制，检查所汇总的记账凭证借、贷方发生额是否相等。其不足之处是:科目汇总表是按总账科目编制的，只能作为登记总账和试算平衡的依据，不便于分析和检查经济业务的来龙去脉，即不能反映科目间的对应关系，不易于查找。因此，这一账务处理程序一般适用于规模较大、经济业务量较多的单位。

【任务实施】

【任务 9－2】依据【任务 9－1】资料，采用科目汇总表账务处理程序，完成如下会计核算内容:

(1)根据本月发生的经济业务编制记账凭证(同任务一记账凭证账务处理程序)。

(2)根据收付款凭证，登记银行存款日记账(同记账凭证账务处理程序)。

(3)根据原始凭证、原始凭证汇总表以及记账凭证，登记明细分类账(同记账凭证账务处理程序)。

(4)根据记账凭证编制科目汇总表(见表 9－48)。

表 9—48　科目汇总表

2020 年 7 月 1 日至 31 日　　　　第 1 号

总账科目	总账页数	本期发生额		记账凭证起止号
		借方	贷方	
库存现金	1		16 892.00	1—29 号
银行存款	2	2 411 120.00	127 403.64	
其他货币资金	3			
应收票据	4			
应收账款	5	1 357 360.00	1 357 360.00	
预付账款	6			
其他应收款	7			
原材料	8	541 840.00	548 389.82	
库存商品	9	999 738.41	973 165.97	
长期股权投资	10			
固定资产	11	52 000.00		
累计折旧	12		88 063.59	
在建工程	13			
无形资产	14			
累计摊销	15			
应付票据	17			
应付账款	18		587 600.00	
预收账款	19			
应付职工薪酬	20	28 200.00	864 388.00	
应交税费	21	275 466.88	489 839.56	
长期借款	22			
长期应付款	23			
实收资本	24		58 760.00	
资本公积	25			
盈余公积	26			
本年利润	27	1 566 137.29	2 120 000.00	
利润分配	28			
生产成本	29	999 738.41	999 738.41	
制造费用	30	61 449.09	61 449.09	

续表

总账科目	总账页数	本期发生额		记账凭证起止号
		借方	贷方	
主营业务收入	31	2 120 000.00	2 120 000.00	1—29 号
主营业务成本	32	973 165.97	973 165.97	
管理费用	33	543 115.00	543 115.00	
财务费用	34	25 000.00	25 000.00	
销售费用	35	10 500.00	10 500.00	
税金及附加	36	19 476.32	19 476.32	
合计		11 984 307.37	11 984 307.37	

(5)根据科目汇总表登记银行存款总分类账户(见表 9—49)。为简化，登记的其余总分类账略。

表 9—49 根据科目汇总表登记银行存款总账

银行存款总账

2020 年		凭证号数		摘要	结算凭证		借方										贷方										借或贷	结余金额									
月	日	类	号		类	号	千	百	十	万	千	百	十	元	角	分	千	百	十	万	千	百	十	元	角	分		千	百	十	万	千	百	十	元	角	分
7	1			期初余额																							借		6	0	4	3	8	7	6	6	5
	31	科汇	1	本期发生额及余额				2	4	1	1	1	2	0	0	0			1	2	7	4	0	3	0	0	借		8	3	2	7	5	9	3	0	1

(6)结账及对账(同记账凭证账务处理程序)。

(7)编制财务报表(同记账凭证账务处理程序)。

【任务实操】

请登录理实互动实训平台，完成岗位实训中工业企业岗位实训内容的训练任务。